Religionsunterricht als Lebenshilfe

Religionspädagogische Perspektiven

Herausgegeben von Roland Kollmann

Band 24

Thomas Gottfried

Religionsunterricht als Lebenshilfe

Diakonische Orientierung des Religionsunterrichts in der postmodernen Gesellschaft

Die Deutsche Bibliothek - CIP-Einheitsaufnahme

Gottfried, Thomas:
Religionsunterricht als Lebenshilfe : diakonische Orientierung des Religionsunterrichts in der postmodernen Gesellschaft / Thomas Gottfried. - Essen : Verl. Die Blaue Eule, 1995
(Religionspädagogische Perspektiven ; Bd. 24)
ISBN 3-89206-682-5

NE: GT

ISBN 3-89206-682-5

Gedruckt auf alterungsbeständigem Papier
Printed in Germany

Vorwort des Herausgebers

Diese Schriftenreihe stellt Arbeiten vor, die der Religionspädagogik neue Impulse geben können. Herausgeber und Autoren setzen sich für humane religiöse Erziehung und Bildung ein, sie plädieren für das „Glaubenlernen ein Leben lang". Es geht ihnen um wissenschaftlich reflektierte und motivierende Perspektiven religionspädagogischer Praxis, angefangen von der Elementarerziehung bis hin zur Altenarbeit.

In der Reihe werden Sichtweisen diskutiert, die sich aus Alltagserfahrungen und aus Analysen religiös relevanter Lebens- und Vermittlungssituationen ergeben. Unterschiedliche religionspädagogische Ansätze erhalten hier ein Forum.

Religiöse Entwicklung, Erziehung und Bildung sind eingebunden in zeitgeschichtliche und soziale Bedingungen (Gegenwart); sie bedürfen sowohl der Erinnerung an bewährte Lebenserfahrung und Lebensdeutung (Vergangenheit) als auch der hoffnungsvollen Vorwegnahme gelungener Selbstfindung und Solidarität (Zukunft).

Wie jedoch soll die Gewichtung zwischen „Einbindung", „Erinnerung" und „Vorwegnahme" heute und in nächster Zukunft aussehen?

„Religiöse Bedürftigkeiten" begegnen in überraschend neuen Formen, die kreative Einsichten in religiöse Erziehung und Bildung provozieren. Gesellschaftliche Veränderungen fordern auch die Religionspädagogik zu ungewohnten Sichtweisen heraus. Schließlich ergeben sich durch „Neue Religiosität" ungeahnte Problemstellungen, die allein durch Rückbezug auf die Vergangenheit nicht gelöst werden können. Erst im fairen Streit um humane Lösungen kann sich zeigen, ob die christliche Tradition tragfähige und weiterführende Perspektiven freisetzen wird.

Der Herausgeber hofft, daß die in praktischer Arbeit erarbeiteten religionspädagogischen Vorstellungen im konkreten Handeln auch zur Auswirkung kommen. Handlungsanweisungen dürfen vom Leser allerdings nicht erwartet werden; Herausgeber und Autoren rechnen mit mündigen Lesern.

Dülmen, Februar 1990

Roland Kollmann

Inhaltsverzeichnis

Vorbemerkungen

Vor 20 Jahren wurde in Würzburg von der Gemeinsamen Synode der Bistümer in der Bundesrepublik Deutschland der Beschluß "Der Religionsunterricht in der Schule" verabschiedet. Ein zentraler Anlaß für den Text waren die tiefgreifenden Veränderungen in Gesellschaft und Kirche, die u. a. zu einer massiven Infragestellung des Religionsunterrichts (RUs) führten. Wie sieht es nun heute mit dem RU aus?

Für eine Beantwortung der Frage bietet sich ein Blick auf die Titel einiger der jüngsten einschlägigen Veröffentlichungen an:

"Warum noch Religionsunterricht?"[1], "Religionsunterricht im Wandel"[2], "Religion - warum und wozu in der Schule?"[3], "Religionsunterricht im Abseits?"[4] "RU 2000. Welche Zukunft hat der Religionsunterricht?"[5].

Die Situation, in der sich Christentum und Kirche in der postmodernen Gesellschaft befinden, spiegelt sich im schulischen RU wider. Trotz hervorragender rechtlicher und organisatorischer Absicherung[6] entsteht der Eindruck, daß ein Unterricht in Religion immer mehr zum Anachronismus zu werden droht.

Über die Einschätzung der Situation dürfte Einigkeit bestehen: Die Infragestellung des RUs hat sich verschärft. Die Religionspädagogik trägt dieser Tatsache mit einer unüberblickbaren Fülle von Veröffentlichungen Rechnung. Stellvertretend für viele seien hier die Aussagen des evangelischen Theologen *Rainer Lachmann* zitiert, der folgende nüchterne Diagnose stellt:

> "Ist der christliche Religionsunterricht in Deutschland noch für die Allgemeinheit plausibel zu machen? Das ist die zentrale Frage, mit der wir Religionspädagogen es zur Zeit zu tun haben. Hauptanlaß dafür, daß sich diese Frage gerade jetzt stellt, ist die allgemeine gesellschaftliche

---

1 Langer K. 1989.
2 Trautmann 1990.
3 Lott 1992.
4 Hilger/Reilly 1993.
5 Scholl 1993.
6 *Gabriele Miller* beschließt ihre Ausführungen über den Wandel von "Konzeptionen des Religionsunterrichts" mit folgenden Worten:
"'Windstille' bestimmt die Situation. Es gibt Lehrpläne für alle Schularten und Schulstufen. Es gibt Wagenladungen von Schulbüchern, meist gestalterisch von bester Qualität, ideenreich und vielfältig. Es fallen im Fach Religion nicht mehr Stunden aus als in anderen Fächern auch. Die Abmeldezahlen halten sich in Grenzen; fast in allen Bundesländern gibt es ein Ersatzfach. Die Gegner des RU in der Schule schweigen. So scheint alles in bester Ordnung. Es wird sogar eingesehen, daß weder Pläne noch Bücher noch Paragraphen einen guten RU garantieren; die Bedeutung des Religionslehrers ist erneut in den Blick gekommen. Seine Persönlichkeit, sein Zeugnis ist gefragt. Und dennoch ist es eine beunruhigende Ruhe. Der 'Glaube verdunstet' (E. Exeler) weiterhin in unserer Gesellschaft. Die Religionspädagogik sucht kaum neue Wege, diesem Problem wirksam zu begegnen" (Miller 1986: 439f.).

> Lage. Wir Religionspädagogen müssen diese Lage zur Kenntnis nehmen, sie analysieren und für unser Arbeitsfeld die nötigen Konsequenzen ziehen."[7]

Damit ist auch das Anliegen dieses Buches umschrieben.

Zahlreiche jüngere Beiträge zur Theorie des RUs akzentuieren eine diakonische Orientierung.[8] So formuliert etwa *Rudolf Englert* die Alternative: "Religionsunterricht an öffentlichen Schulen ist entweder diakonisch orientiert, oder er ist entschieden deplaziert."[9] Zum gegenwärtigen Forschungsstand sind jedoch die entsprechenden Beiträge in dieser Richtung eher programmatischer als konzeptioneller Art.[10] Allerdings handelt es sich bei der Diskussion um das "Diakonische" des RUs um mehr als eine Eintagsfliege. Nicht nur die Verankerung im Synodenbeschluß, sondern auch die Plädoyers von *Wolfgang Nastainczyk*[11] und *Jürgen Werbick*[12] auf dem Bensberger Symposion "Religionsunterricht 20 Jahre nach dem Synodenbeschluß" (1993) zeigen, daß RU als Lebenshilfe in theologischer Fundierung *der* zentrale Ansatz ist, hinter den wir nicht mehr zurückgehen können, wenn wir den RU nicht in völlige Isolation treiben lassen wollen.

Auch mit dieser Darstellung kann keine geschlossene Konzeption zum diakonischen RU vorgelegt werden. Es sollen jedoch die vorhandenen Ansätze systematisch referiert und in die Religionspädagogik seit dem II. Vatikanischen Konzil eingeordnet werden. Eine inhaltliche Profilierung ist zum derzeitigen Forschungsstand nur in Ansätzen möglich, bleibt aber nicht ausgespart.

Die vorliegende Untersuchung möchte einen Beitrag zur Diskussion leisten, indem vor dem Hintergrund einer religionspädagogischen Situationsanalyse Bausteine zur Theorie eines RUs zusammengetragen werden sollen, dessen zentrales Anliegen es ist, den Schülern Hilfestellung zum Leben aus den Impulsen des christlichen Glaubens zu geben.

Diesem Buch liegt meine Hausarbeit zur Ersten Staatsprüfung für das Lehramt am Gymnasium zugrunde. Daher danke ich dem Herausgeber der "Religionspädagogischen Perspektiven" *Herrn Prof. Dr. Roland Kollmann* für die Aufnahme in diese Reihe. Besonderer Dank gilt *Herrn Akad. Dir. Dr. Degenhard Offergeld* für die intensive und tolerante Betreuung der Arbeit. Wertvolle fachliche Hilfe erhielt ich von *Herrn Priv.-Doz. Dr. habil. Ulrich Hemel*. Für das Lesen der Korrekturen danke ich *Herrn Reinhard Sternitzke*.

---

[7] Nientiedt 1992: 460.
[8] Zur Forschungslage vgl. Kap. 4.1!
[9] Englert 1991: 777.
[10] Vgl. Molinski 1994: 623-628.
[11] Vgl. Nastainczyk 1993b: 25.
[12] Vgl. Werbick 1993.

Vielen Dank auch an *Familie Wachowius*, ohne deren Unterstützung diese Veröffentlichung nicht möglich geworden wäre.

Kirchseeon, im März 1995

Thomas Gottfried

Einleitung

1. Das Thema

"*Tradierungskrise des Glaubens*"[13], *Krise der Glaubensweitergabe, Plausibilitätskrise des Glaubens, Krise des Glaubens* - diese Schlagworte prägen das derzeitige Nachdenken über die Zukunft von Christentum und Kirche:

"*Abschied von Gott*" - so lautet der Titel einer Ausgabe des Nachrichtenmagazins "*Der Spiegel*"[14]. Im Jahre 1985 kommt die Außerordentliche Bischofssynode in ihrem Schlußdokument zu folgender Einschätzung:

> "Auf der ganzen Erde ist heute die Weitergabe des Glaubens und der aus dem Evangelium erfließenden moralischen Werte an die kommende Generation (Jugendliche) in Gefahr. Die Kenntnis des Glaubens und die Anerkennung der moralischen Ordnung sind oft auf ein Minimum reduziert."[15]

Der Vorstand des *Deutschen Katecheten-Vereins* bringt vier Jahre später Situation und Entwicklungstendenzen auf den Punkt: "Faktisch erreicht die Kirche die Menschen nicht mehr, vielmehr begibt sie sich fortschreitend ins Getto."[16]

Dies ist nur ein kleiner Ausschnitt jener Fülle von Situationsdiagnosen, die das Scheitern herkömmlicher Formen der Glaubensvermittlung beschreiben und die Frage aufwerfen: "Warum geht es nicht mehr wie früher?"[17] .

Nun geschieht Glaubensvermittlung nicht abstrakt, sondern an konkreten Lernorten, in religionspädagogischen Handlungsfeldern: Familie, Kindergarten, Schule, Gemeinde, Jugendarbeit und Erwachsenenbildung. Dabei kommt der Schule eine besondere Bedeutung zu, denn die "Krise wird im Religionsunterricht besonders deutlich und schmerzlich spürbar und läßt nicht wenige Religionslehrer angesichts offenkundiger Erfolglosigkeit an der Sinnhaftigkeit ihres Tuns zweifeln oder treibt sie gar zur Resignation"[18]. Der schulische Religionsunterricht steht im Spannungsfeld zwischen Kirche und Gesellschaft wie kein anderer Lernort des Glaubens: Eltern, Schüler, die Kirche, der Staat (Kultusministerium), die Pfarrgemeinde - sie alle richten an den RU bzw. den Religionslehrer (RL) vielfältige und teilweise einander widersprechende Erwartungen.

Kirche und wissenschaftliche Religionspädagogik tragen dieser "lang anhaltenden und sich zuspitzenden Krise"[19] des RUs in einer Fülle von Aufsätzen, Mo-

---

[13] Vgl. Feifel/Kasper 1987; Beinert 1986; Bischöfliches Ordinariat Rottenburg-Stuttgart ^{5}1987.
[14] Der Spiegel Nr. 25/15. Juni 1992: Titel: "Abschied von Gott".
[15] Sekretariat der Deutschen Bischofskonferenz 1985: 11.
[16] Vorstand des Deutschen Katecheten-Vereins 1989: 554.
[17] Vgl. Niehl 1982.
[18] Singer 1990: 67.
[19] Molinski 1992: 167.

nographien, Stellungnahmen und Tagungen[20] Rechnung. Das *Institut für Demoskopie Allensbach* hat 1987/88 zwei repräsentative Umfragen unter Lehrern und Schülern zum Religionsunterricht angestellt.[21] In den beiden letzten Jahren hat die Diskussion um den schulischen RU insbesondere durch die Wiedervereinigung der beiden lange getrennten deutschen Staaten einen Motivationsschub erhalten; eine Fülle von Aufsätzen in theologischen und religionspädagogischen Fachzeitschriften bietet hierfür einen eindrucksvollen Beleg.[22] Unabhängig davon, ob die Diskussion um die Etablierung des RUs in den neuen Bundesländern auf politischer, juristischer, kirchlicher oder religionspädagogischer Ebene geführt wird, - im Hintergrund steht immer die drängende Frage nach der Legitimation christlicher Glaubensvermittlung in der postmodernen Gesellschaft: "Ist die Stellung des Religionsunterrichts gerechtfertigt in einer offenen Gesellschaft, selbst wenn ihn nur eine Minderheit wahrnähme?"[23]

2. Konzeptioneller Aufbau

Folgende Problemstellungen beschreiben Intentionen und Konzeption dieser Darstellung:

- Wie läßt sich die gegenwärtige Situation der Glaubensvermittlung allgemein und im Hinblick auf den RU charakterisieren? Welches fundamental-didaktische Verständnis von RU hat sich in den letzten Jahrzehnten herausgebildet, das als Ausgangspunkt einer Neuorientierung dienen könnte (1. Teil)?

- Läßt sich die Idee eines diakonischen RUs in den Aussagen religionspädagogischer und kirchenamtlicher Dokumente erkennen? Worin bestehen die biblischen und systematisch-theologischen Grundlagen einer solchen Konzeption (2. Teil)?

- Wie könnte man die didaktischen Konturen eines RUs umschreiben, der Lebenshilfe aus dem Glauben geben will? Welche konkreten Optionen ergeben sich im Kontext postmoderner Gefährdungen und Aporien (3. Teil)?

---

[20] Die *Kommission für Erziehung und Schule der Deutschen Bischofskonferenz* veranstaltete vom 9.-11. Juni 1986 in der Kath. Akademie in Schwerte ein Kolloquium zum Thema *Tradierungskrise des Glaubens*, dessen Referate im Sammelband Feifel/Kasper 1987 zusammengefaßt sind.

[21] Diskussion und Auswertung der Untersuchungen erfolgten auf einer Tagung der *Bischöflichen Kommission für Erziehung und Schule* in Schwerte; zu den Ergebnissen vgl. Sekretariat der Deutschen Bischofskonferenz 1989.

[22] Stellvertretend für die Fülle an Wortmeldungen zu diesem Thema seien genannt: Blasberg-Kuhnke 1992; Deppe 1992.

[23] Zentralkomitee der deutschen Katholiken [4]1990: 4.

3. Wissenschaftliches Modell

Aus oben skizzierter Grundkonzeption dieser Untersuchung läßt sich auch der kritisch-handlungswissenschaftliche Ansatz erkennen, wie er klassisch in einem Modell von *Rolf Zerfaß* zum Ausdruck kommt:[24]

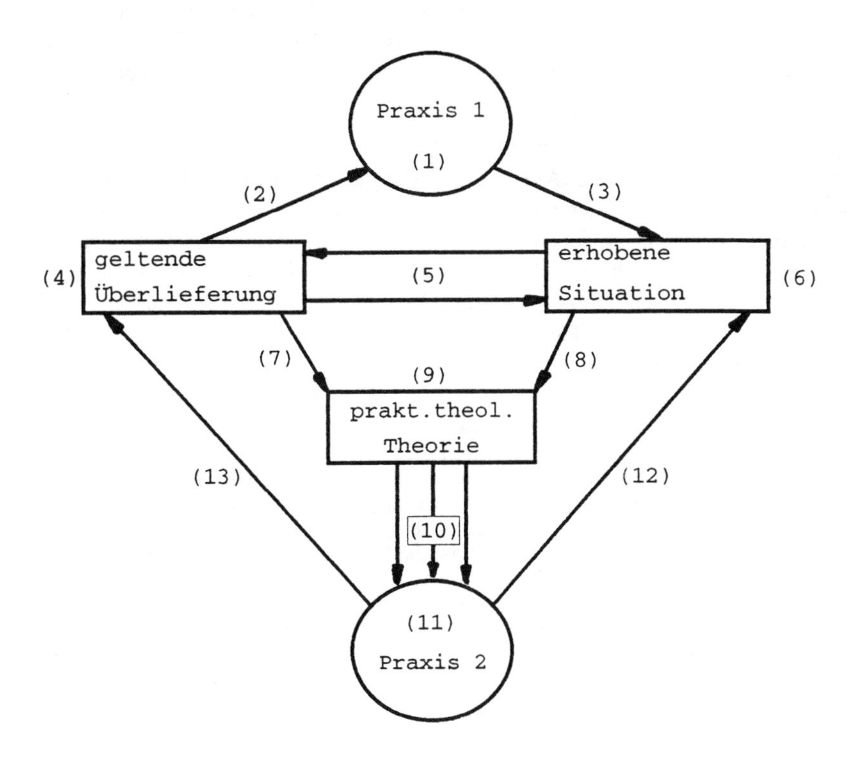

[24] Zerfaß 1974: 167.

Wenden wir nun dieses allgemeine Modell auf unser Thema an:

Die gegenwärtige Praxis der Glaubensvermittlung und des RUs (1) wird durch das mit der "erhobenen Situation" (6) konfrontierte religionspädagogische und kirchliche Modell von Evangelisation (4) im ersten Teil überprüft (5) und von der geltenden praktisch-theologischen Theorie aufgenommen (7) und (8). Daraus ergeben sich unter Berücksichtigung der im zweiten Teil dargestellten multidimensionalen Bestandsaufnahme konkrete Handlungsanweisungen, die im abschließenden dritten Teil die neue Praxis (11) skizzieren. Diese neue Praxistheorie (11) wirkt sich in Richtung (13) auf das gegenwärtig geltende Modell des anthropologisch orientierten RUs vertiefend aus und trägt so zu einer qualitativen Erneuerung der Situation (6) bei, aber auch - nach Rückkopplungseffekt - zu einer kreativen Reflexion der praktisch-theologischen Theorie.

Methodisch entspricht dem Aufriß der vorliegenden Arbeit der klassische Dreischritt[25], indem auf eine empirischen Situationsanalyse (1. Teil) hermeneutisch-normative Überlegungen folgen (2. Teil), die in religionsdidaktischer, aber auch soziologischer Perspektive zu ideologiekritischen Optionen des RUs führen (3. Teil). Dieser kritisch-handlungswissenschaftliche Ansatz entspricht jener Öffnung von Theologie und Pastoral, die das Zweite Vatikanische Konzil (1962-1965) besonders gefordert hat:

> "... die neuen Forschungen und Ergebnisse der Naturwissenschaften, aber auch der Geschichtswissenschaft und Philosophie stellen neue Fragen, die sogar für das Leben Konsequenzen haben und auch von den Theologen neue Untersuchungen verlangen. Außerdem sehen sich die Theologen veranlaßt, immer unter Wahrung der der Theologie eigenen Methoden und Erfordernisse nach einer geeigneteren Weise zu suchen, die Lehre des Glaubens den Menschen ihrer Zeit zu vermitteln. ... In der Seelsorge sollen nicht nur die theologischen Prinzipien, sondern auch die Ergebnisse der profanen Wissenschaften, vor allem der Psychologie und Soziologie, wirklich beachtet und angewendet werden" (GS 62).

[25] Zur angewandten Methode des "klassischen Dreischritts" vgl. Bartholomäus 1983: 116-120.

1. Teil: Religionsunterricht in der "Tradierungs-krise" - Situation und Entwicklungsperspektiven

Im Jahr 1988 bescheinigt der katholische Religionspädagoge *Josef Brechtken* dem schulischen RU "katastrophale Erfolglosigkeit in den entscheidenden Dingen und *Nichtübereinstimmung* mit den kirchlich-amtlichen Vorstellungen von Methoden und Inhalten"[26]. Als praktische Konsequenz fordert er den Rückzug der Kirche aus der Schule, den RU als freiwilliges Angebot für Interessierte außerhalb des Unterrichts am Nachmittag und die verstärkte Konzentration der Kirche auf die Gemeindekatechese und die öffentlichen Medien.[27] Dieser Vorschlag hat in der Religionspädagogik und in der interessierten Öffentlichkeit eine heftige Diskussion ausgelöst.

Auf der anderen Seite wird seit Beginn der achtziger Jahre von den verschiedensten kirchlichen Vertretern die Forderung nach Rückkehr zu einer klaren, eindeutigen, unverkürzten und vollständigen Weitergabe der Glaubenswahrheiten im Sinne der kirchlichen Lehre gefordert.[28] So empfiehlt etwa *Joseph Kardinal Ratzinger* die Rückkehr zu den traditionellen Themen der Katechese: zu den "vier klassischen Hauptstücken"[29] *Glaubensbekenntnis, Sakramente, Dekalog, Vaterunser.*

Ohne auf Konsequenzen ausführlich eingehen zu können, scheint doch weder ein Rückzug der christlichen Kirchen noch eine Rekatechisierung des RUs im Sinne einer Weitergabe abstrakter Lehren und formelhaft zu wiederholender Sätze der derzeitigen Situation gerecht zu werden. Unabhängig von allen therapeutischen Rezepten betrachtet man jedoch die Situation des RUs als "ein Teilphänomen der umfassenden Tradierungskrise, die für unsere Glaubenssituation und für das moderne Leben überhaupt charakteristisch ist"[30].

Man ist leicht geneigt, eine solche Diagnose ungeprüft zu übernehmen, um dann zu vorschnellen "Therapievorschlägen" zu kommen. Zunächst geht es um eine kritische Betrachtung des Phänomens der "religiösen Tradierungskrise" im Christentum (1. Kapitel), worauf eine Situationsanalyse des katholischen RUs als Praxisfeld der Glaubensvermittlung folgt (2. Kapitel). Das 3. Kapitel beschäftigt sich schließlich auf der Basis der analysierten und interpretierten empirischen Daten mit der Frage der Neuorientierung des schulischen RUs in kirchlicher Verantwortung.

---

[26] Brechtken 1988: 776; zur Diskussion vgl. Hemel 1989b!
[27] Ebd.: 782.
[28] Zur Forderung einer "materialkerymatischen Wende", deren Anliegen und Grenzen vgl. Kap. 2.3.2!
[29] Vgl. Ratzinger 1983: 31-34.
[30] Degenhardt 1989: 9.

1. Das Phänomen der "religiösen Tradierungskrise"

Als im Jahre 1943 in Frankreich die These diskutiert wurde, daß Europa (wieder) zu einem Missionierungsland geworden sei, rief diese "Diagnose" noch heftigen Protest und Gegenargumente hervor.[31] Doch spätestens seit dem Zweiten Vatikanischen Konzil (1962-1965) stellt solcherart Einschätzung eine meist unbestrittene Beschreibung der religiösen Verhältnisse in den westlichen Industriegesellschaften dar.[32] So bezeichnet etwa die Enzyklika "*Evangelii nuntiandi*" (1975) den Bruch zwischen Evangelium und Kultur als das "Drama unserer Zeitepoche" (EN 20). Vor diesem Hintergrund ist auch die religionspädagogische Diskussion über Glaubensvermittlung und religiöse Erziehung mit dem Schlagwort "Tradierungskrise" in ein neues Stadium getreten.[33]

Nun ist aber der Rückgang kirchlich-religiöser Bindung, der Zweifel an Glaubenswahrheiten oder der Autoritätsverlust kirchlicher Amtsträger kein singuläres Phänomen der Kirchengeschichte. Dies kann jedoch nicht darüber hinwegtäuschen, daß gerade der historische Vergleich[34] die derzeitigen Krisensymptome nicht als nur selbstverständliche, gleichsam naturhaft zyklische Phänomene ansieht, sondern als einen "tiefreichenden, ja epochalen Traditionsbruch des Christentums in der modernen Gesellschaft im Vergleich zu seinen früheren Beständen"[35].

Dieser Prozeß betrifft das Christentum insgesamt; persönliche Religiösität und Spiritualität, die wissenschaftliche Theologie, die kirchliche Praxis (Gottesdienstbesuch, Sakramentenempfang), die Einstellung zu kirchlicher Autorität, der Geltungsanspruch kirchlicher Normen in privater und sozialer Lebensgestaltung - all diese Dimensionen der Wirkungen institutionalisierten Christentums verweisen auf jene "religiös weitgehend indifferente Kultur, die das Christentum bewußtseinsmäßig 'hinter sich' hat"[36].

---

[31] Vgl. Degenhardt 1987: 11.

[32] Ebd.

[33] Vgl. Feifel/Kasper 1987: 7.

[34] Vgl. die beiden einschlägigen Untersuchungen Schilling 1988 und Gabriel/Kaufmann 1988 in Kaufmann/Schäfers 1988. Die gegenwärtige Situation von Christentum und Kirche wird hier in geschichtlicher Perspektive analysiert. Als Ergebnis läßt sich ein beispielloser, plötzlicher und revolutionärer Umbruch Ende der 60er und Anfang der 70er Jahre konstatieren, "der bis in die Gegenwart hinein die Entwicklung der katholischen Kirche nachhaltig beeinflußt" (Gabriel/Kaufmann 1988: 45).

[35] Mette 1987c: 101.

[36] Kaufmann 1989b: 60. Vgl. hierzu auch die Ausführungen des Präfekten der römischen Glaubenskongregation *Joseph Kardinal Ratzinger*, der im Jahre 1985 in einem Interview in allen nur denkbaren Bereichen Krisenphänomene oder zumindest ambivalente Entwicklungstendenzen zu erblicken meint: Rezeption des II. Vaticanums; Ekklesiologie; Katechese; Exegese; Trinitätsglaube; Erbsündenglaube; katholische Moral; Spiritualität; Liturgie; Eschatologie; Ökumenische Bewegung. Interessant erscheinen besonders die diagnostischen Ausführungen *Ratzingers* über

Über jenes Bewußtsein des Scheiterns herkömmlicher Formen der Glaubensweitergabe hinaus erweckt die beständige Rede von der "Tradierungskrise des Glaubens" den Eindruck, es handle sich dabei um ein Geschehen, über dessen Bestimmung, Benennung und Bewertung Verständigung angezielt und Einigung erreicht sei. Das Gegenteil ist der Fall; denn der gefundene terminus technicus täuscht eher über die Vielfalt und Widersprüchlichkeit der verschiedenen kirchlichen, soziologischen und theologischen Voraussetzungen und Prämissen hinweg, die zur Interpretation dessen führen, was dann "Tradierungskrise" genannt wird, ohne aber gleichzeitig stets reflektiert und kundig gemacht zu werden.[37] Der Begriff wird daher in dieser Untersuchung problemanzeigend verwendet; denn nach dem Soziologen *Franz Xaver Kaufmann* ist "weithin unklar, was sich heute in der Krise befindet: Die Religion oder die Gesellschaft, der Katholizismus oder das Christentum, der Glaube oder die Kirche"[38].

1.1 Empirische Ergebnisse zur Situation der Glaubensvermittlung

In den letzten Jahrzehnten wurde eine Fülle von Untersuchungen, Umfragen und Prognosen zum Thema *Religion* angestellt[39]; für den Laien wäre es ein hoffnungsloses Unterfangen, sich über alle Dokumentationen einen vollständigen und systematischen Überblick zu verschaffen, geschweige denn die zugrundeliegenden theoretischen Voraussetzungen und Implikationen für die Themen- und Fragestellung sowie Auswertung der Ergebnisse offenzulegen. Im Bewußtsein der Grenzen empirischer Sozialforschung im Bereich von Religion und Religiosität[40]

---

die Wurzeln der augenblicklichen Krise, die aus meiner Sicht sowohl theologisch angreifbar sind als auch in ihren zugrundeliegenden apodiktisch-hermeneutischen Voraussetzungen ein vorbehaltloses und offenes Gespräch mit den Humanwissenschaften, ja mit der modernen Welt überhaupt, erschweren:

"In einer Welt, in der im Grunde auch viele Gläubige vom Skeptizismus erfaßt sind, erscheint die Überzeugung der Kirche als skandalös, daß es eine Wahrheit gibt und daß diese eine Wahrheit als solche erkannt, angesprochen und innerhalb gewisser Grenzen auch klar definiert werden kann. Sie wird auch von vielen Katholiken, die das Wesen der Kirche aus dem Blick verloren haben, als anstößig empfunden. Die Kirche ist jedoch nicht bloß eine menschliche Organisation, sondern sie hat ein Depositum zu verwalten (sic!), das nicht ihr gehört, für dessen Verkündigung und Weitergabe sie aber durch ein Lehramt bürgt, das es in geeigneter Weise den Menschen aller Zeiten nahebringt" (Ratzinger 1985: 22).

[37] In dieser Einschätzung folge ich Blasberg-Kuhnke 1990: 64f.

[38] Kaufmann 1979: 83.

[39] Einen Überblick über die empirischen Forschungen zum Thema *Religion und Kirche* bis zum Beginn der 80er Jahre bietet Lukatis 1983.

[40] Vgl. Gabriel 1981.

und des immer noch bestehenden Methodenproblems in der Praktischen Theologie[41] ergeben sich folgende Kriterien der Auswahl:

(1) Wir fragen nach dem Bekenntnis der bundesrepublikanischen Bevölkerung zu Glaubensaussagen und Wertvorstellungen sowie nach der religiös-kirchlichen Praxis im diachronen Längsschnitt (1.1.1).

(2) Es geht um die Divergenz der Glaubensbekenntnisse, Wertvorstellungen und religiös-kirchlicher Praxis zwischen der jüngeren und der älteren Generation im synchronen Querschnitt (1.1.2).

(3) Im Hinblick auf den Lernort RU, an dem der christliche Glaube an junge Menschen vermittelt werden soll, interessiert uns daher besonders die Einstellung Jugendlicher zu Glaubensaussagen, Wertvorstellungen und religiös-kirchlicher Praxis der römisch-katholischen Kirche (1.1.3).

Im folgenden werden eine Vielzahl empirischer Daten geboten. Wir sind uns darüber bewußt, daß Statistiken nur begrenzt aussagekräftig sind und sich auch die Theologie nicht der "Diktatur" von Zahlen und Umfragen beugen soll. Dennoch ist es für eine nüchterne Situationsanalyse unerläßlich, sich mit seriösen Umfrageergebnissen auseinanderzusetzen, um den Ernst der Lage zu begreifen.

Abschied vom kirchlichen Christentum

Kirchenbindung und religiöse Praxis

Weitaus der größte Teil der in der Bundesrepublik Deutschland lebenden Menschen gehört einer der beiden großen christlichen Kirchen an. Nach einer Umfrage des Bielefelder Emnid-Instituts aus dem Jahr 1992 sind 84 % der Westdeutschen evangelisch oder römisch-katholisch.[42] In einer Umfrage desselben Instituts vom Jahre 1967[43] erklärten noch 94 % der Bundesbürger ihre Mitgliedschaft zu einer der beiden großen christlichen Kirchen. Dieser Rückgang von 10 % - das sind etwa 4,7 Millionen Menschen -, die Tatsache, daß in den neuen Bundesländern etwa 62 % keiner Kirche angehören und steigende Austrittszahlen (1974: 82 000; 1992: 192 000 Katholiken[44]) lassen trotz der noch bestehenden Dominanz der Kirchen keinen Zweifel daran, "daß sie immer weniger selbstver-

---

[41] Zu Möglichkeiten und Grenzen empirischer Sozialforschung sowie zu deren Verhältnis zur Hermeneutik im Rahmen praktisch-theologischer Methodik vgl. die Ausführungen von Schröer 1974, Spiegel 1974 und Gremmels 1974.

[42] Die Umfrage des Instituts ist dokumentiert in "Der Spiegel" Nr. 25/15. Juni 1992 sowie in einem unveröffentlichten Typoskript der Spiegel-Redaktion. Soweit keine anderen Bezugsquellen für empirische Daten genannt werden, beziehen sie sich auf diese Umfrage.

[43] Vgl. Harenberg ^{2}1969.

[44] Seibel 1993: 721.

ständlich anerkannte religiöse Institutionen der Gesellschaft sind, daß sie immer mehr zu Teilorganisationen werden"[45].

Die nominelle Dominanz der evangelischen Landeskirchen und der römisch-katholischen Kirche in der Bundesrepublik Deutschland kann jedoch nicht über die in den letzten Jahrzehnten rapide abnehmende kirchliche Bindung ihrer Mitglieder hinwegtäuschen; als Indikator für einen massiven Rückgang der religiös-kirchlichen Praxis sprechen die Umfrageergebnisse zum *Gottesdienstbesuch* eine deutliche Sprache: Etwa zwei Jahrzehnte nach dem Zweiten Weltkrieg blieb die Teilnahme an den Gottesdiensten weitgehend konstant. Die Zahl der regelmäßigen Gottesdienstbesucher stabilisierte sich bei den Katholiken in den Jahren zwischen 1950 und 1967 bei etwa 50 %[46]; im Protestantismus, für den die Teilnahme am Gottesdienst eine geringere Rolle spielt, besuchten 1952 13 % regelmäßig den Gottesdienst, 1963 15 % und 1967 nur noch 10 %.[47] Insgesamt besuchten im Jahr 1967 etwa 25 % der westdeutschen Gesamtbevölkerung regelmäßig jeden Sonntag den Gottesdienst. Doch im Zeitraum von 1967 bis 1973 nahm der regelmäßige Gottesdienstbesuch deutlich ab: bei den Katholiken erfolgte ein Rückgang von 48 % (1967) auf 35 % (1973), bei den Protestanten im gleichen Zeitraum von 10 % auf 7 %.[48] Unter dem Deckmantel scheinbarer Stabilität[49] verlangsamte sich der Auszug aus den Kirchen in den 70er Jahren, um dann in den 80er Jahren bis zum gegenwärtigen Zeitpunkt wieder dramatisch zuzunehmen: bei den Katholiken von 32 % (1982)[50] auf 21 % (1992); die Protestanten verzeichnen einen Rückgang von 6 % (1982)[51] auf 5 % (1992). Insgesamt besuchten 1992 10 % der westdeutschen Gesamtbevölkerung regelmäßig einen Gottesdienst; dies bedeutet einen Rückgang von 15 % in 25 Jahren!

---

[45] Ebd.: 70f.
Köcher kommt auf der Basis von Untersuchungsergebnissen über die Konfessionszugehörigkeit in Europa und in den USA zu dem vorläufigen Ergebnis: "Die demonstrative Abkehr von der Religionsgemeinschaft ist in ganz Europa die Haltung einer Minderheit" (Köcher 1987b: 165).
Die zugrundeliegende (europäische) Internationale Wertestudie wurde von der Stiftung EVSSG initiiert und 1981/82 in einer internationalen Kooperation von Experten aus Universitäten und außeruniversitären Instituten durchgeführt. *Elisabeth Noelle-Neumann* und *Renate Köcher* haben 1979 zusammen am ersten Entwurf des Fragebogens dieser Studie gearbeitet und an den Konferenzen der Forschungsgruppe teilgenommen. Sie haben gemeinsam eine Analyse erstellt und die Ergebnisse in Noelle-Neumann/Köcher 1987 vorgelegt.

[46] Daiber 1988: 70.

[47] Köcher 1988: 145.

[48] Ebd.

[49] Seit 1973 setzte sich bei der jungen Generation der Auszug aus den Kirchen fort, während der regelmäßige Gottesdienstbesuch bei der älteren Generation weitgehend konstant blieb; vgl. hierzu Köcher 1987a: 169 und die entsprechenden Ausführungen in Kapitel 1.1.2!

[50] Köcher 1987b: 221 (Tab. A 102). Alle Daten aus dem Jahr 1982 beziehen sich auf die Ergebnisse der Internationalen Wertestudie (siehe Anmerkung 35).

[51] Ebd.

Neben dem Rückgang des Kirchenbesuchs zeigt das Verschwinden religiöser Rituale in der Familie eine tiefgreifende Störung religiöser Sozialisation im herkömmlichen Kontext an. So war das *tägliche Tischgebet* 1965 noch 62 % der Bevölkerung als Kindheitserinnerung vertraut und für 29 % gehörte es zum Alltag; 1982 kennen es 47 % aus ihrer Kindheit und lediglich 11 % pflegen diesen Brauch noch.[52] Ähnliches gilt für die *Auseinandersetzung mit Inhalten der Bibel*: 1992 gaben 67 % der Befragten an, eine Ausgabe der Heiligen Schrift zu besitzen; jedoch nur 5 % lesen manchmal darin. Vor zehn Jahren behaupteten 16 % von sich, "hin und wieder" oder "häufig" in der Bibel zu lesen, 84 % "selten" oder "nie".[53] Diese Daten lassen darauf schließen, daß immer weniger junge Menschen Erfahrungen religiöser Sozialisation machen; die wenigsten Eltern sind heute noch an der Vermittlung religiöser Inhalte interessiert. Nur noch 17 % der Gesamtbevölkerung hielten 1982 *Religiosität* für eines *der wichtigsten Erziehungsziele;* unter den 25- bis 44jährigen sind dies sogar nur noch 10 %.[54] Die geringe Entschlossenheit zur Tradierung religiöser Überzeugungen korrespondiert mit der mehrheitlichen *Einstellung* der Menschen zu den Kirchen als Institutionen; folgende Gesichtspunkte lassen hierfür einen klaren Trend erkennen:

- 1967 bezweifelten 44 % der regelmäßigen katholischen Kirchgänger die *Unfehlbarkeit des Papstes;* ein Viertel Jahrhundert später hatten hierfür 64 % der kirchennahen Katholiken kein Verständnis. Ebenso hat die Akzeptanz des *Jurisdiktionsprimates* des römischen Bischofs bei sonntäglich-katholischen Gottesdienstbesuchern von 1967 bis 1992 von 61 % auf 40 % abgenommen. In beiden für die katholische Kirche wesentlichen Strukturfragen, die auch kirchenamtlich definiert sind[55], steht eine überwiegende Mehrheit der kirchennahen Menschen gegen die Vorgaben der Amtskirche!

- Drei Viertel der Gesamtbevölkerung sprechen der Kirche das Recht ab, *über den Glauben zu entscheiden*, während 23 % der Meinung sind, daß dies ihre legitime Aufgabe sei.

- Beim Thema *Christsein ohne Kirche* scheinen vom überzeugten Atheisten bis zum dogmengläubigen Katholiken alle einig zu sein: ob katholisch oder evangelisch, ob jung oder alt, ob Kirchgänger oder nicht - mehr als 75 % der Umfrageteilnehmer bejahen die Frage, ob man Christ sein könne, ohne einer Kirche anzugehören.

- 1982 bekundeten nur noch 48 % der Gesamtbevölkerung *Vertrauen* in die Kirchen, unter den 18- bis 24jährigen waren es nur 26 %.[56]

---

[52] Köcher 1987b: 178; 226 (Tab. A 107).
[53] Ebd.: 178; 227 (Tab. A 108).
[54] Ebd.: 178f.
[55] Vgl. DH 3053 und 3054 (Jurisdiktionsprimat) und DH 3073 und 3074 (Unfehlbarkeit).
[56] Köcher 1987b: 181f. (Tab. 29).

- Nicht nur in Fragen des Glaubens, sondern auch in vielen anderen Bereichen wird den Kirchen immer weniger *Kompetenz* zugebilligt. Die Mehrheit der Bevölkerung bestreitet den Kirchen jegliche Kompetenz für den politischen Bereich wie für das Privatleben des einzelnen und die Moralvorstellungen. Vor zehn Jahren hielten 37 % der Gesamtbevölkerung die Kirche bei moralischen Problemen der Gesellschaft oder bei Nöten des einzelnen für kompetent; 35 % gestanden ihr zu, sich zu Fragen des Familienlebens zu äußern. 47 % erwarteten sich von den Kirchen eine Antwort auf die Frage nach dem Sinn des Lebens.[57]

Diese Daten belegen eine unübersehbare Einengung des kirchlichen Kompetenzbereichs und Geltungsanspruchs; Erwartungen an Kirche und Religion scheinen heute eher instrumentell-funktionaler Natur zu sein. Dies zeigt sich besonders

- an der *Inanspruchnahme* kirchlicher Amtshandlungen aus Anlaß besonderer Lebenssituationen (Taufe, Erstkommunion, Konfirmation, Firmung, Trauung, Begräbnis); trotz abnehmender Tendenz[58] zeigen die kirchlichen Statistiken, daß die Teilnahme am kirchlichen Leben stärker bedürfnisorientiert verläuft, da lebenszyklisch verankerte Gottesdienste im Vergleich zum regelmäßigen Sonntagsgottesdienst in hohem Maß in Anspruch genommen werden[59];

- in der *gesellschaftlichen Wertschätzung* der Religion und des religiösen Menschen. *Renate Köcher*, Mitarbeiterin am Institut für Demoskopie in Allensbach, weist darauf hin, daß das gesellschaftliche Klima in der Bundesrepublik keineswegs religionskritisch oder kirchenfeindlich sei[60]; vielmehr betrachtet ein Großteil der Bevölkerung die Religion als Garant der sozialen Ordnung, verbindet mit einem religiösen Menschen zugleich positive Urteile hinsichtlich seines Charakters ("verläßlich", "zufrieden") und seiner sozialen Kompetenz ("an anderen Menschen interessiert", "setzt sich für Bedürftige ein", "tolerant", "fröhlich"). Die große Mehrheit der Bevölkerung knüpft außerordentlich hohe Erwartungen an die Leistungsfähigkeit der Kirchen im sozialen Bereich:

> "83 % der Bevölkerung wünschen, daß die Kirche Menschen vor Vereinsamung bewahrt; 78 % halten die Pflege von Kranken für eine wesentliche Aufgabe der Kirchen, 70 % weisen den Kirchen die Aufgabe zu, Menschen die Angst vor dem Tod zu nehmen; Kampf gegen Unterdrückung rechnen 69 % der Bevölkerung zu den wichtigsten Aufgaben der Kirchen, ... die Verbesserung der Beziehungen zwischen den Generationen 67 %. Zwei Drittel der Bevölkerung möchten, daß sich die

[57] Ebd.: 231 (Tab. A 112).

[58] Insbesondere bei den Taufen und bei den Trauungen spielen auch außerreligiöse und -kirchliche Gründe eine wichtige Rolle: Geburtenbewegungen, Wandel im Ehe- und Partnerschaftsverständnis etc.

[59] Vgl. Daiber 1988: 67f.

[60] Vgl. auch zum folgenden: Köcher 1988: 153-155.

> Kirchen im Kampf gegen die Armut engagieren und dafür sorgen, daß der Abstand zwischen armen und reichen Nationen geringer wird."[61]

Ein vergleichender Überblick über die dargebotenen Umfrageergebnisse zur religiös-kirchlichen Praxis der deutschen Bevölkerung bzw. der nominellen Kirchenmitglieder zeigt ambivalente Einstellungs- und Verhaltensmuster einer weit überwiegenden Mehrheit der Getauften, die noch einen beachtlichen Anteil unter den Deutschen darstellen. Obwohl die meisten Kirchenmitglieder dem regelmäßigen Gottesdienst fernbleiben, im Alltag weder bestimmte religiöse Rituale pflegen noch an der Weitergabe religiöser Inhalte an die nachwachsende Generation interessiert sind, keine engere Beziehung zu ihrer Gemeinde haben, sich Christsein auch ohne Kirche vorstellen können, der sie nur noch Kompetenz für kirchliche Amtshandlungen und soziale Dienstleistungen zubilligen - dennoch bleiben sie in der Kirche, zahlen Kirchensteuer! Praktische Theologie bezeichnet dieses paradoxe Phänomen als "distanzierte Kirchlichkeit"[62].

Glaubensinhalte

Das Christentum scheint im Hinblick auf Verfassung und spezifische Riten seit etwa einem Viertel Jahrhundert heftige Einbußen an Akzeptanz und Glaubwürdigkeit bei den Deutschen zu erleiden. Wie sieht es nun mit den inhaltlichen Glaubensaussagen aus, die vom kirchlichen Lehramt in Wort und Schrift formuliert werden? Inwieweit handelt es sich um religiöse Inhalte, die von den Menschen heute geglaubt werden? Was hat sich in den letzten Jahrzehnten verändert?

Die beachtliche Zahl von 56 % aller Westdeutschen, die 1992 die Frage nach ihrem Glauben an die *Existenz Gottes* bejahten - 1967 waren es noch 68 % - mag zunächst überraschen. Dies gilt ebenso für das Selbstbild in bezug auf *Religiosität*: im Jahr 1982 bezeichneten sich 58 % aller Deutschen als "religiösen Menschen", 22 % als "nicht religiös" und nur 3 % als "überzeugten Atheisten".[63] Hinter den Begriffen *Gott* und *Religiosität* können sich aber sehr unterschiedliche und diffuse Vorstellungen verbergen.[64] Es bleibt offen, ob die 56 % Gott-Gläubigen so an Gott glauben, wie es die Kirchen lehren. Daher sind die Ergebnisse erst aussagekräftig, wenn man sie zu explizit christlichen Aussagen in Bezug setzt. Für nur 64 % jener, die an Gott glauben, ist *das christliche Attribut "allmächtig"* Bestandteil ihres Glaubens; 36 % können sich dazu nicht entschließen. Gefragt nach dem Maß der *Übereinstimmung ihres Glaubens an ein höheres Wesen mit dem christlichen Gottesglauben,* stimmten 37 % der Einschätzung "hohes Maß" zu, 51 % stimmen nur in "geringem Maß" überein und 10 % gaben

---

[61] Ebd.: 154.

[62] Vgl. Mette 1982!

[63] Köcher 1987b: 168 (Tab. 25).

[64] Vgl. Mynarek 1989.

keine Auskunft. Von Personen, die an Gott glauben, beschrieben 1982 38 % diesen Gott als "leibhaftig", 48 % als "geistige Macht" , und 14 % ließen in ihrer Aussage keinen faßbaren Gottesbegriff erkennen.[65]

Besonders aufschlußreich erscheint die Frage nach der persönlichen Bedeutung der Gestalt *Jesu von Nazareth* im diachronen Vergleich. Nur 29 % (1967: 42 %) der westdeutschen Gesamtbevölkerung stimmen der zentralen christlichen Aussage zu: "Gott hat Jesus, seinen Sohn, zu den Menschen gesandt, um sie zu erlösen. Jesus wurde von den Toten auferweckt und ich kann zu ihm beten." Das bedeutet, daß 13 % (etwa 6,1 Mio.) den Glauben an den Gottessohn verloren hätten oder aber aufgewachsen sind, ohne ihn je zu besitzen. Für 43 % (1967: 39%) ist Jesus ein "großer Mensch" gewesen, der auch heute noch Vorbild sein kann; 23 % meinen, daß Jesus als eine "historische Gestalt" einer ganz anderen Zeit für heute keine Bedeutung mehr haben kann - 1967 waren nur 15 % dieser Überzeugung. Für konstant 3 % hat Jesus nie gelebt.

Eng verknüpft mit der Frage nach der persönlichen Bedeutung Jesu ist die Einschätzung der *Historizität* von biblischen Berichten über Jesus. Für immer noch stattliche 77 % (1967: 82 %) hat Jesus Kranke geheilt; nur noch 42 % (1967: 53 %) glauben daran, daß Jesus Tote auferweckt hat und für 40 % gegenüber 50 % vor 25 Jahren habe die wunderbare Brotvermehrung auch wirklich stattgefunden.

Von 73 % (1967) auf 55 % zurückgegangen ist die Mehrheit der Kirchgänger, die noch an die *Jungfrauengeburt* glauben; nur noch 32 % aller Katholiken interpretieren die Jungfrauengeburt so, wie sie die Kirche lehrt. In der auch unter Theologen heftig umstrittenen Frage nach der Interpretation der *Auferstehung Jesu* ergibt sich folgendes Bild: für 28 % (1967: 24 %) ist Jesus nicht leibhaftig auferstanden, er lebt nur in seinen Werken weiter wie etwa Goethe. Von 39 % auf 30 % zurückgegangen ist der Anteil jener Deutschen, die an die leibhaftige Auferstehung glauben. Ein weiteres gutes Drittel der Befragten interpretiert die biblischen Auferstehungsberichte als Ergebnis visionärer Erscheinungen der Jünger.

Vor zehn Jahren bekannten 39 % der Deutschen ihren Glauben an ein Leben nach dem Tod, 61 % an eine Seele, 18 % an den Teufel, 14 % an die Hölle, 31 % an den Himmel, 59 % an die Sünde und 19 % an eine Wiedergeburt.[66]

Insgesamt läßt sich im Hinblick auf zentrale Glaubensaussagen der Kirchen ein deutlicher Trend der Distanzierung seitens ihrer Mitglieder feststellen; für immer weniger Menschen scheinen die Elemente der kirchlichen Lehrtradition glaubwürdige Antworten auf existentielle Fragen darzustellen. Auffällig ist, daß bei wichtigen Glaubenswahrheiten (Bedeutung Jesu, Wunder, Auferstehung) der

---

[65] Köcher 1987b: 201 (Tab. A 83).
[66] Ebd.: 201 (Tab. A 83).

Kreis derer, die daran glauben, größer ist als der Kreis der aktiv an der Kirche Partizipierenden; gleichzeitig muß man aber feststellen, daß die Zahl jener, für die diese Glaubensaussagen bedeutungslos sind, wesentlich größer ist als die Anzahl derer, die überhaupt keiner Kirche angehören. Mit der Distanzierung von der Institution geht die Distanz vom institutionell vermittelten Glauben einher.

Ethik

Der Bereich *Kirchlicher Wertvorstellungen und Normen* erscheint als konfliktreiches Spannungsfeld zwischen Kirche und Gesellschaft, zwischen theologischer Ethik und dem kirchlichem Lehramt[67]. Besonders die Themen *Abtreibung, Empfängnisverhütung, Gleichstellung der Frau, Wiederverheiratung Geschiedener* und *Zölibat* stehen immer wieder im Mittelpunkt kontroverser Diskussionen und geben häufig Anlaß für die Medien, sich kritisch-distanziert und manchmal auch polemisch mit der Kirche auseinanderzusetzen. Jedoch zeigen auch die Umfrageergebnisse, daß immer weniger Menschen eine vermeintliche "Moraldoktrin" der katholischen Kirche unterstützen können und wollen:

- 49 % der Deutschen sind für eine Erlaubnis der *künstlichen Empfängnisverhütung* durch die Kirche (1967 waren es 38 %); während nur noch 4 % (1967: 12 %) einem kirchlichen Verbot zustimmen, sind 46 % der Meinung, daß dieses Thema Papst und Bischöfe nichts angehe.

- Im Hinblick auf die strafrechtliche Neuregelung der *Abtreibung* unterstützen 12 % der Bundesbürger die kirchliche Sanktionierung des Schwangerschaftsabbruchs nur bei Lebensgefahr der Schwangeren. 32 % plädieren für Straffreiheit bei medizinischer oder sozialer Indikation, 28 % bei Abbruch in den ersten drei Monaten und 26 % für eine unbefristete Straffreiheit von Abtreibung.

- Bezüglich der *Unauflöslichkeit der Ehe* läßt sich ein entsprechender gesellschaftlicher Einstellungswandel beobachten, der auf die Zurückweisung verbindlicher Normen zugunsten von Autonomie und Individualität hindeutet. Während 1953 noch 32 % für die Unauflöslichkeit der Ehe plädierten, waren im Jahr 1979 nur noch 8 % dieser Überzeugung.[68]

- Die *verpflichtende Ehelosigkeit der Priester* halten nur noch 9 % der Bevölkerung für angemessen; 91 % aller Befragten und stets über 80 % aller befragten Gruppen (katholisch oder evangelisch, jung oder alt, Kirchgänger oder nicht) waren der Ansicht, daß man den Priestern das Heiraten erlauben solle.

- Sehr wenig Verständnis zeigen alle Befragten für das Verbot der katholischen Kirche, *Frauen zu Priesterinnen zu weihen.* 64 % der Katholiken plädieren für

---

[67] Für *Ratzinger* stellt "heute der Bereich der Moraltheologie das Hauptfeld der Spannungen zwischen Lehramt und Theologen" (1985: 87) dar.

[68] Köcher 1987b: 260 (Tab. A 135).

das Recht der Frauen, Priesterinnen werden zu können, 18 % halten dies für falsch und 17 % für unwichtig.

Es bedarf wohl keiner weiteren Belege dafür, daß in kirchennahen Bevölkerungskreisen andere Einstellungen zu ethischen Werten und Normen verbreitet sind als in kirchenfernen Kreisen und insbesondere bei Konfessionslosen.

Abschied vom Christentum in jeder Beziehung: Religiöse Praxis, Kirchenbindung, Glaubensinhalte und Wertvorstellungen - in allen diesen Bereichen hat sich seit Mitte der sechziger Jahre ununterbrochen bis heute ein dramatischer Rückgang der Akzeptanz des kirchlich verfaßten Christentums eingestellt.

Kirchliches Christentum als Merkmal einer Alterskultur

Die Soziologen *Gabriel* und *Kaufmann* bezeichnen "die *nachhaltige Störung der Tradierungsprozesse des Glaubens an die jeweils nachwachsende Generation*"[69] als hervorstechendstes Merkmal der gegenwärtigen religiös-kirchlichen Lage in der Bundesrepublik.

(1) Eine Analyse der Struktur der *Gottesdienstbesucher* läßt eine signifikant starke Abwendung der jungen Generation seit etwa 1967 erkennen, so daß man von einer extremen Überalterung der Gottesdienstgemeinden sprechen kann, die noch in den 50er und Anfang der 60er Jahre eine ausgeglichene Altersstruktur aufwiesen.

---

69 Gabriel/Kaufmann 1988: 47.

Dieser Trend kommt in folgender Tabelle[70] zum Ausdruck:

Tabelle:
Bundesrepublik mit West-Berlin
Katholiken und Protestanten

Auseinandertreiben der Generationen
Es besuchten regelmäßig den Gottesdienst

	1952 %	1963 %	1967/69 %	1973 %	1982 %
Katholiken insgesamt	51	55	48	35	32
Katholiken im Alter von - 16-29 Jahren	52	52	40	24	19
30-44 Jahren	44	51	42	28	26
45-59 Jahren	50	56	53	46	29
60 Jahren und älter	63	64	62	57	54
Protestanten insgesamt	13	15	10	7	6
Protestanten im Alter von 16-29 Jahren	12	11	6	3	4
30-44 Jahren	7	10	6	3	3
45-59 Jahren	13	16	11	7	6
60 Jahren und älter	23	24	22	12	12

Am Beginn der 80er Jahre nahm nur noch jeder fünfte Katholik unter 30 Jahren am Gottesdienst teil; aber 54 % der über 60jährigen; von den jungen Protestanten besuchten 4 % den Gottesdienst, von den über 60jährigen 12 %. Betrachtet man

[70] Köcher 1987b: 175 (Tab. 28).

die Zahlen der regelmäßigen Gottesdienstbesucher im Jahr 1992 bei der Gesamtbevölkerung, so stellt sich die Lage noch drastischer dar: 14-17 Jahre: 9%, 18-24 Jahre: 2%, 25-29 Jahre: 1 %, 30-44 Jahre: 5 %, 45-59 Jahre: 10 %, 60+Jahre: 22 %.

Die Altersstruktur der Gottesdienstgemeinden präsentiert sich heute als verkehrte Pyramide; die 60jährigen und älteren stellen in beiden Konfessionen knapp die Hälfte der regelmäßigen Kirchgänger.[71]

Der Verzicht auf den Gottesdienstbesuch geht mit einem deutlich verringerten *Vertrauen in die Kirche* einher. 74 % der 18- bis 24jährigen haben wenig oder überhaupt kein Vertrauen in die Kirchen - gegenüber 52 % der Gesamtbevölkerung.[72]

Hinsichtlich der Bereitschaft, den Kirchen *richtungsweisende Kompetenz* zuzubilligen, bestehen ebenfalls bemerkenswerte Generationenunterschiede. So glauben 69 % der 65jährigen und älteren, daß die Kirchen bei der Beantwortung der Sinnfrage einen Beitrag leisten können, jedoch nur 28 % der 18- bis 24jährigen.[73] Nur knapp jeder fünfte unter den 18- bis 24jährigen ist bereit, Antworten von Kirche auf Fragen im privaten oder moralischen Bereich zu erwarten, während dies für mehr als jeden dritten Deutschen vorstellbar ist.[74]

(2) Was die religiösen Anschauungen anbelangt, so kann man einen parallelen Trend zur eben dargestellten Entkirchlichung im Generationenvergleich feststellen. Zu gewissem *Glauben an Gott* bekennen sich 52 % der 14- bis 17 jährigen, 40 % der 18- bis 24jährigen, 30 % der 25- bis 29jährigen, 41 % der 30- bis 44jährigen, 53 % der 45- bis 59jährigen und knapp zwei Drittel der 60jährigen und älteren. Die *Bedeutung Gottes für das eigene Leben* beschreiben etwa 60 % der 60jährigen und älteren mit den drei Extremstufen, aber nur 15 % der 18- bis 24jährigen.[75] "Ich bin ein *religiöser Mensch*", das sagt nur ein Drittel der jungen Generation von sich, jedoch drei Viertel der 60jährigen und älteren.[76] Nur jeder der 18- bis 24jährigen schöpft aus dem Glauben Trost und Kraft, jedoch 62 % der 60jährigen und älteren.[77]

---

[71] Ebd.: 176.
[72] Ebd.: 182 (Tab. 29).
[73] Dies. 1987a: 170.
[74] Dies. 1987b: 181; 233 (Tab. A 114).
[75] Ebd.: 172; 219 (Tab. A 100).
[76] Ebd.: 172; 217 (Tab. A 98).
[77] Ebd.: 172; 216 (Tab. A 97).

Die These, daß die Kluft zwischen den Generationen im religiösen Bereich "natürlich" sei und eine Hinwendung zu Religion und Kirche generell mit zunehmendem Lebensalter wachse[78], ist aus folgenden Gründen nicht haltbar:

- die Unterschiede treten *nicht zeit-unabhängig* auf: in den 50er und 60er Jahren stimmten die Generationen in religiösen Fragen und der Einstellung zur Kirche weitgehend überein. Erst ab Mitte der sechziger Jahre lebten sich die Generationen in diesem Bereich auseinander.[79]

- die Unterschiede treten *nicht raum-unabhängig* auf: Die Ergebnisse der Internationalen Wertestudie zeigen, daß der Generationen-Unterschied zwar auch in anderen Ländern gegeben ist, jedoch nirgendwo so ausgeprägt wie in der Bundesrepublik Deutschland.[80] Besonders in der Republik Irland und in den Vereinigten Staaten stimmen die Generationen in religiösen Fragen weitaus stärker überein.

Die oft vertretene Annahme eines "natürlichen" Wachstums der Religiosität mit dem Herannahen des Todes bei steigendem Lebensalter suggeriert beruhigende Normalität und täuscht damit über die tiefgreifende Krise der religiösen Sozialisation in Europa hinweg.

(3) Diese Kluft zwischen den Generationen läßt sich auch im Bereich der *Wertvorstellungen* beobachten. So stimmen nur 39 % der jungen Deutschen mit den moralischen Vorstellungen der Eltern überein. Zum Vergleich: Von den 18- bis 24jährigen Amerikanern stimmen 77 % bewußt mit den moralischen Anschauungen der Eltern überein.[81]

Faßt man alle Ergebnisse zum Generationenvergleich hinsichtlich der Einstellung zur Kirche, zu Glaubensinhalten und Wertvorstellungen zusammen, so läßt sich feststellen, daß die kirchlich orientierte Christlichkeit in Deutschland zum Merkmal einer Alterskultur geworden ist. Nach *Renate Köcher* ist die "Tradierung religiöser Überzeugungen ... in Europa und besonders in der Bundesrepublik weitgehend unterbrochen"[82].

---

[78] In seiner Interpretation der Ergebnisse der *Internationalen Wertestudie* glaubt *Jean Stoetzel* (1983: 94) einen Zusammenhang zwischen Kirchlichkeit, Religiosität und Lebensalter feststellen zu können. Die gesamteuropäische Ausbreitung dieses Phänomens legt nach seiner Überzeugung die Annahme nahe, daß das Bedürfnis nach Religion ansteige, je mehr sich das Leben dem Ende zuneigt. Schon *Bergson* (1933: 128f.) verstand die Religion als Verteidigungsmaßnahme des Menschen gegen die beunruhigende Gewißheit seiner Sterblichkeit.

[79] Vgl. als Beispiel die Entwicklung bei den Gottesdienstbesucherzahlen (siehe Tabelle oben!).

[80] Vgl. Köcher 1987b: 177.

[81] Dies. 1987a: 172.

[82] Dies. 1987b: 177.

Religiosität Jugendlicher ohne Kirche

In den 50er und 60er Jahren wandte sich die Jugend wie die gesamte Bevölkerung den Kirchen zu; nach den Beobachtungen der beiden vorangehenden Kapitel begann etwa Mitte der 60er Jahre eine deutliche Lockerung der kirchlichen Bindung, welche bei der jungen Generation bis heute in besonders starker Ausprägung zu beobachten ist, so daß man von einem "stetigen Exodus der Jugend aus den Kirchen"[83] sprechen kann. Darüber kann auch die Vielzahl junger Menschen unter den Teilnehmern bei kirchlichen Großveranstaltungen nicht hinwegtäuschen.

In einer Fülle von Untersuchungen werden seit mehreren Jahren die religiösen Einstellungen und Orientierungen der Jugendlichen erforscht.[84] In diesem Rahmen steht die Einstellung von Jugendlichen zum christlichen Glauben und zu den Kirchen im Vordergrund.

Im Erzbistum München-Freising wurde 1985/86 vom *Bund der Deutschen Katholischen Jugend (BDKJ)* und der *Erzbischöflichen Jugendseelsorge* die Aktion "Jung sein in der Kirche" durchgeführt, an der über 1 200 Jugendliche von 14 bis 25 Jahren aus allen Schultypen bzw. verschiedenen Berufen teilnahmen. Kirchennahe und kirchlich distanzierte Jugendliche wurden aufgefordert, die Bedeutung ihres Glaubens im Alltag (Schule, Beruf, Freizeit) zu beschreiben sowie Personen und Ereignisse zu benennen, die den Zugang zum Glauben ermöglicht oder erschwert haben. Ferner sollten die Jugendlichen ihre Einstellung zur Kirche und ihre kirchlichen Erfahrungen erläutern. In Briefen, Liedern, Gedichten, Bildern und Fragebögen kamen die jugendlichen "Glaubensgeschichten" zum Ausdruck. Die Ergebnisse der Umfrage lassen sich in folgenden Thesen zu zehn Themenkreisen zusammenfassen[85]:

(1) *Glaube und Gottesbild*

Bei vielen Jugendlichen läßt sich ein vages Bedürfnis nach Glauben feststellen, der allerdings aufgrund mangelnder oder mangelhafter Glaubenserfahrung und Glaubenswissen völlig unverbindlich bleibt. Dementsprechend diffus ist auch das Gottesbild. Für viele andere Jugendliche scheint der christliche Glaube immer weniger oder gar keine Bedeutung zu haben.

(2) *Die Bedeutung von Jesus Christus*

Jesus von Nazareth als die zentrale Gestalt des Christentums hat nach der geringen Zahl der Beiträge, in denen er erwähnt wird, für die jugendliche Religiosität

---

[83] Dies. 1981: 443.

[84] Einen guten Überblick bietet Barz 1992: 41-50.

[85] Vgl. Bund der Deutschen Katholischen Jugend/Erzbischöfliche Jugendseelsorge in der Erzdiözese München und Freising 1986.

keine große Bedeutung. Bestenfalls stellt er noch als historische Gestalt eine Art Vorbild dar.

(3) *Glaubenszugänge*

Als erster Zugang zum christlichen Glauben wird meist die Familie genannt; immer mehr Eltern sind jedoch über die Teilnahme an den Sakramenten (Taufe, Erstkommunion, Firmung) und manchmal noch die Teilnahme am Gottesdienst hinaus an einer weiteren Glaubensentwicklung der Kinder nicht interessiert, so daß der Kontakt der Jugendlichen mit Glaube und Kirche in der Regel abbricht, wenn nicht eine Begegnung mit glaubwürdigen Personen erfolgt.

(4) *Religionsunterricht*

stellt heute für die meisten jungen Menschen den einzigen Ort dar, wo sie mit Glaube und Kirche in Verbindung kommen. Im RU werden sogar Chancen gesehen, einen Bezug zwischen Glaube und Leben herzustellen, auch wenn der erfahrene Unterricht meist kritisch-distanziert beurteilt wird.

(5) *Kirchliche Jugendarbeit*

kann die vorhandenen "Defizite" im Glauben und Glaubenswissen kaum beheben. Der kirchlichen Jugendarbeit kommt in der heutigen Situation insofern eine besondere Rolle zu, als sie die durch ihre freiwilligen Angebote erreichten Jugendlichen auf unaufdringliche Weise mit Glaube und Kirche in Kontakt bringen kann.

(6) *Formen der Verkündigung*

Sogar für einen Großteil der kirchlich engagierten Jugendlichen haben die traditionellen Hauptverkündigungsformen (Sonntagsgottesdienst, Religionsunterricht, Beichte) aufgrund der Kluft zwischen dem verkündigten Glauben und den Alltagserfahrungen keine Bedeutung mehr.

(7) *Kirchliche Positionen*

zu Sexualität, Zölibat, Rolle der Frau in der Kirche, wiederverheirateten Geschiedenen, Ökumene werden selbst von kirchlich engagierten Jugendlichen nicht mehr akzeptiert. Meist setzt man sich mit kirchlichen Äußerungen gar nicht mehr ernsthaft auseinander.

(8) *Erscheinungsbild Kirche*

Nur noch wenige Jugendliche verbinden mit dem Begriff *Kirche* überhaupt noch etwas und dann meist Negatives. Eine wichtige Rolle spielen dabei Erfahrungen mit Hauptamtlichen (z. B. Pfarrer), die mit Glaube und Kirche identifiziert werden; sie werden von den Jugendlichen oft als unglaubwürdig, verbohrt und verständnislos erlebt.

Positive Vorstellungen von Kirche finden sich nur bei den Jugendlichen, die mit ihrem Engagement, mit Einzelpersonen, mit kleinen Gruppen, mit jugendgemäßen Angeboten gute Erfahrungen gemacht haben.

(9) *Glaube im Alltag*

Der christliche Glaube hat für das Alltagsleben der meisten Jugendlichen keine Bedeutung. Sie sehen oft keinen Weg, wie sie in wichtigen Lebensbereichen (Schule, Beruf, Freizeit) christliche Wertvorstellungen umsetzen können.

Für einige wenige Jugendliche stellt der Glaube noch eine Art "Sinnschublade" des Lebens und letzter Zufluchtsort für Grenzsituationen (Prüfungen, Krisen, Konflikte ...) dar, wo alle anderen Mittel versagen.

(10) *Erfahrungen mit Liturgie*

Der regelmäßige Besuch des Gottesdienstes ist eine Seltenheit. Beklagt wird: zu wenig Lebendigkeit; formalisierte Sprache, in der sich das Alltagsleben nicht ausdrücken läßt; langweilige Predigten; aktuelle Themen und Probleme werden nicht angesprochen.

Während die "normalen" Sonntagsgottesdienste keine Glaubenserfahrungen ermöglichen, werden Jugendgottesdienste durchwegs positiv erlebt. Sie ermöglichen Gemeinschaftserfahrungen, aktive Beteiligung und Mitgestaltung.

Neben den überwiegend negativen Aussagen zeigen die dezidiert positiven Aussagen (zum sozialen Engagement der Kirchen, zur Jugendarbeit und zu Jugendgottesdiensten, zu persönlichen Begegnungen) zwei Perspektiven auf, in denen heute nach Ansicht einer breiten Mehrheit der Jugendlichen Defizite im kirchlichen Christentum liegen: zunächst die wechselseitige Beziehung zwischen Glauben und Leben (Inhaltsaspekt) und schließlich die personale Begegnung, die Gemeinschaftserfahrungen ermöglicht (Beziehungsaspekt).

1.2 Zwei hermeneutische Grundmodelle

Die auf empirisch-analytischem Wege erfolgte Situationsanalyse ergibt als objektives Gesamtbild der derzeitigen Glaubenssituation, daß "die über Jahrhunderte hinweg vertraute und in gewisser Weise bewährte kulturellsoziale Tradierungsform des Christentums an ihr Ende gekommen ist"[86].

Immer mehr Menschen distanzieren sich von der Institution Kirche, ihren Glaubensaussagen, Wertvorstellungen und religiös-rituellen Vollzügen. Gleichzeitig sind immer weniger Eltern bereit, ihre Kinder in diesem christlichen Glauben zu erziehen. Die herkömmlichen Formen der Glaubensvermittlung scheitern.

---

[86] Mette 1987b: 139.

In hermeneutischer Sicht geht es zunächst um eine konstruktiv-kritische Situationsdeutung und Bewertung der gegenwärtigen Praxis; erst vor diesem Hintergrund kann eine Situationsanalyse des RUs erfolgen, die den Ausgangspunkt einer Neuorientierung darstellt. Trotz der unüberschaubaren Fülle von analysierten Krisenmomenten und -phänomenen lassen sich *zwei Grundmodelle* der Interpretation der momentanen Glaubenssituation differenzieren, die in ihren Anliegen und Grenzen ernstgenommen werden müssen.[87]

Der deduktive Ansatz

Er stellt die amtskirchlich bevorzugte Interpretation dar, deren Vertreter die Situation der Glaubensvermittlung unter der Voraussetzung des Willens zum Fortbestand der Kirche in ihrer jetzigen Sozialform wahrnehmen und um die Sicherung und Bewahrung des der Kirche anvertrauten *depositum fidei* auch unter neuen, völlig veränderten Bedingungen besorgt sind.

Charakteristisch für diesen hermeneutischen Ansatz, dessen einflußreichster Vertreter *Kardinal Ratzinger* ist[88], ist die Rede von *Krise* auf der Basis eines Verständnisses von Glaubensvermittlung im Sinne einer "Weitergabe" des Glaubens.[89] Mit der Verwendung der Vokabel *Krise* wird schlagwortartig die Beobachtung all jener Symptome umschrieben, die auf eine schwindende Akzeptanz kirchlicher Strukturen, religiöser Inhalte und ritueller Vollzüge verweisen. Was hinsichtlich des christlichen Glaubens früher selbstverständlich funktioniert hat, ist heute in der "Krise": "Glaubenskrise", "Kirchenkrise", "Tradierungskrise", "Wertekrise", "Autoritätskrise". Dieses Defizit-Bewußtsein macht sich vor allem bei jenen breit, deren mittelbares oder unmittelbares Engagement von zunehmender Erfolglosigkeit gekennzeichnet ist: Seelsorger, RL, Theologen, kirchliche Mitarbeiter.

So stellt etwa die Diözesansynode der Diözese Rottenburg-Stuttgart (1985/86) fest, daß der "Glaube als ganzer in Krise geraten"[90] sei; solche Krise wird im "Rückgang der Glaubenspraxis und des Glaubenswissens"[91] gesehen. *Max Seckler* sieht in seinem Beitrag *"Tradition und Fortschritt"* die "neuzeitliche *Krise im Verhältnis zur Tradition* ... im *grundsätzlichen Legitimitätsverlust* aller Tradi-

---

[87] Vgl. Blasberg-Kuhnke 1990: 66.

[88] Vgl. Ratzinger 1983, 1985 und 1988.

[89] Die Begriffe *Tradierungskrise* und *Weitergabe* des Glaubens werden hier stets in Anführungszeichen gesetzt, weil sie als problemanzeigende Begriffe verwendet werden; ich selber halte sie für ungeeignet, um der derzeitigen Situation in Analyse, Bewertung und Verbesserungsvorschlägen gerecht zu werden.

[90] Bischöfliches Ordinariat Rottenburg-Stuttgart [5]1987: 166.

[91] Ebd.

tion"[92] begründet. Der Erfurter Bischof *Wanke* beschreibt im Jahr 1982 die Situation in der DDR mit folgenden Worten:

> "Ich möchte aufmerksam machen zunächst auf den anhaltenden und umfassenden Ausfall Gottes bzw. von Transzendenz für unsere Gläubigen..... Wir haben ... unsere Situation zu definieren als 'Kirche in einer säkularisierten, materialistischen Umwelt'. Säkularisiert heißt, das gesellschaftliche und private Leben ist weitgehend religionsfrei. Materialistisch heißt: Es wird eine theoretische, materialistische und atheistische Weltanschauung aktiv propagiert und weithin auch praktisch von der Mehrheit der Menschen gelebt. Wir müssen uns darüber im klaren sein, daß dies eine für die Kirche wirklich neue Situation ist. Der 'Ausfall' Gottes ist radikal und die ganze Breite des Lebens abdeckend."[93]

Die Betrachtung und Auflistung von Verfalls-Symptomen basiert auf einem bestimmten Verständnis von Glaubensvermittlung; die Tradierung des Glaubens wird verstanden als Weitergabe der vom kirchlichen Lehramt klar und endgültig definierten Glaubenssätze und als Einführung in die religiös-kirchliche Sozialisation. Es besteht ein asymmetrisches, komplementäres Verhältnis zwischen Lehrenden und Lernenden, zwischen Lehr-Autorität und Glaubens-Schülern.[94] Eine bestimmte, nämlich kirchliche Ausprägung christlicher Religiösität wird mit Christlichkeit schlechthin gleichgesetzt und daher kann der Rückgang traditioneller Kirchlichkeit nur als Glaubensverlust gedeutet werden.

Der induktive Ansatz

Insbesondere die gesellschaftstheoretisch fundiert argumentierende Praktische Theologie[95] geht von der Situation der Gesellschaft, eingeschlossen die der christlichen Kirche, im soziokulturellen Kontext der Postmoderne aus und fragt nach den Bedingungen der Ermöglichung von Zukunft ("Futurologie") als die globale Rahmenbestimmung der Glaubensvermittlung.

In diesem Interpretationsmodell wird Christentum *nicht* als Alternativ-Gesellschaft verstanden[96], die durch "Neuversäulung und Traditionalisierung"[97] ver-

---

[92] Seckler 1982: 11f.
[93] Wanke 1982: 437.
[94] Vgl. Nastainczyk 1989: 106.
[95] Wichtige Vertreter dieser Schule sind *N. Greinacher*, *G. Otto* und *T. Rendtorff*. Der Wiener Pastoraltheologe *Paul Michael Zulehner* hat sich in zahlreichen Publikationen (vgl. 1989a und 1989b) positiv zu dieser Konzeption von Praktischer Theologie geäußert. Für diese Untersuchung stellt sie eine konstruktive, materiale Weiterführung des eher formalen handlungswissenschaftlichen Ansatzes dar, von dem wir ausgegangen sind.
[96] Für *Ratzinger* "ist es an der Zeit, daß sich der Christ wieder bewußt wird, einer Minderheit anzugehören und oft zu dem in Kontrast zu stehen, was für jene Mentalität selbstverständlich und plausibel ist, die das Neue Testament - und gewiß nicht im positiven Sinne - den 'Geist der Welt' nennt. Es ist an der Zeit, den Mut zum Nonkonformismus wiederzuentdecken, die Fähigkeit, sich entgegenzustellen, ..." (1985: 34f.).
[97] Nastainczyk 1989: 104.

sucht, auf restaurative Weise konfessionell abgegrenzte Milieus zu installieren und zu stabilisieren. Es geht hier vielmehr um eine kritisch-konstruktive Wechselbeziehung zwischen Kirche und Mitwelt durch gegenseitige Herausforderungen. Restaurationsversuche apodiktischer und auf Autoritäten gegründeter Lehrsysteme sind nach diesem Ansatz unter den momentanen soziokulturellen Bedingungen zum Scheitern verurteilt. Gefordert ist eine kirchliche Sensibilität für "verborgene Inseln evangeliumsgemäßer Zeiterscheinungen"[98], um die kritische Rezeption gegenwärtiger gesellschaftlicher Strömungen, um im Sinn des Evangeliums und im Dienst an der Welt zukunftsträchtig zu handeln. Der Blick wird auf eine "Glaubenswende"[99] gerichtet, die darin besteht, neue Wege des Glaubens und der Kirche (besonders hinsichtlich ihrer Strukturen[100]) zu beschreiten.

Johann Baptist Metz hat in seinen Arbeiten[101] im Rahmen seines Verständnisses von Praktischer Theologie als theologische Theorie kommunikativen Handelns zwei fundamentale Kriterien als "Suchbewegungen" zur Zukunftsfähigkeit des Christentums[102] herausgearbeitet:

(1) *"Konzentration auf christliche Identitätsbildung aus dem Wagnis der ungeteilten Nachfolge"*[103]

Das Synoden-Dokument "Unsere Hoffnung" deutet einen Übergang "von einer protektionistisch anmutenden Kirche für das Volk zu einer lebendigen Kirche des Volkes (an, T. G.), in der alle auf ihre Art sich verantwortlich beteiligt wissen am Schicksal dieser Kirche und an ihrem öffentlichen Zeugnis der Hoffnung"[104]. Im Zentrum steht die Subjektwerdung des einzelnen Menschen, die durch den Aufbau einer Identität gerade unter veränderten gesellschaftlichen und kirchlichen Bedingungen gelingen kann. Für das Christentum geht es um eine "subjektorientierte Kirche"[105], die sich auf ein Subjektverständnis stützt, das im biblisch-theologischen Bedeutungszusammenhang verwurzelt ist[106] und auf ein Kirchenverständnis setzt, das sich im II. Vaticanum im Bild vom "Volk Gottes" mit seiner Communio-Struktur ausdrückt und neben dem offiziellen Lehramt der Kirche (Papst, Bischöfe) auch die Lehrautorität der Gläubigen[107] ernstnimmt.

---

98 Ebd.

99 Vgl. Biser 1986 und 1987.

100 *Franz Xaver Kaufmann* ist der Überzeugung, daß die gegenwärtigen kirchlichen Strukturen "sich immer weniger als geeignet (erweisen, T. G.), die wachsenden Glaubensunsicherheiten und Glaubwürdigkeitszumutungen aufzufangen" (Pottmeyer 1989: 12).

101 Vgl. Metz ^{5}1992 und ^{4}1984.

102 Vgl. Kaufmann/Metz 1987.

103 Metz 1987a: 111.

104 Syn BS UH II. 4 (103).

105 Metz 1987b: 151.

106 Vgl. Metz ^{5}1992: § 4.

107 Vgl. Concilium 21(1985)4.

(2) *"Herausbildung eines neuen Kirchenmodells"*[108]

Der Mensch kann vor allem durch Teilhabe an anderen Menschen seine Identität finden. Dieses notwendige Moment der Intersubjektivität und Kommunikation bedeutet eine grundsätzliche Sinnhaftigkeit der Institution.

Für die Vertreter des induktiven Ansatzes geht es in diesem Zusammenhang um eine Überwindung des vertrauten volks- und bürgerkirchlichen Modells zugunsten eines "basiskirchlichen Modells"[109] auf dem Hintergrund von Erfahrungen der Kirche in den "armen" Ländern. Dieses Modell stellt den Versuch dar,

- die Kirche als Nachfolgegemeinschaft zu verlebendigen,

- die "in unseren traditionellen Gemeinden häufig herrschende Beziehungslosigkeit, gegenseitige Verhältnislosigkeit, emotionale Vereinsamung, Kommunikations- und Handlungssperre"[110] zu überwinden,

- daß die "Glaubenden immer mehr ihre Betreuungsmentalität abstreifen und zu Subjekten ihrer Glaubenswelt werden"[111].

1.3 Das Postulat einer religionspädagogischen Kairologie[112]

Die Argumentationsfigur des deduktiven Ansatzes basiert auf drei Voraussetzungen, die aber meist nicht explizit genannt, geschweige denn begründet werden; der Stichhaltigkeit und Berechtigung dieser Implikationen muß daher nachgegangen werden:

Die Rede von der *Krise*

Ganz selbstverständlich ist in den verschiedensten Situations-Diagnosen der Glaubensvermittlung stets von *Krise* die Rede. Dabei wird der Begriff im Sinne einer Verfallserscheinung gebraucht: zunehmende Probleme, Widerstände, Ineffizienz, Erfolglosigkeit, Inakzeptanz etc. Das Kernelement eines so verstandenen und verwendeten Krisenbegriffs ist daher der *Verlust*. Aus wortsemantischer und

---

[108] Metz 1987a: 113.
[109] Ebd.: 114.
[110] Ebd.
[111] Ebd.
[112] Zum Begriff *Religionspädagogische Kairologie* vgl. Englert 1985! Englert versucht in dieser Arbeit, das menschliche Leben in einem korrelativen Modell mit dem christlichen Glauben zu verbinden und macht dabei die Erkenntnisse der Humanwissenschaften (z. B. Entwicklungspsychologie, Sprachtheorie) für die Religionspädagogik fruchtbar! Für die Praktische Theologie insgesamt hat *Zulehner* (1989a: 263-265 und 1989b: 120-244) die Kairologie als eine der zentralen Aufgaben in der Fundamentalpastoral proklamiert und umschrieben.

etymologischer Sicht ist dies jedoch nur *ein* Merkmal, das im medizinischen[113] und wirtschaftlichen[114] Fachjargon zur Anwendung kommt. Etymologisch bedeutet das zugrundeliegende Lexem "κρισις" im Altgriechischen entweder "Scheidung, Trennung" oder "Entscheidung" mit den Varianten "Beurteilung, gerichtliche Untersuchung".[115] Im Deutschen wird als Definition für den Begriff *Krise* angegeben: "Höhepunkt oder Wendepunkt einer gefährlichen Lage"[116]. Im Neuen Testament werden die Lexeme "κρινειν" (urteilen, unterscheiden, beschließen, gerichtlich urteilen und strafen) und "κρισις" (Gericht, Gerichtsurteil, Richterkollegium, Recht und Gerechtigkeit) nicht nur im forensischen, sondern meist im eschatologischen Sinn gebraucht: "göttliches Endgericht"[117]. Besonders aufschlußreich ist die Bedeutung von "κρισις" im Johannesevangelium: das Gericht wird ganz auf den Kreuzestod Jesu Christi konzentriert, dem insofern ein eschatologischer Charakter zukommt, als die *Entscheidung* zum Glauben an ihn zur Scheidung der Menschen führt (vgl. Joh 5,24-29). Das Zentrale liegt in der Aktualisierung des Gerichtsgedankens: die futurische Eschatologie kommt erst zu ihrem Vollsinn in der präsentischen Eschatologie.[118] "κρισις" ist *nicht* die unausweichliche Verdammnis, sondern der Zeitpunkt der Entscheidung: "Wer an ihn glaubt, wird nicht gerichtet; wer nicht glaubt, ist schon gerichtet, weil er an den Namen des einzigen Sohnes Gottes nicht geglaubt hat" (Joh 3, 18). Im theologischen Sprachgebrauch wird die "κρισις" zum "καιρος", d. h. zum "rechten Augenblick ..., in welchem sich Glaube gegen Unglaube, Altes gegen Neues, Gewisses gegen Ungewisses durchzusetzen und zu entscheiden hätten"[119].

Für unsere Thematik heißt das: Wenn wir als christliche Theologen die Situation der Glaubensvermittlung untersuchen und Entwicklungsperspektiven aufzeigen wollen, so müssen wir *kairologisch* vorgehen. Es gilt, die "Zeichen der Zeit" (vgl. Mt 16,2b-3) zu erkennen[120]; dies bedeutet nach *Zulehner*[121], die drei Größen

---

[113] In der *Medizin* versteht man unter *Krise* einen negativen Wendepunkt im Krankheitsgeschehen, insbesondere das anfallartige Auftreten von Krankheitssymptomen mit besonderer Heftigkeit (vgl. Der Grosse Brockhaus ^{18}1979 (Bd.6): 526).

[114] Im *wirtschaftlichen* Sinn bedeutet *Krise* das plötzliche Zusammenbrechen von Güterpreisen oder Aktienkursen, das bei manchen Konjunkturzyklen die allgemeine Depression einleitet (vgl. ebd.).

[115] Vgl. Menge ^{26}1987: 404f.

[116] Der Grosse Brockhaus ^{18}1979 (Bd.6): 526)

[117] Zur Bedeutung und Verwendung von "κρινειν" und "κρισις" vgl. Bauer ^{6}1988: 916-920 und Balz-Schneider ^{2}1992 (Bd.2): 787-794.

[118] Die Eschatologie ist ein zentrales Problem in der Forschung zum Joh-Evgl. Vgl. hierzu die einschlägigen Kommentare!

[119] Lang 1991: 106.

[120] Die Passage Mt 16,2b-3 ist textkritisch unsicher; in der Einheitsübersetzung wird sie ausgelassen, während sie in der Luther-Übersetzung aufgenommen wurde. Vgl. hierzu die entsprechenden Aussagen in den einschlägigen Kommentaren! Der Ausdruck *Zeichen der Zeit* ist ein Schlüsselbegriff in der Pastoralkonstitution des II. Vaticanums (vgl. GS 4; GS 11).

Religion, Person, Gesellschaft als Konstitutive einer pastoralen Situation in den Blick zu nehmen. Der Religionsbegriff stellt in diesem Beziehungsgefüge einen schwer faßbaren Faktor dar, wie seine Verwendung im deduktiven Ansatz zeigt.

Was versteht man unter *Religion*?

Die Begriffe *Religiosität* und *Kirchlichkeit* sind in lehramtlichen Äußerungen und Auswertungen demoskopischer Institute[122] eng miteinander korreliert, meist sogar äquivalent gesetzt. Dies entspricht wohl auch einem allgemein verbreiteten Verständnis von *Religion* und *Religiosität,* wird jedoch in keiner Weise religionswissenschaftlichen oder sogar humanwissenschaftlichen Erkenntnissen gerecht. Denn besonders in psychologischen Ansätzen wird das Phänomen der menschlichen Religiosität nicht mehr reduktionistisch oder pathologisch erklärt, sondern "mehrheitlich als anthropologisches Apriori angesehen, das weltanschauliche Orientierung erforderlich macht und ermöglicht"[123]. Besonders das Christentum muß sich vor einem simplifizierenden Religionsbegriff hüten, der die allein legitime Form von Religiosität in der Christlichkeit mit der entsprechenden Sozialform Kirche sieht. Es gilt, die religionswissenschaftlichen Erkenntnisse ernstzunehmen und aus der Sicht des Christentums weiterzuführen.

Alle bisherigen definitorischen Klärungsversuche zum Thema *Was ist Religion?* sind gescheitert. Die Definitionsfrage ist in der Religionswissenschaft und darüber hinaus zu einem viel diskutierten und wohl nie endgültig lösbaren Problem geworden:

> "Vom Standpunkt der Forschung aus gibt es keine wahren und falschen Definitionen von Religion, sondern lediglich solche, die mehr oder weniger fruchtbar und ertragreich sind."[124]

In seiner materialreichen religionsphänomenologischen Untersuchung gesteht *Wagner* die Offenheit des Religionsbegriffs ein:

---

[121] Vgl. Zulehner 1989b: 146.

[122] *Renate Köcher* versucht mit umfangreichem Material den Zusammenhang zwischen abnehmender Kirchlichkeit und Rückgang der Religiosität aufzuzeigen. Meiner Ansicht nach wird das Gebot wissenschaftlicher Vorsicht und Differenzierung verletzt, wenn man diagnostiziert:

"wo die Bindung an die Kirche geschwächt ist, wird auch die Religiosität brüchig, wie eines tragenden Pfeilers beraubt" (Köcher 1987b: 165).

Die prophetisch anmutende Aussage "Wer die Kirche schwächt, unterminiert die Religiosität" (ebd.: 184) legt den Verdacht nahe, daß in *Köchers* Begriff von Religiosität der Aspekt der Kirchlichkeit *die* zentrale Rolle spielt. Ebenso halte ich die kulturpessimistische Einschätzung für fragwürdig:

"... daß ein Bedeutungsverlust der christlichen Religion hedonistische Züge verstärkt und das Ethos der Mitmenschlichkeit schwächt" (ebd.: 194f.).

[123] Nastainczyk 1989: 106.

[124] Diese Aussage stammt von dem Religionssoziologen *Charles Y. Glock*, zit. nach Barz 1992: 118.

> "Von einem allgemein akzeptierten Begriff der Religion kann nicht ausgegangen werden; an die Stelle des Begriffs der Religion tritt Pluralität von möglichen Definitionsversuchen, die grundsätzlich unabschließbar zu sein scheinen."[125]

Diese ernüchternde Vorstellung darf uns aber nicht dazu verleiten, den Religionsbegriff für sinnlos zu erklären; er muß vielmehr als ein problemanzeigender betrachtet werden.

Traditionell wird diese Problematik in der sog. natürlichen Theologie[126] und in der demonstratio religiosa[127] der klassischen katholischen Fundamentaltheologie verhandelt. Die Humanwissenschaften stimmen heute weitgehend jener traditionell christlichen Überzeugung zu[128], die - freilich unter einem anderen Blickwinkel - von einer tieferen Disposition in der Wesensnatur des Menschen ausgeht, die ihn für sinnerschließende Erfahrungen, geprägt und geformt durch kulturelle und soziologische Faktoren, befähigt.

Vor diesem Hintergrund verstehen wir mit dem Psychoanalytiker und Philosophen *Erich Fromm* unter Religion

> "nicht nur ein System, das notwendigerweise mit einem Gottesbegriff oder mit Idolen operiert, und nicht nur ein System, das als Religion anerkannt ist, sondern jedes von einer Gruppe von Menschen geteilte System des Denkens und Handelns, das dem einzelnen einen Rahmen der Orientierung und ein Objekt der Hingabe bietet. ... Das religiöse Bedürfnis wurzelt in den Existenzbedingungen der Spezies Mensch."[129]

Der Mensch braucht nach *Fromm* diese Religiosität, um überleben zu können, da er nicht mehr instinktmotiviert ist, sondern über Selbstbewußtsein, Vernunft und Vorstellungsvermögen verfügt.[130] In diesem Sinn gehört Religiosität zu den Grundbedürfnissen des Menschen.[131]

Dieser humanwissenschaftliche Religionsbegriff ist freilich aus der Sicht der christlichen Theologie noch unzureichend; obwohl er noch kategorial zu füllen sein wird, stellt er doch in der heutigen Situation der Glaubensvermittlung einen Ansatz dar, der für eine kairologisch orientierte Religionspädagogik fruchtbar gemacht werden kann. Ferner ist ein solcher Religionsbegriff kommunikabel mit

---

125 Wagner 1986: 112.

126 Vgl. Kasper ^{2}1983: 92-106.

127 Vgl. Lang A. 1954 und Vorgrimler ^{2}1960: 459.

128 Auf *Tertullian* geht die Formel von der *anima naturaliter christiana* zurück, die die Überzeugung von einer natürlichen Religiosität zum Ausdruck bringt, in der der Mensch für die christliche Offenbarung offen ist; vgl. Rahner ^{2}1957!

129 Fromm ^{15}1986: 130f.

130 Ebd.: 132f.

131 Der niederländische Psychoanalytiker *Nuttin* unterscheidet "psychophysiologische", "psychosoziale" und "geistige (metaphysische, religiöse)" Bedürfnisse (vgl. Nuttin 1959).

jener berühmten Bestimmung von Religion, wie sie der evangelische Theologe *Paul Tillich* aufgestellt hat:

> "Religion ist Ergriffensein von dem, was uns unbedingt angeht."[132]

Schließlich formuliert der emeritierte Münchener Fundamentaltheologe *Heinrich Fries* jenes zentrale Glaubwürdigkeitskriterium, das die Voraussetzung und Bedingung der Möglichkeit christlichen Glaubens heute zusammenfaßt:

> "Was immer den Akt und den Inhalt des christlichen Glaubens betreffen mag - er ist nur möglich, verantwortbar und vollziehbar, wenn er einen Bezug zum Menschen hat, und zwar keinen beliebigen, äußeren oder gar verfremdenden, sondern einen ursprünglichen und inneren Bezug zum Menschen und zu dem, was wesentlich zu ihm gehört: zu Welt und Geschichte. Anders gesagt: Christlicher Glaube, über den Theologie reflektiert, ist nur möglich, wenn im Menschen, wenn in den ihn bestimmenden Bedingungen die Möglichkeit und Disposition für den christlichen Glauben gegeben ist, wenn der Mensch so verfaßt ist, daß er glauben kann, auch und gerade im Sinne des christlichen Glaubens. Wenn solche Bedingungen der Möglichkeit nicht gegeben, nicht aufweisbar sind, wird der christliche Glaube als ganzer und im einzelnen wirklichkeitsfremd, äußerlich, ideologisch, ja er kommt ernsthaft nicht in Frage."[133]

"Tradierungskrise des Glaubens" als "Modernisierungskrise der Kirche"?

"Prüft alles und behaltet das Gute" (1 Thess 5,21) - diese paulinische Formel ist ein Kriterium christlicher *Tradition.*[134] Es kommt darin zum Ausdruck, daß zum Begriff *Tradition* zwei Momente gehören: Kontinuität *und* Wandel. Tradition ist eine lebendige, wandelbare Überlieferung, so daß der Begriff der Glaubens"weitergabe" eigentlich falsch ist, denn er berücksichtigt nur die Kontinuität; der Glaube würde weitergegeben wie ein Staffelstab. Versteht man die Tradierungskrise als Kontinuitätsproblem, so bedeutet der Wandel von vorneherein eine Krise und die Sorgen all jener Menschen bleiben unberücksichtigt, die unter der Stabilität leiden. Warum eigentlich besteht die Krise nicht (auch) im Bereich der Kontinuität, also des Tradierten?

Betrachtet man all jene Situationsanalysen, die für den deduktiven Ansatz charakteristisch sind, so müssen wir mit dem Moraltheologen *Dietmar Mieth* die Rede von der Tradierungskrise als "neokonservatives Kalkül"[135] bezeichnen, das einfach bestimmte Entwicklungen mit einer negativen Eindeutigkeit versieht, die ih-

---

[132] Tillich 1961: 9.
[133] Fries ^{2}1985: 14.
[134] Vgl. Deutsche Bischofskonferenz 1985: 51.
[135] Mieth 1987: 120.

nen nicht angemessen sind. Unter diesem Gesichtspunkt können wir eher von einer "Integrierungskrise"[136] oder "Modernisierungskrise"[137] der Kirche sprechen.

In einer anthropologischen Theologie darf sich die Tradition nicht zwischen den Extremen *Subjektivismus* und *dogmatischer Objektivismus* entscheiden müssen! Das genuin theologische Traditionsverständnis muß heute auf der Basis eines kommunikativen Verständnisses von Wahrheit (vgl. *J. Habermas*) sowohl die Dimension der "objektiven" Vorgegebenheit als auch der subjektiven Aneignung in sich vereinigen.

Das Globalziel einer kairologischen Glaubensvermittlung ist dabei der persönlich angeeignete und verantwortete Glaube, der im ständigen Dialog zwischen der bewährten Kontinuität und den Herausforderungen des Wandels einen *Rahmen der Orientierung* und ein *Objekt der Hingabe* darstellt, derer die Menschen so sehr bedürfen.

Die skizzierten Grenzen des deduktiven stellen zugleich die Anliegen des induktiven Ansatzes deutlicher heraus, der in dieser Arbeit die Grundlage für die folgende Situationsanalyse des RUs und deren religionspädagogischer Interpretation auf dem Hintergrund der skizzierten gesellschaftlichen Bedeutung von religiös-kirchlicher Glaubensvermittlung darstellt.

2. Möglichkeiten und Grenzen des Religionsunterrichts als Lernort des Glaubens - eine Situationsanalyse

Im Jahr 1972 - auf dem Höhepunkt der Lockerung religiöser und kirchlicher Bindungen - veröffentlichte der Psychologe *Norbert Havers* eine empirische Untersuchung mit dem Titel: *"Religionsunterricht - Analyse eines unbeliebten Fachs"*[138]. Als "eines der besten gesicherten Ergebnisse der gesamten Untersuchung"[139] bezeichnet der Verfasser den folgenden Befund:

> "Die Einstellung zum Schulfach Religionslehre, wie sie sich im Wunsch, dieses Fach beizubehalten oder abzuschaffen, manifestiert, hängt vor allen Dingen zusammen mit der Einstellung zum Glauben."[140]

So selbstverständlich und klar diese Aussage besonders nach zwanzig Jahren zunächst erscheinen mag, so zeigt sie doch auch, daß der Interpretation nur *ein* bestimmter theoretischer Zugang zugrunde liegt: der Zusammenhang zwischen Einstellung zum RU und Einstellung zum (kirchlich manifestierten) Glauben.

---

[136] Ebd.
[137] Hemel 1991b: 766.
[138] Vgl. Havers 1972.
[139] Ebd.: 221
[140] Ebd.

2.1 Methodische Vorbemerkungen[141]

Was im vorangegangenen Kapitel zu den Begriffen *Krise*, *Religion* und *Tradition* gesagt wurde, gilt es zu konkretisieren im Hinblick auf die Darstellung und Interpretation der Ergebnisse neuester Untersuchungen zum RU. Gegenstand der Untersuchungen sind Phänomene, die

- psychologisch hochkomplex und soziologisch multidimensional sind,

- in einem Kontext sozialen Wandels stehen,

- in den Bereichen *Schule* und *Unterricht* hineinreichen, der für die empirische Unterrichtsforschung relevant ist. Gerade auch für Theologen gilt folgende Grundregel der empirischen Sozialforschung:

> "You can be a good empiricist only if you are prepared to work with many alternative theories rather than with a single point of view and 'experience'."[142]

Insbesondere Religiosität und Glaube im Sinne eines umfassenden Sinn- und Selbstkonzepts zeigen in ihren kognitiven, emotionalen und praktischen Dimensionen sowie im Zusammenhang von Motivation und Handlung eine Komplexität, die auf der Ebene von Einstellungsmessungen allein nicht erfaßt werden kann.

Positiv gewendet heißt das: Die Aussagen von RLn und Schülern zum RU sind in einem möglichst vorurteilsfreien Rahmen ebenso wenig defizitär wie idealisierend darzustellen und zu interpretieren. Geschieht dies im einen oder anderen Fall dennoch, so ist exakt der Bezugspunkt anzugeben, welcher die entsprechende Interpretation erlaubt.

Die empirischen Ergebnisse stützen sich auf zwei Untersuchungen, die in den Jahren 1987 und 1988 vom Institut für Demoskopie in Allensbach angestellt und ausgewertet wurden.[143] RL aller Schulgattungen wurden zu Aufgaben und Möglichkeiten, Gestaltung und Resonanz des RUs befragt;

- 1094 Schüler aller Schularten und -formen wurden bezüglich ihrer Einstellung zum RU, ihren Erfahrungen mit RU und RLn befragt.

---

[141] Besonders die Lektüre von *Zwergel* (1990: 79-89) hat mich auf die methodischen Defizite institutsinterner Auswertungen der Allensbachuntersuchungen aufmerksam gemacht. Die Ausführungen in diesem Teilkapitel stützen sich auf seine Überlegungen.

[142] Shulman L. S. (1986): Paradigms and research programs in the study of teaching: a contemporary perspective, in: Wittrock, M. C. (ed.) (1986): Handbook of research on teaching, 3rd ed., New York-London, 3-36, 5, zit. n. Zwergel 1990: 79.

[143] Hierzu liegen zwei Datenbände (Institut für Demoskopie Allensbach 1988a und 1988b) und zwei Auswertungsbände (Dass. 1988c und 1988d) als unveröffentlichte Manuskripte vor.

2.2 Empirische Ergebnisse zur Situation des Religionsunterrichts[144]

In unserem Rahmen ist es weder sinnvoll noch möglich, ein Gesamtbild der Situation des RUs zu zeichnen; es werden daher nur jene Untersuchungsergebnisse berücksichtigt, die nach der Meinung des Verfassers unmittelbar etwas mit Inhalten (z. B. Unterrichtsthemen) und Vollzügen (z. B. Verhältnis Schüler - RL) der Glaubensvermittlung zu tun haben.

Stellung und Bedeutung des Fachs im Gesamteindruck

Nach Einschätzung der RL ist das *schulische Klima* für religiöse Fragen für 66 % eher günstig und für nur 7 % ausgesprochen ungünstig. Bei den Schülern rangiert der RU unter 21 Fächern in der Beliebtheitsskala auf Rang 10. Vergleichbare Fächer sind Erdkunde, Sozialkunde, Geschichte. In der Rangfolge der Unbeliebtheit steht der RU mit 15 % der Schüleräußerungen auf dem 8. Platz. Zum Vergleich: Als je unbeliebtestes Fach werden Mathematik (39 %), Physik (27 %), Deutsch (26 %) und Chemie (20 %) genannt.

Auch wenn das Image des RUs vielleicht besser ist, als man aufgrund der allgemeinen gesellschaftlichen Situation erwarten würde, ist es doch für den RU heute charakteristisch, daß er weniger als jedes andere Fach die Schüler berührt und positive oder negative Reaktionen auslöst. 67 % aller befragten Schüler, die den RU besuchen, zählen das Fach weder zu ihren liebsten Fächern noch zu denen, die sie am wenigsten mögen. Erst mit einigem Abstand - 58 % und weniger - folgen Erdkunde, Sozialkunde, Geschichte und Biologie.

Gefragt nach der spezifischen Charakterisierung des Faches hat die Rubrik *Fach ohne Anforderungen* bei den Schülern das meiste Gewicht: 63 % meinen, man brauche für den RU kaum zu lernen und noch 53 % halten es für besonders einfach, eine gute Note zu bekommen. Ein stattlicher Anteil von 45 % empfindet den Ablauf des Unterrichts als weniger diszipliniert als in anderen Fächern.

Die fehlende Beziehung der Schüler zum Fach und seinen Inhalten kommt dadurch zum Ausdruck, daß 34 % den RU als langweilig empfinden, 28 % mit den vermittelten Inhalten nicht viel anfangen können und immerhin ein Fünftel der Befragten stört es, daß zuviel über religiöse Themen geredet wird.

Eine nicht zu unterschätzende positive Sonderstellung des Faches läßt sich aus folgenden Schülereinschätzungen ablesen:

- *Freiheits- und Gestaltungsspielraum;*

---

144 Alle in diesem Kapitel dargebotenen Daten stammen aus den Publikationen des Allensbacher Instituts und werden daher nicht mehr im einzelnen belegt.

- *Möglichkeit, über persönliche Probleme und schulspezifische Fragen nachzudenken;*

- *nicht nur Wissensvermittlung.*

Aufgabenverständnis der Lehrer; Erfolgs- und Mißerfolgsthemen

Auf die Doppelfrage "Was sind für Sie die wichtigsten *Aufgaben im Religionsunterricht*, was möchten Sie Ihren Schülern vor allem vermitteln?" zeigen die Angaben der RL im ersten Fünftel der genannten Aufgaben eine Mischung von dogmatischen und ethisch-moralischen Zielsetzungen:

- *Wissen über Glaubensinhalte* (69 %),

- *Soziales Denken schulen, Rücksichtnahme auf andere* (68 %),

- *Das Wort Gottes vermitteln* (67 %),

- *Hilfestellung zur Lebensbewältigung* (66 %),

- *Betroffenheit auslösen, Engagement wecken, z. B. für den Frieden, gegen den Hunger in der Welt* (65 %).

Das Bild ändert sich jedoch, wenn sich die RL unter verschiedenen Aufgaben des RUs alternativ entscheiden sollen. 60 % der befragten Lehrer optierten für die zentrale Aufgabendimension *dazu beitragen, daß das Leben der Schüler gelingt / Orientierungshilfe*, 22 % für die Aufgabendimension *Verkündigung / Vermittlung christlicher Überzeugungen* und nur 12 % für die Aufgabendimension *Wissen über Glauben, Glaubenspraxis und die Geschichte der christlichen Religion vermitteln.*

Sobald *Kirche* in den Kontext eines Lehrziels aufgenommen ist, rutscht dieses in die untersten Ränge, nur noch unterboten von der *Allgemeinbildung*. Das Schlußfünftel wird besetzt durch die Zielsetzungen:

- *Zur kritischen Auseinandersetzung mit Glauben und Kirche ermutigen* (48 %),

- *Einübung in die Glaubenspraxis* (47 %),

- *Die Verbindung zur Kirche festigen* (44 %),

- *Einführung in das Leben der Kirche* (43 %),

- *Die Position der Kirche darstellen* (36 %),

- *Verständnis für die Positionen der Kirche wecken* (32 %).

Gefragt nach der Häufigkeit der behandelten Themen läßt sich nach den Angaben der Schüler der Klassen 8 bis 10 folgende Rangliste im Spitzenfünftel eruieren:

- *Nächstenliebe,*

- *Tod, Sterben,*
- *Freundschaft,*
- *Ehe, Familie,*
- *Sünde, Schuld,*
- *Weltreligionen,*
- *Sexualität,*
- *Neues Testament.*

Diese Gruppe der am meisten behandelten Themen läßt sich einteilen in explizite Zentralthemen des Christentums und in ethisch-moraltheologische Fragen. Damit korreliert die tatsächliche Häufigkeit der behandelten Themen mit den von den Lehrern bevorzugten Lehrzielen *Glaubensvermittlung* und *Hilfestellung zur Lebensbewältigung*. Nach den Angaben von Schülern und Lehrern werden die folgenden Themen am wenigsten behandelt:

- *Gottesbeweise,*
- *Unfehlbarkeit des Papstes,*
- *Christentum und Marxismus,*
- *Pfarrgemeinde,*
- *Apostel,*
- *Maria,*
- *Theologie der Befreiung,*
- *Kernenergie.*

Analog zum Aufgabenverständnis der RL zeigt sich auch hier, daß spezifisch kirchliche Themen im Schulalltag eine eher untergeordnete Rolle spielen. Daß sich hier Differenzierungen zwischen den Schularten und Altersstufen sowie zwischen Laientheologen und Klerikern ergeben, wird wohl kaum überraschen.

In einem Tiefen-Interview zur Vorbereitung der Umfrage faßte ein RL sein "Erfolgsrezept" im RU mit den folgenden Worten zusammen: "Je bibelferner und je kirchenferner, desto leichter ist es."[145] Umgekehrt gilt für einen anderen: "Je spezifischer das Thema mit Kirche und Religion zu tun hat, um so schwieriger ist das Thema zu behandeln."[146] Diese Zusammenhänge bestätigen sich, wenn man sich *die Liste der die Schüler am meisten interessierenden Themen* betrachtet. Die höchste Quote positiver Resonanz erhielten Themen aus dem Bereich *Gestaltung zwischenmenschlicher Beziehungen* (*Freundschaft, Sexualität, Nächsten-*

[145] Institut für Demoskopie Allensbach 1988a: 80.
[146] Ebd.

liebe, Ehe und Familie) und aktuelle gesellschaftspolitische Themen (*Dritte Welt, Frieden und Abrüstung, Menschenrechte*).

Vergleicht man die Spitzengruppe der am meisten interessierenden Themen mit der Spitzengruppe der am meisten behandelten Themen, so finden sich in beiden Gruppen die Themen *Freundschaft, Sexualität, Nächstenliebe, Ehe und Familie, Tod und Sterben*. Dies ist ein hoher Grad an Identität! Allerdings werden nach dem Lehrprogramm der Lehrer bei allem Eingehen auf Schülerinteresse auch bei geringer Aussicht auf Zustimmung dogmatische Themen behandelt: *Sünde und Schuld, Neues Testament, Kirchliche Feste und Kirchenjahr, Eucharistie*. Das Schlußfünftel in der Interessenskala der Schüler zeigt, daß die Schüler für Themen aus dem Bereich *Glaubenswissen* und *Wissen über die Kirche* kaum aufgeschlossen sind: *Reformation und Bedeutung Luthers; Ökumene; Christentum - Marxismus; Eucharistie; Apostel; Maria; Pfarrgemeinde; Theologie der Befreiung*. Das Interesse für solche Themen nimmt mit zunehmendem Alter ab und ist an Gymnasien immer noch größer als an Haupt-, Real- und Berufsschulen.

Religionslehrer - Selbstverständnis und Schülererwartungen

Nach ihrer *Freude am Fach Religion* befragt, sollten die RL dieser anhand einer Skala von 0 ("überhaupt nicht") bis 10 ("außerordentlich gern") Ausdruck verleihen; als durchschnittlicher Wert ergab sich 8,22. Dies stellt angesichts der zahlreichen Schwierigkeiten, mit denen RL heute zu kämpfen haben, ein bemerkenswertes Ergebnis dar.

Insgesamt entsteht der Eindruck einer überwiegenden Zufriedenheit mit Beruf und Fortbildungsmöglichkeiten.[147]

Unter der Überschrift *Gebrochenes Verhältnis zur Kirche* dokumentiert das Allensbacher Institut wichtige Aussagen zum Selbstverständnis der RL.[148] In den Umfragen wird überwiegend Zufriedenheit über die Unterstützung durch die Kirche geäußert, gleichzeitig jedoch Kritik wegen ihes zu starren Festhaltens an Normen geübt; hier geht es vornehmlich um die Themen *Sexualität, Zölibat* und *Rolle der Frau in der Kirche*. Es ist bemerkenswert, daß auch die überwiegend kritisch eingestellten Lehrer in sozialen und politischen Fragen *(Menschenrechte, Dritte Welt, Einstellung zur Asylfrage, Vorstellungen über eine humane Arbeitswelt und Stellenwert von Konsum)* mit der Kirche weitgehend konform gehen.

Ganz entscheidend für den Ist-Stand der Glaubensvermittlung im RU ist ein *Vergleich von Ideal- und Realbild der Kirche* bei den RLn, die folgende Eigenschaften von der Kirche erwarten:

- gibt Geborgenheit, verzeihend,

---

[147] Vgl. ebd. : 190.

[148] Ebd.: 137.

- gibt dem Leben Sinn,

- menschlich,

- hilfreich,

- bringt die Menschen dazu, sich mehr um andere zu kümmern,

- auf der Seite der Armen,

- sorgt dafür, daß die Menschen verständnisvoll miteinander umgehen;

- gerecht,

- steht Gott nahe.

Im Vordergrund steht ganz eine helfende Kirche; eine autoritäre oder normsetzende Kirche kommt nicht in den Blick. Diese Züge werden im Realbild der Kirche ganz massiv als Defizite gewertet, die die Kirche nach den Aussagen der RL bei folgenden Eigenschaften aufweist:

- menschlich,

- gütig,

- offen,

- fröhlich,

- gerecht,

- selbstlos,

- ermutigt zu Freiheit und Selbständigkeit,

- gibt Geborgenheit.

Vor dem Hintergrund lehramtlicher und theologischer Aussagen zur Ekklesiologie müßten diese Aussagen erfahrener Religionsphilologen, die "ein theologisch anspruchsvolles Kirchenbild als Grundlage der Kritik"[149] erkennen lassen, Anlaß zu kritisch-kreativen ekklesiologischen Reflexionen sein.

Bezüglich des Ideal- und Realbildes der RL ergibt sich ein differenzierter Gesamteindruck, der eine Entfremdung der RL von der Kirche nicht erkennen läßt, wohl aber ein kritisch-distanziertes Verhältnis zum kirchlichen Amt, das besonders bei jüngeren RLn vorherrscht.[150]

---

[149] Zwergel 1990: 71f.

[150] Als Beispiel sei an dieser Stelle nur eine Stimme für viele genannt:
"Meine Unzufriedenheit mit der Kirche bezieht sich im wesentlichen auf bestimmte Formen des Amtsverständnisses. Also etwa in der Amtsführung des derzeitigen Papstes, in der zwar eine Offenheit in den sozialen Fragen durchaus gegeben ist, aber in der Disziplinierung der Kirche nach innen ist doch weithin das Maß überschritten! Ich würde da doch meine Vorbehalte gegen bestimmte Formen der Restauration innerhalb der Kirche sehen, nachdem die sowohl auf dem II. Vatikanischen Konzil als auch auf der Synode der deutschen Bistümer gemachten Ansätze dazu

Das Schülerinteresse am RU hängt ganz entscheidend von der Person des Lehrers und seiner Unterrichtsgestaltung ab. Als wichtigste *Eigenschaften eines RLs* werden von den Schülern, die am RU teilnehmen genannt:

- *tolerant,*
- *jemand, zu dem man mit persönlichen Problemen kommen kann,*
- *mag sein Fach,*
- *weiß viel*
- *diskutiert viel,*
- *ein richtig guter Kumpel*
- *ist für andere ein Vorbild.*

Am wenigsten wünschen sich die Schüler Lehrer, die viel verlangen und ihre Erwartungen mit Strenge durchsetzen. Auffällig ist, daß "Gläubigkeit" nur von 56 % der Schüler erwartet wird.

Wie nicht anders vorherzusehen, werden die Erwartungen der Schüler durch die Realität nur bedingt erfüllt; nur in Bezug auf die Identifikation mit dem Fach und die Bereitschaft, gute Noten zu geben, werden die Erwartungen der Schüler befriedigt. Hinsichtlich der Gläubigkeit werden die Ansprüche sogar übererfüllt. Besonders bedenklich erscheint es, daß gerade im zwischenmenschlichen Bereich Erwartungen und Erfahrungen der Schüler auseinanderklaffen:

- 74 % wünschen sich einen toleranten Lehrer, jedoch nur 46 % betrachten ihren Lehrer als tolerant;

- knapp drei Viertel der Schüler wünschen, daß sie zu ihrem RL auch mit persönlichen Problemen kommen können, was jedoch nur 40 % auch für möglich halten;

- während der Lehrer für 67 % "ein richtig guter Kumpel" sein sollte, erfahren dies im Schulalltag nur 28 %;

- ebenfalls 28 % sehen im ihrem RL ein Vorbild, was aber mehr als doppelt so viele (63 %) erwarten.

Die Lehrer sind sich dieser Kluft gerade auch in ihrer Bedeutung für das Gelingen des Unterrichts vielleicht nicht bewußt; wie wäre es sonst zu erklären, daß 87 % der Lehrer überzeugt sind, daß ihre Schüler wissen, daß sie jederzeit mit

---

geführt haben, daß jetzt Angst spürbar wird bei bestimmten Trägern der Autorität, daß jetzt diese Schritte auch tatsächlich gemacht werden. Über manche Fragen der Moral, Ethik der Kirche, wo es vor allen Dingen um Fragen der Ehemoral, der Sexualmoral (z. B. Geburtenkontrolle), wo es um Ehescheidung und auch die Frage des Pflichtzölibats geht, ich denke an die Frage der verheirateten Priester - bei all dem habe ich doch erhebliche Vorbehalte der derzeitigen Entscheidung des Kirchenamts gegenüber" (Institut für Demoskopie Allensbach 1988a: 141).

persönlichen Problemen zu ihnen kommen können? Die Lehrer setzen mehr Vertrauen in ihre Person voraus, als auf seiten der Schüler tatsächlich vorhanden ist.

Weitere Einflußfaktoren des Religionsunterrichts

RU ist nicht nur ein didaktisch-kommunikatives Geschehen zwischen RL und Schüler; Staat und Gesellschaft, Kirche und Theologie üben in ihren Leistungen, Erwartungen und Forderungen einen beachtlichen Einfluß auf die Rahmenbedingungen aus, in denen sich der konkrete Unterricht vollzieht. Daneben spielen jedoch bestimmte sozialpsychologische Momente für Chancen und Möglichkeiten der Glaubensvermittlung im RU eine zentrale Rolle:

(1) Die *Erwartungen der Eltern*, die für die religiöse Sozialisation eine unersetzbare Rolle spielen, orientieren sich an kirchlichen Vorstellungen als Kriterien der sozialen Nützlichkeit. Ganz im Vordergrund steht die Förderung sozialer Verhaltensweisen[151]; insbesondere bei kirchenfernen Eltern dominieren ethische Lernziele:

- *soziales Denken schulen; Rücksicht auf andere* (62 %),
- *Maßstäbe für gut und böse vermitteln* (44 %),
- *Toleranz üben* (40 %).[152]

Einübung in Glaubenspraxis, Vermittlung des Wortes Gottes, Einführung in das Leben der Kirche treten demgegenüber stark zurück, werden aber von kirchennahen Eltern in ihren Erwartungen an den RU immer noch an vorderster Stelle genannt.[153]

Dieser Befund entspricht den vorherrschenden sozialwissenschaftlichen Religionstheorien, wonach *Religion* als gesellschaftlicher Integrationsfaktor betrachtet wird; die Mehrheit der Eltern plädiert für eine "religiöse Erziehung", ist aber nicht mehr bereit, sich dafür einzusetzen. Diese Tendenz entspricht der gesamtgesellschaftlichen Haltung, "daß Religion grundsätzlich gut geheißen wird, aber für die andern, nicht für einen selbst"[154].

(2) Die Einstellung der Schüler zum RU ist ganz entscheidend von ihrem Umfeld in Schule und Freizeit abhängig. Gemeint ist hierbei vor allem der *Einfluß von Freunden und Bekannten, der peer group und des Klassenumfeldes*. Dieser Zu-

---

[151] Die Auswerter der Allensbachumfrage sehen in diesem Befund eine Gefährdung des RUs durch die Säkularisierung der Erwartungen an ihn (vgl. Werbick 1990: 45). Auch dieser Interpretation liegt ein kirchenamtlich fixierter und verengter Religionsbegriff zugrunde, der zudem dem biblischen Verständnis vom Christentum widerspricht.

[152] Die Daten, die aus einer anderen Allensbachuntersuchung stammen, sind dokumentiert in Schneider 1990: 6.

[153] Ebd.

[154] Kaufmann 1989a: 62.

sammenhang läßt sich besonders am Abmeldeverhalten der Schüler verifizieren: Schüler, die eine Abmeldung planen oder zumindest erwogen haben, stammen überdurchschnittlich aus Klassen, in denen sich schon mehrere Schüler vom RU abgemeldet haben.

Der massive Einfluß des Umfeldes zeigt sich auch darin, daß die Bereitschaft, religiöse Überzeugungen oder Interessen zu artikulieren, stark von der Einstellung des Umfeldes zur Religion abhängt. Ist das Umfeld ungünstig, so entsteht die "Schweigespirale"[155]. Es fällt schwer, in einer religiös indifferenten oder gar ablehnenden Klassensituation über Gott oder auch nur über den Glauben zu sprechen.

(3) *Kirchen-* und *Glaubensbindung* prägen Vor- und Einstellungen der Schüler zum RU; bereits die Themenpräferenzen und -interessen haben gezeigt, daß dogmatische und kirchliche Fragen in den Hintergrund treten. Aus soziologischer Sicht besteht der Hauptgrund für dieses Desinteresse in der fehlenden Beziehung zur Kirche und ihrer Verkündigung. [156]

2.3 Religionspädagogische Interpretation

"Kritik" und "Gegenkritik"

Nach *Zwergel* sind die Auswertungen der Allensbacher Untersuchungen[157] "sehr stark von *einem* theoretischen Bezugsrahmen bestimmt, der durch den engen Zusammenhang von Säkularisierung, Institutionenbindung und Verkündigung cha-

---

155 Dieser sozialpsychologisch wichtige und für den religiösen Bereich noch zu wenig beachtete Prozeß wurde von *Elisabeth Noelle-Neumann* entdeckt und beschrieben (vgl. Noelle-Neumann 1980). *Renate Köcher* definiert das Phänomen mit folgenden Worten:
"Personen, die den Eindruck haben, daß der Kreis der Gleichgesinnten immer enger wird und daß sie zu einer schwächer werdenden Minderheit gehören, sprechen weniger über ihre Überzeugungen, verstummen allmählich in bezug auf das, was ihnen wichtig ist. Oft erscheint dadurch der Kreis wesentlich schwächer, als er tatsächlich ist. Zugleich schrumpft der Kreis weiter durch den mangelnden Bekenntnismut und die Zaghaftigkeit, die von ihm ausgeht" (Köcher 1989: 52).

156 Der Zusammenhang zwischen der Ablehnung der Institution *Kirche* bei den Jugendlichen und den Konsequenzen für den RU kommt in folgender Lehreräußerung exemplarisch zum Ausdruck: "Frustrationen sind nicht selten. Es sind hauptsächlich Stunden, wo es um die Kirche geht und wo man der Ablehnung der Schüler der Institution Kirche gegenüber besonders begegnet. Vor allem, wo es um die Strukturen des kirchlichen Amts geht, das Verhalten des Papstes etwa, da erlebt man doch weithin eine Aversion der Schüler gegen bestimmte Formen der Amtskirche. Hier fühlt sich der junge Mensch besonders eingeengt. Autorität wird hier oft als autoritäre Struktur innerhalb der Kirche erfahren. Vor allen Dingen Fragen der kirchlichen Ethik, die die Sexualmoral betreffen, da besteht kein Zugang von Seiten der Schüler zu den Aussagen der gegenwärtigen kirchlichen Moral ... da wird von der Sache her von den Schülern Widerstand geleistet" (Institut für Demoskopie Allensbach 1988a: 22).

157 Als institutsinterne Auswertungen liegen vor: Institut für Demoskopie Allensbach 1988c und 1988d und Köcher 1989.

rakterisiert und auch theologisch-religionspädagogisch nicht zureichend ausgearbeitet ist"[158]. Dies ist um so fataler, als bekanntlich falsche Diagnosen zu wirkungslosen oder sogar kontraproduktiven Therapien führen, die in unserem Fall in der Forderung nach einer materialkerygmatischen Wende gipfeln. Bevor wir jedoch deren Unzulänglichkeit aufweisen[159], wenden wir uns kritisch der Situationsdeutung zu.

(1) Die Auswertungen sind "durchgehend verfahrensorientiert-strategisch, ergebnisorientiert und zugleich weniger subjektorientiert formuliert"[160]. Dies zeigt sich an der Auswertung folgender Einzeldaten:

- Wenn ein Eingehen auf Kritik im RU als "Rückzug aus der Verkündigung"[161] gewertet wird, so liegt eine Engführung vor: die Hinführung zum Glauben wird nur im Sinne von *Verkündigung* verstanden, in der *Glauben* und *Kritikbereitschaft* nicht zusammengehören.

- In der kritischen Distanz vieler RL zur Amtskirche sieht das Institut die "Gefahr einer zunehmenden 'Entfremdung'" zur Kirche und fordert, "die Beziehung zwischen der Institution und der Lehrerschaft"[162] zu verbessern. Statt eines offenen theologischen Kirchenbegriffs, wie er etwa in der Communio-Ekklesiologie des Zweiten Vaticanums vorliegt, wird allein das Realbild zum Kriterium genommen und das Idealbild vernachlässigt.

- Nach Einschätzung der Demoskopen nehmen bei den Schülern im Laufe der Schulzeit jene Haltungen ab, "die jede Vermittlung, insbesondere jedoch die Vermittlung religiöser Inhalte erleichtern: Begeisterungsfähigkeit, Aufgeschlossenheit, Vertrauen, Interesse"[163]. Dieser Auffassung liegt ein Verständnis von *Glaubensvermittlung* zugrunde, dessen Erfolg von der freudigen Rezeption des Lehrangebots abhängt; die grundlegende Einsicht vom Unterrichtsgeschehen als einem hermeneutisch-dialogischen Kommunikationsprozeß kommt überhaupt nicht in den Blick. Eine Anknüpfung an die Erfahrungen der Schüler läßt RL mit einem offenen Verständnis von Glaubensvermittlung auch in Formen gesellschaftspolitischen Engagements[164] oder in einer gelungenen Identitätsentwicklung des Schülers einen Ausdruck von Religiosität sehen.

- Die Schülereinschätzung *Fach ohne Anforderungen* wird sofort als Hinweis auf eine negative Stellung des Fachs gesehen.[165] Ohne die Notwendigkeit von Lei-

---

158 Zwergel 1990: 79.
159 Vgl. Kap. 2.3.2!
160 Zwergel 1990: 78.
161 Institut für Demoskopie Allensbach 1988a: 21.
162 Ebd.: 173.
163 Ebd.: 66.
164 Vgl. ebd.: 77.
165 Vgl. Institut für Demoskopie Allensbach 1988d: 15f.

stungsanforderungen und Erfolgskontrollen gerade auch im RU von vorneherein in Frage zu stellen, bleibt dennoch zu überlegen, ob nicht in einer Situation häufiger Überbewertung kognitiver Leistungen durch einen umfassenderen Leistungsbegriff Freiheits- und Gestaltungsspielräume entstehen, die eine positive Sonderstellung des Fachs gewährleisten könnten.

- Die Problematik der religiösen Selbsteinschätzung der Schüler wird nicht diskutiert:

> "Von den 14- bis 20jährigen Schülern, die den katholischen Religionsunterricht besuchen, beschreiben sich 46 Prozent als religiös, 24 Prozent ausdrücklich als nicht religiös. Nur 2 Prozent beschreiben sich als überzeugte Atheisten."[166]

Was heißt *religiös* und worin besteht der Unterschied zwischen *ausdrücklich nicht religiös* und *atheistisch*? In der Aussage, daß "Gebet, Teilnahme am Gottesdienst und die Intensität der Gottesbeziehung ... wesentlich klarer als die Selbsteinschätzung die sukzessive Lockerung religiöser Bindungen während der Adoleszenz (zeigen, T.G.)"[167], wird ein unpräzises Kriterium durch ein anderes ersetzt: *Intensität der Gottesbeziehung* läßt sich variabel interpretieren und *Glaube* wird durch *Gebet* und *Gottesdienstbesuch* partiell, oberflächlich, formal erfaßt.

(2) In einer zusammenfassenden Bewertung interpretiert *Renate Köcher* eine stärkere Verschiebung der Perspektive "von der Vermittlung von Glaubenswissen, religiösen und kirchlichen Normen und der Behandlung biblischer Inhalte auf allgemein zwischenmenschliche Beziehungen und gesellschaftspolitische Fragen" als "Anpassung"[168]:

> "Hier werden Grenzen der Anpasssung des Religionsunterrichts an ein Umfeld erkennbar, dessen Aufgeschlossenheit für religiöse Themen deutlich gesunken ist. Die Erwartungen nicht religiöser Schüler an den Unterricht zu erfüllen, hieße oft, zentrale Aufgaben und Themen des Religionsunterrichts zurückzustellen und die Erwartungen religiöser Schüler zu enttäuschen."[169]

Solcher Gesamteinschätzung liegen folgende fragwürdige Voraussetzungen zugrunde:

- entgegen der Praxis Jesu im Neuen Testament wird von einer künstlichen Unterscheidung *Glaubensvermittlung - Lebenshilfe* ausgegangen, werden beide gegeneinander ausgespielt[170];

---

166 Ebd.: 33.
167 Ebd.: 41.
168 Köcher 1989: 56.
169 Ebd.: 57.
170 Diakonie ist nach dem Vorbild Jesu Kriterium allen Christseins (vgl. hierzu Kapitel 5). Das bedeutet einen Primat der Orthopraxie gegenüber der Orthodoxie (vgl. 1 Kor 13,13; Jak 2,14;

- die Bedeutung zwischenmenschlicher Beziehungen und gesellschaftspolitischer Fragen, die nach den Umfrageergebnissen heute besonders stark im Mittelpunkt zu stehen scheinen, wird nicht als "Zeichen der Zeit" wahrgenommen; die Aneignung institutionell vorgegebener, konfessionell geprägter und dogmatisch gebundener "Glaubenswahrheiten" in ihrer abstrakt kognitiven Form scheint in dieser Konzeption das Globalziel des RUs zu sein; dieses am traditionellen kerygmatischen Katechismusunterricht orientierte Modell, das den RU auf Vermittlung der Glaubenslehre und Einführung in die kirchliche Sozialisation reduziert, entspricht weder einem wesens- noch situationsgerechten Verständnis von Christsein, das seine frohe Botschaft in Wort und Tat verkündet.[171]

Mit dieser unzureichenden Situationsdeutung korreliert die Forderung "Zurück zu den Inhalten", die seit etwa Beginn der 80er Jahre von den verschiedensten Seiten immer wieder erhoben wird und daher in der religionspädagogischen Diskussion eine zentrale Rolle spielt.

Postulat einer "materialkerygmatischen Wende" - Intention und Grenzen

Das Anliegen

Unübersehbare Indikatoren des Scheiterns herkömmlicher Formen der Glaubensvermittlung, Legitimitätskrisen, Gefahr einer "Verkürzung" des Glaubens auf Ethik - all diese Faktoren waren für viele Seiten ein Anlaß, eine Rückkehr zu den traditionellen Glaubensaussagen im RU zu fordern, wie sie vom kirchlichen Lehramt authentisch und verbindlich zu glauben vorgelegt werden:

- Politiker und Juristen weisen darauf hin, daß nach GG Art. 7 Abs. 3 der RU nur dann ordentliches Lehrfach sei, wenn dieser "in Übereinstimmung mit den Grundsätzen der Religionsgemeinschaften" erteilt werde[172];

- die *Katholische Elternschaft Deutschlands* und das *Zentralkomitee der Deutschen Katholiken* vermissen eine Grundlegung des christlichen Glaubens im RU und beklagen eine willkürliche Auswahl der Inhalte durch den RL[173];

Gal 5,6), was auch für Begründung, Selbstverständnis, Zielperspektiven Erfolgsaussichten des RUs Konsequenzen haben müßte.

171 Erich Feifel weist darauf hin, daß "Katechese bzw. RU, obwohl beide Institutionen in Lebenspraxis umzusetzendes Lebenswissen als Angebot des Glaubens vermitteln wollen, jeweils eigenständige Lernsituationen" (Feifel 1986: 198) darstellen. Im folgenden Kapitel wird eine genaue Unterscheidung zwischen *Katechese* und *Evangelisierung* vorgenommen, auf deren Hintergrund sich ein diakonisch orientierter RU als zeit- und wesensgerechtes Modell herausstellen wird.

172 Vgl. Verfassung des Freistaates Bayern Art. 135 und 136!

173 Vgl. die Erklärungen "Religionsunterricht - Sorge um die christliche Erziehung" (KED 1980) und "Zur gegenwärtigen Diskussion um den Religionsunterricht" (ZdK 1980); als kritischer Kommentar vgl. Langer 1982!

- In einer zunächst wenig beachteten, in den letzten Jahren aber zunehmend stärker diskutierten, 1983 von *Joseph Kardinal Ratzinger* in Frankreich gehaltenen Rede zur "Krise der Katechese und ihre Überwindung"[174] stellt der Präfekt der römischen Glaubenskongregation eine "Hypertrophie der Methode gegenüber den Inhalten"[175] mit der Folge der "Fragmentierung der Glaubensaussagen"[176] fest und fordert eine Rückkehr zu den traditionellen Themen der Katechese: zu den "vier klassischen Hauptstücken"[177] *Apostolisches Glaubensbekenntnis, Sakramente, Dekalog, Gebet des Herrn.* Eine derartig strukturierte Katechese ergebe sich "aus den grundlegenden Lebensvollzügen der Kirche, die den wesentlichen Dimensionen der christlichen Existenz entsprechen"[178]. Dieses Viererschema ist im *Catechismus Romanus* (1566) verankert, der sagt, "hier werde dargestellt, was der Christ zu glauben hat (Symbolum), was zu hoffen (Vaterunser), was zu tun (Dekalog als Interpretation der Weisen der Liebe) und es werde der Lebensraum umschrieben, in dem dies alles verankert ist (Sakrament und Kirche)"[179]. Diese Rekatechisierung korrigiere nach *Ratzinger* eine Reihe von Folgeproblemen, die sich aus einer "anthropologischen Engführung"[180] und der "Ablösung" der "Gewißheit des Glaubens" durch die "Sicherheit der historischen Hypothese"[181] ergeben und zu einer "Krise des Glaubens besser des Mitglaubens mit der Kirche aller Zeiten"[182] geführt haben:

- Abschaffung des Katechismus als "erster schwerwiegender Fehler", als "international betriebener Fehlentscheid"[183];

- "Überordnung der Praxis über die Wahrheit", wie sie in der Verselbständigung der Praktischen Theologie gegeben ist, die sich nicht mehr als "Weiterführung und Konkretisierung der Dogmatik bzw. der systematischen Theologie"[184] versteht und deren Bemühungen zur Erschließung neuer Wege der Glaubensvermittlung deshalb "eher zur Verschärfung der Krise als zu ihrer Überwindung beigetragen"[185] haben;

---

[174] Vgl. Ratzinger 1983. Als direkte Reaktion hierauf vgl. Hemel 1984a! Zum Zusammenhang der Ausführungen *Ratzingers* mit dem neuen Weltkatechismus vgl. Ansorge 1994!
[175] Ratzinger 1983: 15.
[176] Ebd.
[177] Ebd.: 32.
[178] Ebd.: 31.
[179] Ebd.: 32.
[180] Ebd.: 16.
[181] Ebd.: 20.
[182] Ebd.: 16.
[183] Ebd.: 15.
[184] Ebd.: 16.
[185] Ebd.: 15.

- "Vorrang der Anthropologie vor der Theologie"[186], was die menschlichen Erfahrungen zum Maßstab des tradierten Glaubens werden ließ;

- Verzicht auf das Dogma als Quelle der Glaubensvermittlung durch Verabsolutierung der historisch-kritischen Methode[187].

Kritische Beurteilung

Die Aussagen *Kardinal Ratzingers* können als repräsentativ für eine Vielzahl unüberhörbarer Stimmen unterschiedlicher Herkunft sein, die alle in der Forderung nach einer "materialkerygmatischen Wende"[188] in der Religionspädagogik gipfeln.

Es konnte bereits nachgewiesen werden, daß der dieser Forderung zugrunde liegende deduktive Ansatz eine unzureichende Interpretation der Situation der Glaubensvermittlung insgesamt und des RUs im besonderen darstellt.[189] Gleichwohl lassen sich am eben skizzierten "Therapievorschlag" Implikationen aufweisen, von denen ausgehend im folgenden[190] eine kairologisch-futurologische Situationsdeutung versucht und die Frage nach einer Neuorientierung des RUs beantwortet wird[191] .

(1) Ein katechetischer RU setzt bei den *Schülern* bestimmte Einstellungen und Vorkenntnisse voraus, die aus einer ersten religiösen Sozialisation in der Familie herrühren. Er ist darauf angelegt, die durch die religiöse Früherziehung bei den Schülern vorhandenen fides implicita[192] zu explizieren, gegebenenfalls zu korrigieren, in jedem Fall aber so zu stabilisieren, daß eine Glaubenshaltung und Glaubenspraxis im Sinne der Kirche möglich wird. Katechetischer RU versteht sich daher als "Einweisung und Einübung von (getauften) Kindern und Jugendlichen in den Glauben, in das Beten und in den Gottesdienst der Kirche sowie in eine christl. Lebensführung"[193]. Dieses Konzept ist in einer bestimmten geschichtlichen Konstellation von Kirche und Gesellschaft (z. B. volkskirchliche Situation) durchaus sinnvoll und angemessen. Die Vertreter einer materialkerygmatischen Wende berücksichtigen in keiner Weise die Tatsache, daß heute die Voraussetzungen für einen katechetisch konzipierten RU fehlen: Nur eine

---

186 Ebd.: 16.

187 Vgl. ebd.: 17-22.

188 Zu ihr bekennt sich der frühere Tübinger Dogmatiker und jetzige Bischof *Walter Kasper* in seinem Aufsatz zum deutschen Erwachsenenkatechismus (vgl. Kasper 1985). Für eine differenzierend-kritische Auseinandersetzung seien stellvertretend genannt: Bartholomäus 1984 und Werbick 1990.

189 Vgl. Kap. 1.3!

190 Vgl. Kap. 2.3.3!

191 Vgl. Kap. 3!

192 Diesen klassischen Begriff der katholischen Dogmatik (vgl. Ott ^{6}1963: 7) verwendet *Werbick* (1990: 48) in seiner kritischen Auseinandersetzung mit der Forderung einer "materialkerygmatischen Wende".

193 Langer 1991: 408.

kleine Minderheit der Schüler ist noch kirchlich-religiös geprägt; die meisten kommen aus kirchlich distanzierten Familien und "unterliegen auch sonst den Einflüssen des religiös indifferenten oder agnostischen Milieus der weltanschaulich-pluralen Gesellschaft"[194]. Ein in dieser Hinsicht schülerorientierter RU muß die neue Situation in seinem Selbstverständnis, seinen Zielperspektiven und Erwartungshaltungen kritisch-produktiv rezipieren.

(2) Die Deutschen Bischöfe möchten "die zentralen Inhalte des Glaubens"[195] wieder in den Mittelpunkt des RUs gerückt sehen[196]; sie fordern vom *Lehrer* ein "Vorlegen" der von der Kirche als verbindlich erklärten Inhalte und zugleich das engagierte Zeugnis.[197] Diese Forderung geht von einer idealtypischen Situation aus, die heute keineswegs gegeben ist: die Umfrageergebnisse sprechen eine deutliche Sprache, daß Aussagen des kirchlichen Lehramtes in Glaubens- und Sittenfragen, wie sie etwa im neuen Weltkatechismus vorliegen, durchaus nicht unkritisch und bedenkenlos als innerste Überzeugung der RL angesehen werden dürfen.

Eine Konzeption von RU, die das Unterrichtsgeschehen auch unter dem Aspekt des Kommunikativen betrachtet, muß daher diese Spannung zwischen RL und kirchlichem Lehramt reflektieren sowie rezipieren und darf sie nicht einfach ignorieren.

(3) Die *Inhalte* des katechetischen RUs in Orientierung an den Forderungen der materialkerygmatischen Wende lassen sich als objektive, abstrakt-diskursive und kontextfrei vorgegebene Aussagen verstehen, die in Lehrbüchern exakt und authentisch durch das kirchliche Lehramt formulierbar sind; aus streng biblischer, fundamental-theologischer Sicht handelt es sich bei diesen Satz-Wahrheiten um "ahistorische Verabsolutierungen eines historisch genau lokalisierbaren kontextuellen Bedeutsamwerdens des Gott-Logos Jesus Christus"[198]. Der Glaube wird damit seiner Dynamik, seiner Sprengkraft und seiner befreienden, heilenden und erlösenden Wirkung beraubt und zum "Depositum", das lediglich "verwaltet" wird.[199] Auf biblischem Hintergrund verstehen wir unter *Glauben* mit *Hans*

---

[194] Ebd.
[195] Sekretariat der Deutschen Bischofskonferenz 1983: 7 (n. 7).
[196] Vgl. ebd.: 7 (n.7).
[197] Ebd.: 7-13 (nn.6-16); 18-20 (24-27).
[198] Werbick 1990: 58.
[199] Vgl. Ratzinger 1985: 22. Damit liegt Ideologieverdacht nahe - was gerade vom christlichen Glauben auf biblischem Hintergrund als solcher zu entlarven ist. Gerade im II. Vatikanischen Konzil wird eine "Unfehlbarkeit" aller Glaubenden betont, die nicht nur auf die besonderen Dienste (Papst, Bischöfe) in der Kirche beschränkt werden kann:
"Die Gesamtheit der Gläubigen ... kann im Glauben nicht irren. Und diese ihre besondere Eigenschaft macht sie durch den übernatürlichen Glaubenssinn des ganzen Volkes dann kund, wenn sie 'von den Bischöfen bis zu den letzten gläubigen Laien' ihre allgemeine Übereinstimmung in Sachen des Glaubens und der Sitten äußert." (LG 12)

Küng "weder ein rationales Beweisen, noch ein(en) dezisionistisch(en) Akt des Willens, sondern ein begründetes und in diesem Sinn eben vernünftiges *Vertrauen*"[200].

Für die Religionspädagogik heißt dies: Der Glaube kann nicht einfach wie Über-Ich-Botschaften weitergegeben werden; trotz höchster Qualität der Mittel kann er letztlich auch nicht weitervermittelt werden.[201] Die Grundstruktur jeden christlichen Lebens, das sich auch mitteilt, besteht vielmehr im Zeugnisgeben (Martyria), in einem Leben in der Nachfolge Christi, d. h. im Dasein für andere (Diakonia), in der gemeinschaftlichen Feier (Leiturgia) und in der solidarischen Gemeinschaft mit anderen Menschen (Koinonia). In diesen vier Grundfunktionen realisiert sich das Handeln der Kirche. Statt *Glaubensweitergabe* oder *Glaubensvermittlung* sprechen wir besser von *Evangelisierung* bzw. *Evangelisation* als umfassendes Verkündigungsgeschehen, in dem diese vier Dimensionen Gestalt annehmen.[202]

Weiterführende Perspektiven

Der schulische RU ist in die Gesamtsituation der Gegenwartsgesellschaft kontextuell eingebettet. Vor dem Hintergrund einer Wechselbeziehung und Verflechtung von Christentum bzw. Kirche und Gesellschaft ist die auf der Basis empirischer Daten erhobene Situation des RUs nicht statisch-fundamentalistisch im Sinne einer Wertung zu interpretieren, sondern kairologisch-futurologisch als Standortbestimmung, von der ausgehend scheinbar selbstverständliche Voraussetzungen kritisch hinterfragt und Zukunftsperspektiven eröffnet werden sollen[203]:

(1) Das Spannungsfeld, in dem sich der RU zwischen Kirche und Gesellschaft befindet, ist ambivalent. Eine scharfe Trennung zwischen "bedrohter" und

---

200 Küng ^{3}1993: 22.

201 Vgl. Scholl 1989: 224 und Werbick 1990: 56.

Der frühere Vorsitzende der Kommission Erziehung und Schule der Deutschen Bischofskonferenz, *Erzbischof Degenhardt*, legt seinem Verständnis der Aufgabe des RUs dieses Modell der Glaubensweitergabe bzw. Glaubensvermittlung zugrunde, wenn er fordert, "daß die Botschaft Christi und die Lehre der Kirche vorgelegt wird" und er darauf hinweist, daß die "Weisungen Gottes, Christi und der Kirche" nicht nur als "unverbindliche Angebote" zur Sprache kommen dürften (vgl. Degenhardt 1989a: 40).

Auch der neue Weltkatechismus der Katholischen Kirche hat es sich zum Ziel gesetzt, "eine organische Synthese der wesentlichen und grundlegenden Inhalte der katholischen Glaubens- und Sittenlehre vor(zu)legen" (KKK 11). Ist dies der richtige Weg einer zeit- und wesensgerechten Verkündigung der christlichen Frohbotschaft, die sich dem biblischen Auftrag verpflichtet weiß: "Seid stets bereit, jedem Rede und Antwort zu stehen, der nach der Hoffnung fragt, die euch erfüllt" (1 Petr 3,15b)?

202 Vgl. Zerfaß 1994a. Im dritten Kapitel wird das Evangelisierungskonzept explizit begründet und entfaltet.

203 Vgl. Gabriel 1989.

"unfehlbarer" Kirche auf der einen und "säkularisierter", "glaubensunwilliger" Gesellschaft auf der anderen Seite wird der Situation nicht gerecht und entspricht in keiner Weise der biblischen Rede von *Krisis*. Die Ergebnisse der Allensbach-Untersuchungen enthalten Hinweise auf Mängel und Defizite, aber ebenso auch positive Ansätze. Im einzelnen:

(2) Die Erwartungen der Kirchenleitung stehen in einer Spannung zum Aufgaben- und Selbstverständnis der RL. Eine Differenz zwischen Ideal- und Realbild von der Kirche sowie ein ausgewogenes Verhältnis zwischen dogmatischen und ethischen Themen im Aufgabenverständnis lassen eine "symbiotische Distanz"[204] der RL mit der Kirche erkennen. Eine Tendenz zu einer "horizontalen Kirchenspaltung" (*Eugen Biser*) ist aber aufgrund einer signifikant geringeren Kirchenbindung bei jüngeren RLn unübersehbar, die sich in einer stärkeren Distanz zum Aufgabenschwerpunkt *Verkündigung und Festigung der Bindung an die Institution* niederschlägt. Diese Situation eröffnet Chancen einer kritischen und differenzierten Position des RLs *in* der Kirche und gegenüber dem kirchlichen Lehramt, in der er in Immunität gegenüber Extrempositionen (ob nun kritiklose Unterwürfigkeit oder undifferenzierte Verunglimpfung) den dominanten Schülererwartungen *Toleranz* und *Vorbild* gerecht werden kann.

(3) Die nahezu völlige Übereinstimmung zwischen Eltern und Lehrern[205] hinsichtlich der Lernziele

- *soziales Denken schulen, Rücksichtnahme auf andere,*

- *Toleranz üben,*

- *soziales Engagemt der Schüler fördern,*

- *die Schüler anhalten, nicht einseitig materialistisch zu denken,*

bedeutet in keiner Weise eine Absage an christliche Überzeugungen als Inhalte des RUs. Das gleiche gilt für die Schülererwartungen und -interessen. Das spezifisch Christliche des RUs bestünde dann (grob verallgemeinert) darin, diese Lernziele in der exemplarischen Auseinandersetzung mit Leben und Sterben Jesu von Nazareth anzustreben, was freilich eine Auseinandersetzung mit der kirchlichen Tradition unerläßlich miteinschließt, ja ohne diese gar nicht zu leisten ist.

Im abschließenden dritten Kapitel des ersten Hauptteils fragen wir nach einer Neuorientierung des RUs auf dem Hintergrund der skizzierten veränderten Situation und im Kontext eines neuen Paradigmas von Glaubensvermittlung.

---

204 Vgl. Feige 1988.
205 Vgl. Institut für Demoskopie Allensbach 1988a: 42.

3. Anthropologisch orientierter Religionsunterricht (Fundamentaldidaktik)

Im kritisch-handlungswissenschaftlichen Ansatz wird die erhobene Situation des RUs mit der bisher geltenden Theorie konfrontiert und in die religionspädagogische Reflexion zur Glaubensvermittlung und zum RU aufgenommen. In dieser Hinsicht wenden wir uns einer Theorie des RUs zu, indem die bestehende Praxis, wie sie in den vorangehenden Kapiteln beschrieben wurde, zum Ausgangspunkt des Nachdenkens über eine Neuorientierung wird.

Geschichtlicher Überblick

Eine diachrone Betrachtung von Konzeptionen des RUs[206] gibt Aufschluß über Entwicklungstendenzen, schafft die Voraussetzungen für das Verständnis des derzeitigen Akzeptanzmodells und eröffnet Zukunftsperspektiven für eine Neuorientierung.

Bis zum Beginn des 20. Jh. kam dem schulischen RU die Funktion zu, unter strenger Beachtung konfessioneller Grenzen in die christlich tradierte Lebensform einzuführen und die in der Familie grundgelegte religiös-kirchliche Sozialisation zu vertiefen. Der *"Katechismusunterricht"*[207] dieser Zeit verstand sich als Glaubensunterweisung[208], als "kerygmatische Katechese"[209], in der *Unterricht* mit *Verkündigung* identifiziert wurde und die verbindliche Lehr-Norm zeitlos gültiger Wahrheiten im *Einheitskatechismus* (1925) festgeschrieben war. Auf der Grundlage eines Offenbarungspositivismus, der seine theologische Tradition in der Neuscholastik des 19. Jh. hat und heute fröhliche Urständ zu feiern scheint, wurden "Glaubenswahrheiten" deduktiv in Form theologischer Lehrsätze im Frontalunterricht den Schülern vorgelegt.

Die unter dem Einfluß der Reformpädagogik entstandene *"Methodenbewegung"*[210] (Münchener und Wiener Methode) änderte zwar nichts an der grundsätzlichen katechetischen Ausrichtung des RUs, machte aber dennoch einen Schritt hin zum Lernenden, indem die pädagogischen Prinzipien der Anschaulichkeit, des Erlebnisunterrichts, der Werterfahrung und der Arbeitsschule die Methode gegenüber dem Inhalt in den Vordergrund rücken ließen. Gegen die Monotonie des Frage-Antwort-Schemas und die abstrakte Systematik wurde nun der Unterricht im Sinne der Formalstufenlehre der *Herbartianer* als Lernprozeß verstanden.

---

206 Als guter Überblick vgl. Hemel 1986a: 78-94.
207 Miller 1986: 433; vgl. Hemel 1986a: 78f.
208 Vgl. Hofmeier 1994: 54-56.
209 Weidmann ^{6}1992c: 37.
210 Miller 1986: 433; vgl. Langer 1991: 405; vgl. Hemel 1986a: 78-81.

In den dreißiger Jahren wurden dann die Inhalte des RUs wieder stärker akzentuiert, was zur sog. "materialkerygmatischen Konzeption"[211] führte, die ihre religionsdidaktischen Impulse aus der biblisch-liturgisch-kerygmatischen Bewegung (*H. Rahner, J. A. Jungmann, F. X. Arnold*) bezog und im organisch aufgebauten "*Katechismus der Bistümer Deutschlands*" (1955) als einheitlichem Lehrbuch seinen Höhepunkt fand. Ziel dieses RUs, der sich wieder dezidiert als katechetische Verkündigung in der Schule verstand, war die Hinführung der Schüler zu einer christlichen Lebenshaltung und -praxis, die auf kirchlich vollzogene Religiosität ausgerichtet war. Neben dem *Katechismus* dienten neue Schulbibeln als Arbeitsmaterial. Ein bereits beobachtbarer religiöser Erfahrungsmangel sowie ein Defizit an Glaubens- und Gemeindeerfahrung bei den Schülern wurde durchaus wahrgenommen. Die "wesentliche Schwäche" dieser Konzeption liegt aus heutiger Sicht jedoch darin, daß der RU mit all jenen Aufgaben befrachtet und damit überfordert wurde, die eigentlich für die Gemeindekatechese spezifisch waren. Dem materialkerygmatischen Konzept auf katholischer Seite entspricht - mit je spezifischer konfessioneller Prägung - die "Evangelische Unterweisung" im protestantischen Bereich.

Gegen Ende der 60er Jahre brachte die Legitimationskrise des RUs, die durch gesellschaftliche, (bildungs-)politische und theologische Veränderungen zunehmend ins Bewußtsein der Religionspädagogen gerückt war, eine Reihe von Neuansätzen hervor, die bis etwa Mitte der 70er Jahre teils nacheinander entstanden, teils nebeneinander bestanden, sich manchmal gegenseitig durchmischten, insgesamt aber zu keiner einheitlichen didaktischen Neuorientierung führen konnten, wenn auch ein massiver Umbruch zu verzeichnen war. In der Literatur begegnen uns folgende Bezeichnungen für konzeptionelle Neuansätze jener Zeit:

- "*hermeneutischer RU*"[212]; "Konzept der Induktion"[213];
- "*Religionskundlicher RU*"[214]; "eigenständiger Bibelunterricht"[215]; "Unterricht in Religion"[216];
- "*schülerorientierter RU*"[217], der sich in folgenden drei Ansätzen konkretisiert:

---

[211] Miller 1986: 434; vgl. Langer 1991: 405f; vgl. Hemel 1986a: 81f.
[212] Hofmeier 1994: 64-66; Miller 1986: 435f.; vgl. Weidmann ^{6}1992c: 40-43; vgl. Hemel 1986a: 82-84.
[213] Miller 1986: 435
[214] Hofmeier 1994: 66f.; vgl. Hemel 1986a: 85-87.
[215] Bei *Langer* als "letzte Konsequenz der kergymatischen Bewegung" (1991: 406) gewertet, bei *Miller* als "biblisch-kritisch orientierte hermeneutische" (1986: 435) Konzeption bezeichnet. Die unklare Terminologie ist ein Hinweis auf die Schwierigkeit einer deutlichen Abgrenzung und die Orientierungsprobleme jener Zeit!
[216] Miller (1986: 436) betrachtet den "Unterricht in Religion" als Sonderform des hermeneutischen RUs; Feifel 1986: 200.
[217] Hofmeier 1994: 67-72

- "*problemorientierter RU*"[218],

- "therapeutischer RU"[219],

- "sozialkritischer RU"[220]; "emanzipatorischer Ansatz"[221]

Im November 1974 verabschiedete die Gemeinsame Synode der Bistümer in der Bundesrepublik Deutschland mit überwältigender Mehrheit den Beschlußtext "*Der Religionsunterricht in der Schule*"[222], in dem

- eine Bilanz der bisherigen Entwicklung gezogen,

- eine nüchterne Analyse der Situation und der einzelnen bestimmenden Faktoren des RUs erstellt,

- eine Begründung des RUs aus verfassungsrechtlicher, pädagogischer und theologischer Sicht gegeben

- und eine Gesamtkonzeption des Faches erstellt wurde, in der die Ziele des RUs, das Interesse der Kirche, das Problem der Konfessionalität und die Bedeutung des RLs konkret beschrieben wurden.

Der Text stellt eine "allgemeine Kursbestimmung für die Weiterentwicklung des Faches"[223] dar und wird auch nach fast zwei Jahrzehnten als eine "bis heute bedeutsame und hilfreiche Antwort"[224] auf die Frage nach der Gestalt des kirchlich verantworteten RUs als ordentliches Lehrfach in der Schule betrachtet. Auf der Basis des Synodenbeschlusses gelangte schließlich die religionspädagogische Diskussion bis zum Ende der 70er Jahre zu einem allgemeinen Konsens im Modell der "Korrelation" im Sinne einer kritisch-kreativen Wechselbeziehung von traditioneller Glaubensüberlieferung (Bibel, theologische Tradition, Liturgie usw.) und heutiger Lebens- und Wirklichkeitserfahrung.

Dieses Modell, das nach *Jungnitsch* "in all seinen Implikationen ... noch nicht voll ausgeschöpft ist"[225] und zugleich nach fast zwanzig Jahren weiterentwickelt werden muß[226], stellt zum gegenwärtigen Zeitpunkt zusammen mit verschiedenen Ausrichtungen der Symboldidaktik das vorherrschende Akzeptanzmodell dar.

---

[218] Feifel 1986: 200; Miller 1986: 43; Langer 1991: 406; Weidmann ^{6}1992c: 44-48; vgl. Hemel 1986a: 84f.; Hofmeier 1994: 68

[219] Feifel 1986: 200; Miller 1986: 438; Langer 1991: 406; Hofmeier 1994: 70f.

[220] Miller 1986: 438.

[221] Hofmeier 1994: 69.

[222] Vgl. Syn BS RU.

[223] Langer 1984: 336.

[224] Miller 1986: 438.

[225] Jungnitsch 1991: 170.

[226] *Bischof Karl Lehmann* fordert eine "radikale Erneuerung" (Lehmann 1990: 15) des Konzeptes, wobei er die Grundelemente für nach wie vor gültig betrachtet. Konkret meint er eine Besinnung auf das Konzept der *Evangelisierung*, das in den wichtigsten kirchlichen und theologischen

Religionspädagogische Interpretation

Überblickt man die skizzierte Entwicklung für das 20. Jh. bis heute, so lassen sich zwei Tendenzen erkennen:

(1) *Von der inhaltlichen zur anthropologischen Fragestellung*[227]

Trotz verschiedener Akzentsetzungen läßt sich eine grundlegende Trendwende erkennen: bisher fraglos vergegebene Inhalte werden nach ihrer Bedeutung für den Menschen und nach dem Zusammenhang mit seinen Erfahrungen hinterfragt. Die Frage nach der Methodik wird verdrängt von der Frage nach der Relevanz der zu vermittelnden Inhalte für den Schüler, seine Lebensfragen und seine Situation. Besonders seit Ende der 60er Jahre tritt an die Stelle der Stofforientierung eine anthropologische Orientierung.

(2) *Pendelbewegung zwischen materialkerygmatischer Katechese und Schülerorientierung*[228]

Vor allem von Vertretern des kirchlichen Lehramtes wurde der Schwerpunktverlagerung auf die Lebenserfahrungen der Schüler eine "Psychologisierung" und "Säkularisierung" vorgeworfen, und eine restaurative Tendenz in Richtung auf eine wieder stärkere Betonung überlieferter Glaubensinhalte im RU entgegengestellt; die derzeitige Forderung einer materialkerygmatischen Wende stellt dementsprechend eine Reaktion auf die weithin anerkannte Korrelations- und Symboldidaktik dar.

Um den Hintergrund und die Bedeutung dieser Entwicklungstendenzen erfassen zu können, sind einige wissenschaftstheoretische Überlegungen zur Religionspädagogik als theologischer Disziplin nötig.

3.1 Zum Selbstverständnis der Religionspädagogik

Die anthropologische Wende in der Theologie

Im Synodenbeschluß wird die Theologie als erste Bezugswissenschaft des RUs genannt[229]; diese muß "offen und sensibel sein für den Menschen, seine Befindlichkeit, seine Situationen, seine Vorstellungen, Nöte und Bedürfnisse. Was sie zu sagen hat, muß auf die Grundsituation des Menschen eingehen"[230]. Für *Wolfgang Langer* besteht die zentrale Aussage des Synodenbeschlusses darin,

---

Texten des II. Vaticanums und der Nachkonzilszeit zum Tragen kam. Diese Weiterführung soll in Kapitel 3.2 geleistet werden!

227 Exeler 1974: 95.

228 Vgl. Weidmann [6]1992c: 37.

229 Syn BS RU 2.4 (135).

230 Ebd.: 2.4.2 (136).

> "daß es im Religionsunterricht ausschließlich um den Menschen geht und nicht um irgendwelche Aussagen (und seien es biblische!), auch nicht um verbindlich formulierte Glaubenswahrheiten (und seien es Dogmen!), auch nicht um den in Normen gefaßten Willen Gottes (und seien es die Zehn Gebote oder das 'Doppelgebot' der Liebe!) - daß es überhaupt nicht um irgendwelche Kenntnisse, um ein vermittelbares Wissen um seiner selbst willen geht, sondern einzig und allein um den Menschen, um sein Selbstverständnis und dabei um seine Beziehung auf das Geheimnis seiner Existenz, das wir Gott nennen"[231].

Der Synodenbeschluß zum RU stellt damit ein Plädoyer für jene anthropologisch gewendete Theologie dar, die in diesem Jahrhundert als der bedeutendste Paradigmenwechsel in der theologischen Wissenschaft bezeichnet werden kann.[232] Sie ist in ihrer ganzen Sprengkraft für die herkömmliche Theologie und christlich-kirchliche Praxis m. E. bei weitem noch nicht ausgeschöpft. Gleichzeitig wird aber vor allem von Seiten des kirchlichen Lehramtes die tradierte Glaubenslehre in logischer, systematischer und abstrakt-kognitiver Form wieder stärker in den Mittelpunkt gerückt, um der Gefahr eines Anthropozentrismus, eines Ausverkaufs der spezifisch christlichen Inhalte durch eine drohende sozialpraktische Funktionalisierung der Glaubenswahrheiten entgegenzutreten.[233]

Diese Tendenzen richten sich jedoch gegen eine falsch verstandene theologische Anthropologie; in Anlehnung an die Theologie *Karl Rahners*, der im katholischen Bereich diesen Paradigmenwechsel initiiert und mitgetragen hat, lassen sich folgende Momente als typisch herausarbeiten[234]:

(1) Der *Mensch* wird zum Kriterium und Ausgangspunkt der Wirklichkeits- und Gotteserkenntnis. In der Tradition der transzendentalen Theologie geschieht eine Akzentverlagerung von einer göttlichen Offenbarung auf die "Aufnahmefähigkeit" des Menschen für die Erkenntnis und das Verständnis einer Wirklichkeit, die über bloße Sinneswahrnehmung und materialistische Weltdeutung hinausgeht.

---

[231] Langer 1984: 342.

[232] Das Phänomen *Paradigmenwechsel* geht auf den amerikanischen Wissenschaftshistoriker *Thomas S. Kuhn* zurück, der diesen heute in der Wissenschafttheorie allgemein anerkannten Prozeß in seinem 1962 erstmals erschienenen Buch "The Structure of Scientific Revolutions" beschrieben hat (vgl. Kuhn [4]1979). Man versteht darunter die Ablösung alter Theoriesysteme (Paradigmen), die unter veränderten Bedingungen unbrauchbar geworden sind, durch sog. "wissenschaftliche Revolutionen" in die "Krise" geraten und durch neue Paradigmen ersetzt wurden. Paradigmenwechsel sind eingeleitet worden zum Beispiel durch *Kopernikus*, *Newton*, *Lavoisier*, *Darwin*, *Planck*, *Einstein*, *Heisenberg* usw.

[233] Vor dieser Einseitigkeit warnt zurecht Kasper (1987: 46).

[234] Einschlägige Werke Karl Rahners sind besonders:
- Rahner [2]1952; Rahner 1954-1984; Rahner [2]1963; Rahner [12]1983.

Zur Theologie Karl Rahners exemplarisch: Fries 1981.

Zur anthropologischen Theologie insgesamt habe ich herangezogen Fries [2]1985 und Jorissen 1986.

(2) Begründung: Der Mensch ist (nach aller Erfahrung) mehr als reale, nur innerweltlich strukturierte "Natur"; er ist grundsätzlich bestrebt, in seinem Bedürfnis nach Weltdeutung und Sinngebung, in seiner Suche nach Identität und Gemeinschaft, in den Erfahrungen seiner stetigen Begrenztheit, in seiner nie erfüllbaren Sehnsucht nach Liebe, Hoffnung, Halt, Vertrauen, im Erleben seiner Freiheit und deren Anspruch, der in der Verantwortung liegt - ja überhaupt in seiner ganzen menschlichen Verfaßtheit sich nicht mit den Gegebenheiten abzufinden, sondern diese stets auf das Unerreichbare, Absolute zu transzendieren. Diese anthropologische Beobachtung faßt *Rahner* mit dem Ausdruck "*übernatürliches Existential*"[235] zusammen. Religiosität wird damit zu einem Konstitutivmerkmal der menschlichen Existenz. Die Definition von Religiosität, wie sie von der humanistischen Psychologie vorgelegt wird, konvergiert mit dem christlichen Verständnis vom Menschen als einem "homo religiosus". Die Religion als kategoriale Füllung dieser dem Menschen eigentümlichen "Leerstelle" Religiosität wäre nach einer Wesensbeschreibung *H. R. Schlettes*

> "eine Weise menschlichen Existierens zu einem (nicht noch einmal zu überschreitenden und in diesem Verständnis 'letzten') Sinn-Grund, der als das schlechthin Gründende und Sinnspendende die Deutung des Seienden im ganzen sowie aller Seinsbereiche (Mensch, Welt, Geschichte, Gesellschaft, Recht, Sittlichkeit, Kultur, Sprache, Wirtschaft usw.) betrifft. Dieses Existieren aus einem als 'absolut' oder 'unbedingt' geltend erfahrenen und angenommenen Sinn-Grund entspricht der existentialen Verwiesenheit auf eine 'Absolutsphäre'"[236].

Ein anthropologischer Ansatz impliziert zunächst noch kein übernatürliches Wesen oder gar einen Gott, sondern öffnet lediglich eine Leerstelle, die den Bezug des Menschen auf den Wesens-, Existenz- und Sinngrund seiner selbst umschreibt. Aus religionswissenschaftlicher Sicht ist der christliche Gottesglaube *eine* Möglichkeit, diese Leerstelle zu füllen.

Weitere denkbare Füllmöglichkeiten wären: andere (Welt-)Religionen, Sekten, Weltanschauungen und Ideologien, Humanismus, Konsumdenken, Fortschrittsglaube, Narzißmus, Karrierestreben, etc.

(3) Wird der christliche Glaube hier nicht auf menschliche Gegebenheiten reduziert? Tritt er nicht gleichgültig neben andere Formen von Religion? Welchen Stellenwert nimmt das Ereignis ein, das wir *Offenbarung* nennen? Inwieweit sind theologische Aussagen im interdisziplinären wissenschaftlichen Diskurs überhaupt noch möglich?

Rahner sieht im Menschen "das Ereignis der absoluten Selbstmitteilung Gottes"[237]. D. h. er denkt Ontologie/Protologie und Soteriologie in einem Ansatz zu-

---

235 Vgl. Rahner 1967a: 1298-1300; Rahner [12]1983: 132-139.
236 Schlette 1963: 1165.
237 Rahner [12]1983: 132.

sammen: Die Angelegtheit des Menschen auf Gott hin konvergiert mit der Selbstmitteilung dessen, was wir *Gott* nennen, ja ist ohne diese gar nicht zu denken. Die Botschaft der Offenbarung, die der Mensch hört, ist Hinweis auf die Ermöglichung seiner Offenheit auf Transzendenz hin: der schöpfungsmäßige Ursprung des Menschen.

(4) Vor diesem Hintergrund wird Theologie als Anthropologie unternommen und Anthropologie als Theologie[238] - ganz im Sinne *Rudolf Bultmanns*: "Vom Menschen reden heißt von Gott reden, von Gott reden heißt vom Menschen reden."[239] Aufgabe der Theologie als Anthropologie wird es nun, die Inhalte des christlichen Glaubens in ihrem Zusammenhang und in ihrer Relevanz für den Menschen, seine Erfahrungen, sein Leben, seine Erwartungen und seine Hoffnungen zu erschließen.

Gehen wir noch einen Schritt weiter: Der Christ sieht in Jesus von Nazareth in einmaliger und einzigartiger Weise *das* verwirklicht, woraufhin der Mensch angelegt ist: die Selbsttranszendenz zu Gott, die Einheit des Menschen mit Gott. Soteriologisch gesagt: in Jesus begegnet den Menschen der Christus, der Messias und Kyrios; in Jesus Christus ist die Selbstmitteilung ("Offenbarung") Gottes auf einmalige und unüberbietbare Weise erfolgt. Anthropologische Theologie hat daher ihren Bezugspunkt in der Christologie; nach *Rahner* ist Christologie "sich selbst transzendierende Anthropologie" und Anthropologie "defiziente Christologie".[240]

(5) Die so verstandene anthropologische Theologie impliziert eine entsprechende Methode, die das Entsprechungsverhältnis von menschlicher Situation und göttlicher Selbstmitteilung nach *Paul Tillich* im Sinne einer Korrelation versteht.

Theologische Korrelationsdidaktik gewährleistet, daß Theologie als "existentielles Unternehmen", nicht als bloße Darlegung satzhaft geformter, objektiver Glaubenswahrheiten verstanden wird.[241]

Es ist die Aufgabe der Theologie wie der Verkündigung insgesamt, den christlichen Glauben so darzulegen, daß er "als angemessene Antwort auf eine Frage verstanden werden kann, die mit der menschlichen Existenz gegeben ist"[242]. Kriterium für die Richtigkeit oder Wahrheit von Glaubensaussagen ist ihre Bedeutsamkeit für die Menschen in ihrer persönlichen und geschichtlichen Situation.

---

238 "Die Frage nach dem Menschen und die Antwort darauf sollen also nicht gelten als ein material und regional von anderen Bereichen theologischer Aussage verschiedenes Gebiet, sondern als das Ganze der dogmatischen Theologie" (Rahner 1967b: 43).

239 Zit. nach Fries ^{2}1985: 127f.

240 Zuerst in Rahner 1954: 184.

241 Vgl. Tillich 1975: 19-35.

242 Ebd.: 33.

Konsequenzen für die Religionspädagogik

Der eben skizierte grundlegende Paradigmenwechsel sollte fundamentale Konsequenzen für ein neues Selbstverständnis der Religionspädagogik als theologische Disziplin aufweisen. Religionspädagogik kann nicht mehr nur Anwendungswissenschaft vor allem der Systematischen Theologie sein. Wenn Theologie anthropologisch verstanden wird, so muß besonders dem zweiten Wortbestandteil - nämlich der *Pädagogik* - definitorisch Rechnung getragen werden. Das bedeutet, daß humanwissenschaftliche Bezüge im Sinne einer Offenheit dieser praktisch-theologischen Disziplin gleichberechtigt miteinzubeziehen sind. Im Hinblick auf die anthropologische Wende wollen wir dabei unter der *Religionspädagogik* als Disziplin der Theologie eine autonome Theorie religiöser Vermittlung verstehen, die sich

- auf religiöse Erziehung und Bildung,

- auf das pädagogisch-didaktische Handeln der Kirche an unterschiedlichen didaktischen Orten (Gemeinde, Familie, Jugendverband, Schule)

- und auf die vielfältigen Formen religiösen Lehrens und Lernens in den Praxisfeldern Gemeindekatechese, religiöse Familienerziehung, kirchliche Jugendarbeit und schulischer RU bezieht.[243]

Dies ist ein Abschied von einer Beschränkung "auf die praxisgerechte Umsetzung oder 'Elementarisierung' von theologischen Inhalten"[244], an deren Stelle eine Erweiterung des religionspädagogischen Bezugsrahmens tritt: Globalziel jeden religionspädagogischen Bemühens ist die Schaffung von Bedingungen des "Subjektwerdenkönnens" (*J. B. Metz*), d. h. des Erwerbs grundlegender Orientierungen und Fähigkeiten für einen autonomen und verantwortlichen Umgang mit sich, den anderen Menschen und der Umwelt.[245] Diese fundamentale Aufgabe ist nicht bloß von der gesellschaftlichen Situation her gesehen das Grundanliegen der anthropologischen Theologie, für die die Menschwerdung Gottes in Jesus Christus "der einmalig *höchste* Fall des Wesensvollzugs der menschlichen Wirklichkeit"[246] ist.

3.2 Evangelisierung als Leitperspektive

Angesichts der problematischen religionspädagogischen Situation in den neuen Bundesländern ist besonders die Religionspädagogik der alten Bundesländer herausgefordert, sich selbstkritisch zu fragen, ob nicht "ein neues Verständnis des

243 Dieser Begriffsbestimmung liegen die Definitionen von *Bartholomäus* (1983:11) und *Hemel* (1986b: 39) zugrunde.
244 Hemel 1986b: 135.
245 Vgl. Mette 1987a: 141.
246 Rahner ^{3}1962: 142.

Religionsunterrichts für die Schulen in den *neuen ebenso wie in den alten Ländern* der Bundesrepublik angezeigt ist"[247]. Bevor wir uns einer Neuorientierung zuwenden, müssen wir den umfassenden Kontext in den Blick nehmen, in den der RU eingebettet ist; dies ist gerade deshalb besonders geboten, weil sich im Verständnis von Verkündigung in den beiden letzten Jahrzehnten ein tiefgreifender Wandel vollzogen hat, der bis heute noch nicht genügend zur Kenntnis genommen und rezipiert worden ist[248], ja sogar wieder in den Hintergrund gedrängt zu werden droht.

Religionspädagogischer Paradigmenwechsel: Von der missionarischen zur evangelisatorischen Verkündigung

Problemanzeige

Mission, Glaubensweitergabe, Glaubensvermittlung, Katechese - all diese Termini muten heute hinsichtlich der "Tradierungskrise des Glaubens" anachronistisch an; das zugrundeliegende programmatische Verständnis von *Verkündigung* scheint in unseren Breiten obsolet geworden zu sein. Ein situations- und wesensgerechtes Modell christlicher Verkündigung muß auf der Basis der anthropologischen Theologie "einen schrittweisen Paradigmenwechsel einleiten: von einem wissensorientierten zu einem lebensorientierten Glaubensverständnis"[249]. Dieses Modell liegt vor im Konzept der *Evangelisierung* bzw. *Evangelisation.*[250]

In der der zweiten Auflage des "Lexikons für Theologie und Kirche" (1959ff.) wird der Begriff für den katholischen Bereich noch nicht erwähnt; die Kirchenkonstitution des Zweiten Vaticanums, dessen entscheidender "dogmatischer Fortschritt"[251] in der Verbindung von Lehre und Leben, von Evangelium und Existenz, von Kirche und Welt, von Dogma und Pastoral gesehen werden kann, versteht unter *Evangelisation* "die Verkündigung der Botschaft Christi durch das Zeugnis des Lebens und das Wort" (LG 35), die ihre "eigentümliche Prägung und besondere Wirksamkeit von daher (bekommt, T. G.), daß sie in den gewöhnlichen Verhältnissen der Welt erfüllt wird" (ebd.).

---

[247] Otto 1991: 3.

[248] Vgl. die Einschätzung von *Rolf Zerfaß* :
"Es brauchte fast 20 Jahre, bis wir in Deutschland zur Kenntnis nahmen, daß hier (s. c. auf der Bischofssynode über Evangelisierung von 1974, T. G.) nicht nur weltkirchlich aufgegriffen wurde, was wir selbst längst zu besitzen glaubten, sondern ein neues Paradigma pastoralen Denkens sich artikulierte" (1994a: 47).

[249] Bitter 1987: 920. Diesen Wechsel sieht *Eugen Biser* heraufkommen: "Die glaubensgeschichtliche Wende" (Biser 1986).

[250] Für *Karl Lehmann* ist "'Evangelisierung' ... ein zentrales Programmwort auch der religionspädagogischen Erneuerung. Es darf nicht gleichgesetzt werden mit einem undifferenzierten Verständnis von Missionierung" (Lehmann 1990: 15).

[251] Vgl. Klinger 1984.

Im thematischen Register des neuen Weltkatechismus fehlt der Begriff *Evangelisation*; dafür stehen *Glaubensvermittlung*, *Mission* und *Katechese*.[252]

Das Evangelisierungskonzept Papst Pauls VI.

Den zentralen Text stellt das Apostolische Schreiben "*Evangelii nuntiandi*" *Papst Pauls VI.* dar, das am 8. Dezember 1975, dem 10. Jahrestag der Abschlußfeier des Konzils, im Anschluß an die römische Bischofssynode (1974) über "*Evangelisation in der Welt von heute*" veröffentlicht wurde. Das *Evangelisierungskonzept* ist "Ausdruck veränderter theologischer Voraussetzungen und neuartiger Schwerpunkte und Perspektiven der Glaubensvermittlung"[253]; eine Akzentverlagerung beobachten wir in folgender Hinsicht:

- *Träger* der Evangelisierung ist die ganze Kirche, nicht allein das kirchliche Lehramt: sie ist eine "Grundpflicht des Gottesvolkes" (EN 59). Dies entspricht der Communio-Ekklesiologie der Kirchenkonstitution "*Lumen Gentium*", die - wenn auch noch unvermittelt neben dem Bild der Kirche als hierarisch strukturierter "societas perfecta" stehend[254] - dennoch einen bemerkenswerten Wandel darstellt. Eine wichtige Auswirkung dieser Ekklesiologie besteht in der Aufwertung der Ortskirche gegenüber der Universalkirche, die das gängige Missionsparadigma ablöst durch ein Modell des kritischen Füreinander und Miteinander, der wechselseitigen Inspiration und Initiativen (vgl. EN 62).

- *Ziel* der Evangelisierung ist es, "die Frohbotschaft in alle Bereiche der Menschheit zu tragen und sie durch deren Einfluß von innen her umzuwandeln und die Menschheit selbst zu erneuern ... die Kirche evangelisiert, wenn sie sich bemüht, durch die göttliche Kraft der Botschaft, die sie verkündet, zugleich das persönliche und kollektive Bewußtsein der Menschen, die Tätigkeit, in der sie sich engagieren, ihr konkretes Leben und jeweiliges Milieu umzuwandeln" (EN 18). Es ist als Paradigmenwechsel im Selbstverständnis der Kirche zu werten, wenn sie mit

---

[252] Besonders aufschlußreich für die zugrundeliegende Konzeption von Glaubensvermittlung ist die *Wortwahl*; so geht es dem Weltkatechismus um "eine klare Darlegung der Kraft und der Schönheit der Glaubenslehre" (FD 1), um ein "Kompendium der ganzen katholischen Glaubens- und Sittenlehre" (ebd.); er muß "getreu und organisch die Lehre der Heiligen Schrift, der lebendigen Überlieferung in der Kirche und des authentischen Lehramts, ebenso wie das geistige Erbe der Väter, der heiligen Männer und Frauen der Kirche darstellen" (FD 3); er ist "eine Darlegung des Glaubens der Kirche und der katholischen Lehre, wie sie von der Heiligen Schrift, der apostolischen Überlieferung und vom Lehramt der Kirche bezeugt oder erleuchtet wird" (FD 4) und stellt so "eine sichere Norm für die Lehre des Glaubens" (ebd.) dar. In den Art. 11, 18 und 23 des Prologs zum Weltkatechismus wird mit fast gleichlautenden Worten die Absicht einer organischen Darlegung des christlichen Glaubens betont!

[253] Baumgartner 1994: 110.

[254] Für *Ottmar Fuchs* (1987b: 21) ist jedoch eine "kommunikative Vermittlung beider Kirchenkonzepte bis zum heutigen Tag kaum in Sicht". Seiner Ansicht nach braucht es dazu "die Anerkennung der Charismen der sogenannten Laien und das Entstehenlassen von Sozialformen, in denen mündige Christen für die Kirche wichtig und entscheidend werden" (ebd.: 21).

einem inhaltlichen Prozeß identifiziert wird: "Evangelisierung ist ... die Gnade und eigentliche Berufung der Kirche, ihre tiefste Identität" (EN 14).[255]

- Evangelisatorische Verkündigung hat ihren *Ursprung* und ihre *Orientierung* in Jesus Christus, in dessen Verkündigung der Reich-Gottes-Botschaft durch Wort und Tat den Menschen das befreiende Heil angeboten wurde (vgl. EN 6-12). Darin besteht das Grundmodell christlicher Verkündigung: Verkündigung des nahenden Gottesreiches und Umkehr (Mk 1,15). Diese Sicht bedeutet eine Aufwertung der lebenspraktischen Bedeutungskomponente der Glaubensinhalte, die letztlich einen Vorrang der Orthopraxie gegenüber der Orthodoxie zur Folge hat, wenn auch beide eng miteinander gekoppelt bleiben (vgl. EN 35).

- Der zentrale *Inhalt* der Evangelisierung besteht darin, das Evangelium (griech.: ευαγγελιον = gute Botschaft, Heilsbotschaft) als Heil für die Welt und die Menschwerdung des Menschen zu verkünden.[256] Diese Verkündigung fordert "eine klar formulierte Botschaft, die den verschiedenen Situationen jeweils angepaßt und stets aktuell ist, und zwar über die Rechte und Pflichten jeder menschlichen Person, über das Familienleben, ohne das kaum eine persönliche Entfaltung möglich ist, über das Zusammenleben in der Gesellschaft, über das internationale Leben, den Frieden, die Gerechtigkeit, die Entwicklung, die Botschaft über die Befreiung, die in unseren Tagen besonders eindringlich ist" (EN 29). Evangelisierung ist das Bemühen um Realisierung jener Botschaft der Befreiung von allem, was lebenshemmend und menschenunwürdig ist: "Die Kirche hat ... die Pflicht, die Befreiung von Millionen Menschen zu verkünden, ..., die Pflicht zu helfen, daß diese Befreiung Wirklichkeit wird, für sie Zeugnis zu geben und mitzuwirken, damit sie ganzheitlich erfolgt" (EN 30). Der Inhalt der Verkündigung ist nicht mehr eine Lehre, sondern der Glaube als Lebensstil im Sinne einer umkehrbereiten, veränderungsorientierten Exodusbewegung (vgl. EN 10; 15; 18f.; 36).

- Als *Elemente* im Prozeß der Evangelisierung unterscheidet das Schreiben sechs Aspekte:

(1) *Zeugnis des Lebens oder Zeugnis ohne Worte*

gilt als "ein wesentliches Element der Evangelisierung, im allgemeinen als das erste" (EN 21), die "Anfangsstufe der Evangelisierung" (ebd.). Diese Dimension der Verkündigung ereignet sich, wenn Christen im Alltag

- Verständnis aufbringen für andere Menschen,

---

[255] Dieses Selbstverständnis der Kirche ist wirklich neu, denn es "erfolgt eine dialektische Gegenformulierung zu einer Identitätsdefinition von Kirche, die auf der Basis der Hierarchie stattfindet und ... mit den entsprechenden Sozialformen autoritätszentriert-integrierender, nicht selten integralistischer Art verbunden ist" (Fuchs 1987b: 21).

[256] Eine (verkürzende) "anthropozentrische Betrachtungsweise" (EN 21) im Sinne eines "lauwarmen Allerweltshumanismus" (vgl. Kasper 1987: 49) oder "liberalen Christseins zu verbilligten Preisen" (ebd.) wird zurecht zurückgewiesen.

- sie annehmen, so wie sie sind,

- das Leben und Schicksal mit anderen teilen,

- stets da sind, wenn andere Hilfe brauchen,

- sich solidarisch mit anderen Menschen für Werte einsetzen, deren Realisierung für das Wohl der Menschen unverzichtbar ist,

- "auf ganz einfache und spontane Weise ihren Glauben in Werte bekunden, die über den allgemeingängigen Werten stehen, und ihre Hoffnungen in etwas, das man nicht sieht und von dem man nicht einmal zu träumen wagt" (ebd.).

Eine solche Lebensweise weckt bei anderen Menschen das Interesse für die Motive zu solchem Handeln. Deshalb ist diese Haltung des "Zugegenseins, der Anteilnahme und der Solidarität ... bereits stille, aber sehr kraftvolle und wirksame Verkündigung der Frohbotschaft" (ebd.).

Das Zeugnis ohne Worte entspricht der Grundfunktion der *Diakonie*, im Sinne einer Lebensweise, die sich an Worten und Taten des Jesus von Nazareth orientiert. Es macht offen für eine explizite Verkündigung.

(2) *Wort des Lebens oder ausdrückliche Verkündigung*

So unverzichtbar wichtig das Zeugnis des gelebten Glaubens ist, so "erweist (es, T. G.) sich auf die Dauer als unwirksam, wenn es nicht erklärt, begründet ... und durch klare und eindeutige Verkündigung des Herrn Jesus Christus entfacht wird" (EN 22). Inhalt dieses Aspektes von Evangelisierung ist "der Name, die Lehre, das Leben, die Verheißung, das Reich, das Geheimnis von Jesus von Nazareth, des Sohnes Gottes" (ebd.). Der Papst nimmt eine entscheidende Klärung vor, wenn er sagt, daß diese Verkündigung, die der Grundfunktion der *Martyria* (vgl. EN 42-46) entspricht und auch als "Kerygma", "Predigt" und "Katechese" bezeichnet werden kann, "in der Evangelisierung einen solchen Platz ein(nimmt, T. G.), daß sie oft mit ihr gleichbedeutend geworden ist, während sie tatsächlich nur einer ihrer Aspekte ist" (EN 2).

(3) *Zustimmung des Herzens*

bedeutet eine innere, gesamtpersonale Zustimmung zum Lebensprogramm Jesu, wodurch die persönliche und gesellschaftliche Lebensart verändert wird, mit "einem Wort, Zustimmung zu dem Reich, d. h. zur 'neuen Welt', zum neuen Zustand der Dinge, zur neuen Weise des Seins, des Lebens, des Zusammenlebens, die das Evangelium eröffnet" (EN 23).

(4) *Eintritt in die Gemeinschaft*

Da Abstraktheit und Individualismus dem christlichen Lebensprogramm widersprechen, wird diese Zustimmung konkret sichtbar und erfahrbar in einer "Gemeinschaft von Gläubigen" (EN 23), die selbst "ein Zeichen der Umwandlung, ein Zeichen des neuen Lebens ist: es ist die Kirche, das sichtbare Sakrament des Heils (ebd.). Koinonia - so heißt dieser dritte kirchliche Grundvollzug - meint die Gemeinschaft der Glaubenden in einer Ortsgemeinde ebenso wie die unfaßbare Gemeinschaft all jener Menschen, die sich an Jesus Christus orientieren. Daher ist diese Gemeinschaft selbst wieder Träger der Evangelisierung (vgl. EN 13).

(5) *Empfang der Zeichen*

In diesem kirchlichen Grundvollzug *Liturgie* feiern die Glaubenden in "sakramentalen Gesten" (EN 23), in Symbolen, Ritualen und Feiern, was jeder Glaubende in seinem Leben an Veränderung erfahren und in Orientierung an Jesus Christus gedeutet hat: Geburt, Versöhnung, Liebe zu einem anderen Menschen, Mahlgemeinschaft mit Gleichgesinnten, Bestätigung der Zugehörigkeit zur Gemeinschaft, Krankheit und Tod.

(6) *Einsatz im Apostolat*

ist die natürliche Konsequenz einer christlichen Lebenshaltung, die auch andere Menschen begeistern möchte. Es geht nicht nur um die Bereitschaft, sondern auch um den inneren Antrieb zur Verkündigung.

Das Apostolische Schreiben betont dezidiert die "ganzheitliche Sicht" (EN 24), in der alle sechs Elemente sich gegenseitig ergänzen, bereichern und je nach Situation unterschiedlich akzentuiert werden.

- Im Dokument werden *Phasen der Evangelisierung* unterschieden, die eine exakte begriffliche Abgrenzung der Termini *Katechese* und *Evangelisierung* ermöglichen:

(1) Die grundlegende Phase heißt "Erstverkündigung" (vgl. EN 21, 51, 52), in der das Zeugnis des Lebens, also die Diakonie die zentrale Rolle spielt. Diese grundlegende Bekanntschaft mit der christlichen Frohbotschaft ist eine Form der Verkündigung, die sich an Nichtchristen und an Getaufte wendet, die nicht mehr praktizieren, etwa weil sie "gänzlich außerhalb eines christlichen Lebensraumes stehen" (EN 52). Hinsichtlich der skizzierten Verkündigungssituation in Deutschland scheint die Phase der Erstverkündigung gegeben, in der es darauf ankommt, an den klassischen Lernorten des Glaubens (RU, Jugendarbeit, Gemeinde) durch die Echtheit des Lebenszeugnisses der Verantwortlichen (RL, Gruppenleiter, Seelsorger) Fragen nach der christlichen Lebensart zu wecken als Grundlage einer möglichen Bereitschaft, das persönliche Leben im Licht der christlichen Frohbotschaft zu deuten und zu gestalten. Mit Recht fordert daher Paul VI.:

> "Die Welt verlangt von uns Einfachheit des Lebens, Sinn für das Gebet, Nächstenliebe gegenüber allen, besonders gegenüber den Armen und Schwachen, Gehorsam und Demut, Selbstlosigkeit und Verzicht. Ohne

> diese Zeichen der Heiligkeit gelangt unser Wort nur schwer in die Herzen der Menschen unserer Zeit. Es läuft Gefahr, hohl und unfruchtbar zu sein" (EN 76).

(2) Im Unterschied zur "Erstverkündigung" versteht EN unter *Katechese* "eine systematische religiöse Unterweisung" (EN 44), wodurch die Katechumenen "die fundamentalen Gegebenheiten und den lebensspendenden Inhalt der Wahrheit zu erfassen lernen, die Gott uns hat überliefern lassen und die die Kirche im Laufe ihrer langen Geschichte auf immer vielfältigere Art auszudrücken suchte" (ebd.). Es ist Aufgabe der Katechese, "christliche Lebensgewohnheiten zu formen und nicht nur Sache des Verstandes zu bleiben" (ebd.). In seinem Apostolischen Schreiben "*Catechesi tradendae*" vom 16. Oktober 1979 versucht *Johannes Paul II.* eine Abgrenzung von *Katechese* und *Evangelisierung*:[257]

- Die Katechese verfolgt das Ziel, "den anfänglichen Glauben reifen zu lassen und den wahren Jünger Christi durch eine vertiefte und mehr systematische Kenntnis der Person und Botschaft unseres Herrn Jesus Christus weiterzubilden" (CT 19).

- Zwischen Katechese und Evangelisierung besteht "weder ein Gegensatz noch eine Trennung ..., aber auch keine einfache Identität" (CT 18); vielmehr ist Katechese ein sehr wichtiges Moment unter allen Vorgängen der Evangelisierung. Sie unterscheidet sich klar von der Erstverkündigung als weiteres Moment der Evangelisierung.

Beide Aspekte lassen sich in jener Aussage des Papstes zusammenfassen, die unmißverständlich das Verhältnis charakterisiert:

> "Näherhin ist es das Ziel der Katechese im Gesamt der Evangelisierung, die Etappe der Unterweisung und der Reifung zu sein, das heißt die Zeit, da der Christ bereits im Glauben die Person Jesu Christi als alleinigen Herrn angenommen und sich durch eine aufrichtige Bekehrung des Herzens ihm ganz zu eigen gegeben hat und sich nun bemüht, diesen Christus, dem er sich anvertraut hat, besser kennenzulernen" (CT 20).

Die anthropologische Wende in der Theologie kommt insofern im Konzept der Evangelisierung voll zum Tragen, als der personale und interpersonale Aspekt Ausgangspunkt, strukturierende Mitte und schließlich Endziel der Evangelisierung darstellt: Evangelisierung geschieht dadurch, daß "man immer von der Person ausgeht und dann stets zu den Beziehungen der Personen untereinander und mit Gott fortschreitet" (EN 20). Eine authentische Glaubenshaltung, die Erfah-

---

257 Die hier referierte Unterscheidung ist idealtypisch bezüglich der lehramtlichen Aussagen von CT, die eine unklare Terminologie erkennen lassen (vgl. hierzu Hemel 1984b: 327-329; ders. 1986a: 184 und 1986b: 239f.). Der Papst verwendet nebeneinander einen engen und weiten Begriff von Katechese, wobei letzterer ihm erlaubt, das gesamte Verkündigungshandeln der Kirche, so auch den RU als Katechese bezeichnen zu können.

rung der Wirklichkeit von Transzendenz ist daher nur auf dem Weg der Subjektwerdung und der intersubjektiven Vergewisserung möglich, "in der man einem anderen seine eigene Glaubenserfahrung mitteilt" in einer Weise, "in welcher das ganz persönliche Innere des Menschen angesprochen wird" (EN 20).

Konsequenzen für den Religionsunterricht

(1) Die Situation, in der sich der RU in der postmodernen Gesellschaft befindet, legt die Notwendigkeit einer Erstverkündigung nahe und zugleich die Wirkungslosigkeit der Katechese als zweiten Schritt vor dem ersten offen. Das bedeutet im Horizont des eben skizzierten Evangelisierungskonzeptes einen Vorrang des Zeugnisses ohne Worte, besser einen Primat des Lebenszeugnisses, der Diakonie. Damit ist aufgezeigt, daß nicht nur von der Zeitsituation, sondern gerade auch von der Sache her eine Neuorientierung des RUs weg vom materialkerygmatischen Konzept hin zum Modell des anthropologischen RUs geboten ist. Dieser Paradigmenwechsel ist in der Didaktik der Korrelation zwar grundgelegt, aber noch nicht voll verwirklicht.

(2) Wenn das Ziel gelungener Evangelisierung ein zur Freiheit befreites Leben ist (vgl. Gal 5,1), so tritt der *Schüler* mit seiner konkreten Lebenssituation in den Vordergrund. Die Inhalte des Glaubens erschließen sich in ihrer Lebensorientierung gebenden Kraft. Die mit der Erstverkündigung gegebene Akzentverlagerung von der Orthodoxie auf die Orthopraxie läßt im RU Schüler die Wahrheit des Glaubens als Chance ihres Lebens nur dann verstehen, wenn die Frohbotschaft nicht theoretisch-abstrakt und kognitiv vorgelegt, sondern ihnen in ihrer Lebensrelevanz vermittelt wird; es geht letztlich um ein "Sinnangebot für einen verheißungsvollen Umgang mit letzten Existenzfragen bzw. für die Motivation zu humaner, mitmenschlicher und gesellschaftlicher Praxis"[258]. Ausgehend von den Erfahrungen der Schüler werden *die* Lebenssituationen und -erfahrungen in den Unterricht eingebracht, die in der Bibel und Tradition manifest geworden sind. Das Globalziel lautet:

(3) *Evangelisatorische Erziehung.* Die Dritte Generalkonferenz des Lateinamerikanischen Episkopats in Puebla/Mexiko (1979) hat den Begriff *Erziehung* vor dem Hintergrund des Konzepts der Evangelisierung und im Kontext bedrohten Menschseins und einer gefährdeten Welt so formuliert:

> "Die Erziehung humanisiert und personalisiert den Menschen, wenn sie es zustande bringt, daß dieser sein Denken und seine Freiheit zur vollen Entfaltung bringt, so daß er zu einem Verhalten gelangt, das vom Verständnis und der Gemeinschaft mit der gesamten realen Ordnung erfüllt ist. Durch dieses Verhalten humanisiert der Mensch selbst seine Welt, bringt Kultur hervor, verändert die Gesellschaft und gestaltet die Ge-

[258] Werbick 1990: 48.

> schichte (vgl. GS 55). Die evangelisatorische Erziehung nimmt den Begriff der befreienden Erziehung an und vervollständigt ihn, denn sie muß zur Umkehr des gesamten Menschen beitragen, nicht nur, was sein tiefstes individuelles Ich angeht, indem sie dieses Ich von Grund auf zu einer echten christlichen Befreiung hinführt, die den Menschen für die völlige Teilhabe am Mysterium des auferstandenen Christus öffnet, d. h. für die brüderliche Gemeinschaft mit allen Menschen, seinen Brüdern (vgl. EN 27, 29, 30, 33)."[259]

Das Spezifikum einer Erziehung in Orientierung am christlichen Glauben ist das entscheidende Plädoyer für die Subjektwerdung jedes einzelnen und aller Menschen und das Engagement für die Ermöglichung eines Lebens auf Zukunft hin; die Frohbotschaft des Christentums bildet insofern die strukturierende Mitte einer religiösen Erziehung und Bildung im RU, als dieser "auf die heilsame Präsenz des Christlichen in individuellen wie in gesellschaftlichen Selbstvergewisserungs- und Konsensermittlungsprozessen (zielt, T. G.), auf das Verstehbar- und Bedeutsamwerdenkönnen des christlichen Glaubens für die zur Individualisierung verurteilten, dauernd unter Entscheidungs- und Definitionsdruck stehenden und dennoch zu gemeinsam verantworteter Praxis geforderten Menschen der Spätmoderne"[260]abzielt.

(4) Die stärkere Betonung der personalen Begegnung hat zur Folge, daß der *Religionslehrer* als Person, der seine Lebensart und Lebenspraxis aus dem christlichen Glauben modellhaft darzustellen und plausibel zu machen versteht (einschließlich der eigenen Grenzen, Unsicherheiten und Konflikte), dazu beiträgt, daß der Unterricht sich als Ort der Begegnung erweist. Der RL trägt gerade unter heutigen Bedingungen zur Befreiung des Menschen in der Nachfolge Jesu bei: "In seiner Person und durch die von ihm verantwortete Gestaltung des Lernortes RU soll etwas von der Güte und Menschenfreundlichkeit Gottes, von göttlichem Interesse an den Schülern erfahrbar werden."[261] Unerläßlich hierfür erscheint jedoch die Verwurzelung des RUs in einer christlichen Überzeugungsgemeinschaft (Freunde, Kollegen, Gruppe, Gemeinde, kirchliche Amtsträger), aus der heraus er Rückhalt, Motivation und Kraft erfährt, die es ihm ermöglichen, in engagierter Gelassenheit und kritischer Sensibilität jenes Wort Jesu an seine Jünger zu verwirklichen, das "zum Leitmotiv des Religionslehrers und des Religionsunterrichts sowie aller Evangelisierung tätigen (!)"[262] werden könnte: "Habt Salz in euch und haltet Frieden untereinander" (Mk 9,50).

(5) Die *Inhalte* des RUs erhalten im Kontext des Evangelisierungskonzeptes eine spezifische Prägung, die sich mit folgenden Formalkriterien umschreiben läßt:

---

259 Sekretariat der Deutschen Bischofskonferenz 1979: 175 (n. 1075f.).
260 Werbick 1993: 45.
261 Schmitt 1989: 863.
262 Baumgartner 1994: 113.

- Das persönliche Zeugnis steht im Vordergrund, das heißt, daß die Inhalte nur als "Ich-Botschaften"[263] in den Unterricht eingehen. Ich-Botschaften sind nicht objektiv-verbindlich vorlegbar, sondern müssen erst ermöglicht werden! Dies geschieht in einem "Zeugnis-Diskurs", der bei Lehrenden wie bei Lernenden initiiert werden muß. Das bedeutet, daß Schüler wie Lehrer "als Subjekte, ... als Träger des Glaubens und des Gottesgedächtnisses angesprochen"[264] werden. Die Ich-Botschaften lassen erkennen, welche Wirklichkeit für den Zeugen die Quelle seiner Hoffnung, seiner Liebe, seiner Kraft zum Leben-Können darstellt, ja seine eigentliche Identität ausmacht. In der Kommunikation mit anderen Zeugen, das heißt im Mitteilen und im Hören (vgl. Röm 10, 14), werden jene Erfahrungen erschlossen, die eine Begegnung mit dem Glauben ermöglichen.

- Eine Lebenshaltung, die sich am christlichen Glauben orientiert, stellt für den RL als Zeugen eine "Quelle der Inspiration und Herausforderung"[265] dar, die er seinen Schülern als Ich-Botschaft durch seine Persönlichkeit, die Darstellung der Lehrinhalte und besonders im konkreten Verhalten im Schulalltag plausibel vorzustellen und anzubieten versucht. Vor diesem Hintergrund und unter Beachtung der klassischen Unterscheidung von fides qua und fides quae wird einsichtig, warum die lehr- und bekenntnishaften Aussagen in einem so verstandenen RU nicht (immer) Gegenstand, sondern Voraussetzungen (z.B. im Studium des künftigen RLs) darstellen. Die unvermittelte Vorlage von Glaubensaussagen vermag nicht die materialen Gehalte zu erschließen. Im Ratschlag, zu den Inhalten zurückzukehren, liegt eine Vermischung von fides qua und fides quae vor: in der fides quae erschließt sich nicht die fides qua, sondern umgekehrt![266] Die Inhalte des RUs sind Teilaspekte jener Botschaft, die zunächst Zusage und Versprechen ist, ehe sie zur Herausforderung wird: "Die Botschaft, die den RU inhaltlich und als Kommunikationsgeschehen bestimmt, muß also der Botschaft entsprechen, der der Glaube sich verdankt: die Botschaft, die Jesus von Nazareth *ist*."[267]

- Die inhaltliche Mitte des RUs ist die Person Jesus Christus, sein Leben, Sterben und Auferstehen, wie es uns in den Schriften der Bibel und der kirchlichen Tradition vorliegt. Christen sind Zeugen davon, daß sich im konkreten Menschen Jesus von Nazareth das erschließt, was wir mit *Gott* bezeichnen, nämlich die Liebe in unüberbietbarer Form (vgl. 1 Joh 4,7-10), keine Lehren, keine Formeln oder

---

263 Zum Begriff vgl. Werbick 1990: 51ff.!
264 Metz 1987b: 150.
265 Werbick 1990: 53.
266 Der Hintergrund der Entstehung kirchenamtlicher Lehraussagen und Bekenntnisformeln ist zu berücksichtigen: es sind Abgrenzungen gegenüber und Richtigstellungen von Irrlehren und Einseitigkeiten. Im RU darf es jedoch nicht um Vermeidung, Korrektur, Richtigstellung oder gar Verurteilung gehen, sondern um positive Erschließung neuer Erfahrungsmöglichkeiten und Deutungsalternativen.
267 Werbick 1990: 55.

Bekenntnisse, keine Über-Ich-Botschaften. Der christliche Glaube verdankt sich in seiner Entstehung selbst der Wirkung von Ich-Botschaften Jesu Christi; die Menschen seiner Zeit haben in Lebenspraxis, in Wort und Tat, von der Geburt bis zu seinem Sterben und sogar darüber hinaus eine Herausforderung gesehen, die alles bisher in der Tradition Dagewesene auf die Spitze treibt und überbietet. Gerade die Streitgespräche mit den Pharisäern und Schriftgelehrten machen klar, daß es ihm nicht um Kenntnis von Glaubensaussagen ging, sondern immer um die menschliche Bedeutung des Glaubens: "Der Sabbat ist um des Menschen da, und nicht der Mensch um des Sabbats" (Mk 2,27). Die Herausforderung *Gott* in der Person des Jesus von Nazareth als Paradigma vollendeter Humanität wird konkret in der Botschaft vom Reich Gottes (βασιλεια του θεου). Erst in der Rede vom *Reich Gottes* wird der Begriff *Gott* wirklich konkret; er ist eng verknüpft mit der Lebenspraxis Jesu in Wort (z. B. Gleichnisse) und Tat (z. B. Heilungen, Wunder).

- Nun wird klar, was der spezifische Unterschied zwischen RU und Ethik ist: Die Rede von Gott und die Wirklichkeit dessen, was wir mit *Gott* bezeichnen, erweist sich in jüdisch-christlicher Tradition als wahr, insofern mit der Wahrheit Gottes auch die Wahrheit des Menschen ans Licht kommt. Erst dann wird die Rede von Gott - die heute wie eine Fremdsprache anmutet - eine Wirklichkeit, die Bedeutung hat. In diesem Sinn kommt im RU, der sich bezüglich seiner Inhalte dieser Sicht verpflichtet weiß, die Offenbarung zu ihrer vollen Geltung, die als *das* eingelöst wird, was für Paul Ricoeur das Erkenntniskriterium der Offenbarung ist, nämlich

> "insofern (diese, T. G.) das neue Sein, von dem sie redet, für die Welt, für die gesamte Wirklichkeit einschließlich meiner Existenz und meiner Geschichte offenbarend ist"[268].

Ohne die lehrhaft-objektive Dimension aus dem Blick zu verlieren, die zu den konstitutiven Elementen einer ganzheitlichen Verkündigung zählt, ist doch die existentielle Dimension in der Situation der Erstverkündigung die entscheidende. Vor etwa dreißig Jahren galt sie als programmatische Aussage der katholischen Kirche, mit der die Pastoralkonstitution des Zweiten Vatikanischen Konzils eingeleitet wird:

> "Freude und Hoffnung, Trauer und Angst der Menschen von heute, besonders der Armen und Bedrängten aller Art, sind auch Freude und Hoffnung, Trauer und Angst der Jünger Christi. Und es gibt nichts wahrhaft Menschliches, das nicht in ihren Herzen seinen Widerhall fände" (GS 1).

- Vor diesem Hintergrund ist es nicht nur verantwortbar, sondern im Hinblick auf die "Zeichen der Zeit" sogar geboten, auf bestimmte sog. zentrale Glaubensin-

---

268 Ricoeur 1974: 40.

halte zu verzichten "zugunsten einer stärkeren Thematisierung gesellschaftlicher und existentieller Aspekte"[269]. Der Heidelberger Religionspädagoge *Norbert Scholl* legt hierfür folgenden Lernzielkatalog vor:

> "Rücksichtnahme, Konfliktfähigkeit, Toleranz, Solidarität, Versöhnungsbereitschaft, Zärtlichkeit, Einfühlsamkeit, Ehrfurcht vor dem Geheimnis des Lebens, fürsorglicher und bewahrender Umgang mit der Schöpfung, weltoffene Frömmigkeit, Sensibilität statt Ellenbogenmoral, Engagement für Schwache und Unterdrückte, hellwache Aufmerksamkeit für politische und gesellschaftliche Entwicklungen, Phantasie und Kreativität, Mut und Zivilcourage zum Einsatz für Freiheit und Menschenwürde, für Gerechtigkeit und Frieden."[270]

Ein so verstandener RU vollzieht sich vorbehaltlos als Diakonie der Kirche am Leben junger Menschen. Er entspricht dem Sendungsauftrag der Kirche in der Nachfolge Jesu Christi - "Dasein für andere" - und hat unter noch schwierigeren Bedingungen *das* einzulösen, was die Gemeinsame Synode der Bistümer Deutschlands schon vor etwa 20 Jahren gefordert hat:

> "Die Kirche entspricht ihrem Auftrag, wenn durch ihre Beteiligung am Religionsunterricht gesellschaftskritische und humanisierende Impulse des Evangeliums wirksam werden können und einer Verengung des Denk- und Fragehorizonts der Lernenden auf Zweckrationalität gewehrt wird. ... Der uneigennützige Dienst am einzelnen Menschen und an der Gesellschaft hat positive Rückwirkungen für diejenigen, die ihn ausüben: Die Zielsetzung des Religionsunterrichts zwingt dazu, den Zusammenhang des christlichen Glaubens mit grundlegenden menschlichen Fragen zu bedenken. Sie nötigt die Kirche, verständlich auf die Sinnfragen der Zeitgenossen zu antworten und sich auch mit anderen Antwortmöglichkeiten auseinanderzusetzen."[271]

Im zweiten Teil wird versucht, den Neuansatz eines diakonischen RUs im Kontext einer evangelisatorischen Glaubensvermittlung in den Gesamtzusammenhang von Theologie, Tradition und Kirche einzuordnen, um im dritten Hauptteil konkrete religionspädagogische Konturen und Optionen für den schulischen RU beschreiben zu können.

---

269 Scholl 1989: 222.
270 Ebd.
271 Syn. BS RU 2.6.2 (141f.).

2. Teil: Diakonisch orientierter Religionsunterricht: Bestandsaufnahme, biblische Fundamente, systematisch-theologische Reflexion

Die gesellschaftlichen Erwartungen an die Kirchen richten sich heute meist auf ihre sozialen Funktionen. Dagegen sieht die Kirche ihre vornehmliche Aufgabe darin, daß sie die legitime Instanz zur Verkündigung des Evangeliums sei, d. h. im Zentrum stehen Gottesdienst, Sakramentenspendung, RU, Erwachsenenbildung. Meist geht es um den Bereich der Verkündigung und des Glaubens an bestimmte Wahrheiten. Daß dies nicht nur das Selbstverständnis der Kirche prägt, sondern auch das Bild, das in der Öffentlichkeit vorherrscht, zeigen die vielen Umfragen, die Religiosität und Gläubigkeit allein an Kriterien der formalen Zustimmung oder des Ausmaßes an kirchlichem Engagement festmachen.[272] Diese Sicht trifft weitgehend auch für den RU zu[273]; die theologisch heute vorwiegend unbestrittene Gleichgewichtigkeit der vier kirchlichen Grundfunktionen *Martyria, Leiturgia, Diakonia* und *Koinonia* wird generell faktisch nicht vollzogen. Der Diakonie kommt meist der letzte Rang[274] zu; für den RU scheint die kerygmatische Funktion unumstritten, die diakonische ungewohnt.[275]

Zweifellos sind die Bereiche *Verkündigung* (Martyria) sowie *Gottesdienst und Sakramente* (Liturgia) und *Gemeindeaufbau* (Koinonia) wichtige und unerläßliche Momente der kirchlichen Identität wie des christlichen Lebens überhaupt. Dennoch wäre es Verkürzung, sogar "Verrat" am Evangelium, würde man darin den alleinigen Schwerpunkt sehen. Selbstverständnis, Worte und Taten Jesu legen nach dem Zeugnis der Heiligen Schrift einen klaren Akzent auf die Praxis, die tätige Nächstenliebe. Durch sie erst wird *das* Wirklichkeit, was der zentrale Inhalt seiner Verkündigung darstellt: die Botschaft vom Reich Gottes. "Christsein erschöpft sich weder in einem gemeinsamen Bekenntnis zu formulierten Wahrheiten des Evangeliums noch in einer gedanklichen und denkerischen Zustimmung zur wahren 'christlichen Weltanschauung', sondern klagt die Wahrheit seiner selbst in der Tat der konkreten Nachfolge Jesu und damit in der Praxis der Liebe und Befreiung ein"[276] (*Ottmar Fuchs*).

In diesem zweiten Hauptteil wird zunächst versucht, die vorliegenden Aussagen der Religionspädagogik und die kirchlichen Verlautbarungen daraufhin zu sichten, inwieweit die diakonische Dimension des RUs explizit oder implizit angesprochen oder schon entfaltet ist; den Aussagen des Synodenbeschlusses zum RU

---

[272] Vgl. Teil 1, Kap. 1!
[273] Vgl. Teil 1, Kap. 2!
[274] Vgl. Miller 1987: 200f.
[275] Vgl. ru 16(1986) Themaheft: Diakonie, bes. 81 u. 104-109; Bartholomäus 1983: 202; Spiegel 1986: 100; Miller 1987: 200f.
[276] Fuchs 1994: 115f.

kommt hierbei eine zentrale Bedeutung zu (4. Kapitel). Nach dieser Bestandsaufnahme betrachten wir die biblischen Grundlagen der Diakonie als Kriterium des Christseins und als Grundvollzug der Kirche (5. Kapitel). Das sechste Kapitel widmet sich einer Betrachtung des RUs als Diakonie der Kirche in systematisch-theologischer Reflexion.

4. Die diakonische Dimension des Religionsunterrichts im Spiegel der Religionspädagogik und kirchlicher Verlautbarungen

4.1 Aussagen der Religionspädagogik - ein Forschungsbericht

Der Gedanke eines diakonisch orientierten RUs scheint ungewohnt.[277] In der religionspädagogischen Forschung und Literatur wird dieser Ansatz nur vereinzelt, wenngleich insbesondere seit Verabschiedung des Synodenbeschlusses zum RU verstärkt aufgegriffen und reflektiert.[278]

Schon in den fünfziger Jahren ordnet der evangelische Theologe und Erziehungswissenschaftler *Oskar Hammelsbeck*[279] die religiöse Erziehung der diakonischen Verantwortung der Kirche zu.[280] Unter *Diakonie* versteht er "dasjenige Handeln aus dem Glauben und in der Liebe, das den Mängeln des Menschseins aufhilft zur heilen Menschlichkeit"[281] .
Hammelsbeck betont dabei besonders, daß diakonisches Handeln in der religiösen Erziehung keineswegs auf besondere Notsituationen oder Hilfsbedürftigkeit beschränkt bleibt, sondern Grundlage ihres Selbstverständnisses ist.[282]

Die für die wissenschaftstheoretische Grundlegung der Religionspädagogik bahnbrechende Arbeit von *Hans Schilling*[283] weist nur am Rande auf den diakonischen Aspekt religionspädagogischen Handelns hin.[284]

---

[277] Vgl. Spiegel 1986: 100; Bartholomäus 1983: 202.

[278] "Es mehren sich die Stimmen, die auch das religionspädagogische Handeln in der Schule als Diakonie der Kirche begreifen." (Bartholomäus 1983: 87f.)

[279] Vgl. Hammelsbeck ^{2}1958.

[280] Vgl. ebd.: 135.

[281] Ebd. Vgl. auch den programmatischen Titel des Sammelbandes von Adolf *Exeler* (1982a): "Religiöse Erziehung als Hilfe zur Menschwerdung"!

[282] "Pflegen, Heilen, Helfen, Erziehen Herbergen zielt alles auf die Hilfsbedürftigkeit des Menschen, von der rührenden Hilfsbedürftigkeit des Säuglings bis in die Krankheitsleiden zum Tode und bis in die seelsorgerliche Not des einzelnen. Die überall gleiche, aber in Graden verschiedene diakonische Verantwortung des Pflegens, Heilens, Helfens und Erziehens reicht bis in alle nüchterne Alltäglichkeit von Verwaltung, Führung und Leitung für große Gemeinschaften. Sie reicht auch bis in die Hilfen, die der Lehrer in der Schule oder wo auch immer dem Schüler, dem Lernenden geben kann, um ihm den Zugang und die Bewältigung der uns bedrängenden, vieldeutigen Kultur zu öffnen" (Hammelsbeck ^{2}1958: 136).

Erst seit dem Würzburger Synodenbeschluß widmet sich die Forschung stärker dem diakonischen Ansatz für das Selbstverständnis und die Ziele des RUs, ohne daß bis zum gegenwärtigen Zeitpunkt ein konzeptioneller Entwurf vorläge: "'Diakonischer Religionsunterricht' - einstweilen ist das erst eine vage Vision."[285] Im folgenden seien daher die Positionen von Fachvertretern kurz skizziert, die jedoch im besten Fall programmatischen Charakter haben.

Im Jahr 1978 veröffentlicht *Wolfgang Bartholomäus* einen Aufsatz mit dem Titel: "*Der Religionslehrer zwischen Theorie und Praxis*"[286]. Er beschließt seine Ausführungen mit einem Plädoyer für eine Neudefinition der Missio canonica als "Missio religionspädagogica" mit der Begründung, daß die kirchliche Beauftragung des RLs "weniger Sendung zum Kerygma der Kirche als Auftrag zur Diakonia an den Menschen"[287] sei. In seiner "Einführung in die Religionspädagogik" (1983)[288] versteht *Bartholomäus* RU im Sinne eines Unterrichts in Religion als "Ausdruck und Ausfluß der diakonischen Funktion der Kirche"[289], als einen Dienst der Kirche an der Gesellschaft aus "geschichtlich angesammelter Kompetenz in Religion"[290]. Den Hintergrund für dieses Konzept bilden wissenschaftstheoretische Überlegungen, in denen der Autor das Praxisfeld *Schulischer RU* der religionspädagogischen Handlungsform *Unterricht* zuordnet, die zusammen mit der Handlungsform *Erziehung* in den Praxisfeldern *Familie* und *Jugendarbeit* der diakonischen Funktion der Kirche entspricht. Beide Handlungsformen sind Gegenstand der Religionspädagogik im engeren Sinn, die *Bartholomäus* als "Theorie religiöser Erziehung und Unterrichtung"[291] versteht. Demgegenüber entspricht die religionspädagogische Handlungsform der Verkündigung, wie sie in der Gemeinde praktiziert wird, der kerygmatischen Funktion der Kirche und ist Gegenstand der Katechetik als Theorie des "Verkündigungshandelns"[292]. Katechetik und Religionspädagogik im engeren Sinn vereinigen sich unter dem Dach der Religionspädagogik im weiteren Sinn als einer "Theorie, die sich auf die Gesamtwirklichkeit religiösen Lernens und religionspädagogischen Handelns bezieht"[293]. In diesem Kontext versteht *Bartholomäus* den RU als eine Form

---

283 Vgl. Schilling 1970.

284 Ebd.: 267. Es ist zu beachten, daß *Hans Schilling* die Religionspädagogik als Teildisziplin der Katechetik definiert und konzipiert. Vgl. hierzu Hemel 1984b: 262-269!

285 Nastainczyk 1991: 2.

286 Vgl. Bartholomäus 1978.

287 Ebd.: 174.

288 Vgl. Bartholomäus 1983.

289 Ebd.: 202.

290 Ebd.

291 Ebd.: XII.

292 Ebd.

293 Ebd.

christlicher Diakonie. Im RU, der primär "Unternehmen des Staates"[294] ist, leistet die Kirche den Schülern und der Gesellschaft in der Weise einen Dienst, daß sie sich in der Schule um ein kritisches Korrektiv gegen gesellschaftlich dominante Tendenzen der Einseitigkeit und Verkürzung wendet, die sich bisweilen in "Anpassungszwängen, Konsuminteressen, Wahrnehmungsverengungen, Erinnerungsausfällen, Erfahrungsdefiziten, Hoffnungs- und Sinnlosigkeiten"[295] zeigen. Stattdessen sollen die Schüler im RU im Interesse einer umfassenden Freiheit für die religiöse Dimension der Wirklichkeit sensibilisiert und mit der Botschaft des Christentums konfrontiert werden.

Der Religionspädagoge *Wolfgang Langer* hält im Jahr 1980 an der Katholisch-Theologischen Fakultät Wien seine Antrittsvorlesung mit dem Thema "*Religionsunterricht als Dienst am Menschen*"[296]. Der RL wird hier konsequent als Erzieher, als "Anwalt des jungen Menschen"[297] verstanden, dem es im Unterricht darum geht, "dem jungen Menschen zu helfen, Mensch zu werden, sich selbst zu verwirklichen - freilich nicht in der Isolation der Einzelexistenz, des nur privaten Lebens, sondern in der Gesellschaft und vielleicht auch in der Gemeinschaft des Glaubens"[298]. Dieses Motiv zur Hilfe bei der ganzheitlichen Menschwerdung des Schülers, d. h. die Förderung der Identitätsentwicklung durch die Unterstützung der Bildung und Reifung aller Dimensionen seiner Personalität ist die "einheitliche Zielrichtung"[299] und der Maßstab für die Auswahl der Inhalte, die Formulierung der Ziele und die Gestaltung des Unterrichts. Unter dem Stichwort "Lebensorientierung aus dem christlichen Glauben"[300] formuliert Langer das Globalziel eines diakonisch orientierten RUs auf der Basis der Korrelationsdidaktik, d. h. des Prinzips einer kritisch-kreativen Wechselbeziehung zwischen christlicher Überlieferung und heutiger Lebenserfahrung: Die Schüler sollen erkennen können,

> "daß und auf welche Weise die tagtäglichen Lebenserfahrungen ebenso wie die großen, entscheidenden, lebenswendenden, von den Aussagen des Glaubens her tiefer, nämlich auf ihren Sinn hin verstanden werden können. Und er soll zum anderen die wegweisende Bedeutung dieser Aussagen kennenlernen, die ihnen innewohnende Kraft der Motivation zu einem von Mitmenschlichkeit und Zuwendung geprägten Leben, die durch sie an jedermann ergehende Herausforderung zu einem Dasein für andere"[301].

---

294 Ebd.: 202.
295 Ebd.: 203.
296 Vgl. Langer 1980.
297 Ebd.: 207. Vgl. hierzu den Aufsatz von *Adolf Exeler* (1982b): "Religionsunterricht - Anwalt des Menschen" (1982b).
298 Langer 1980: 207.
299 Ebd.
300 Ebd.: 208.
301 Ebd.: 209f.

Eine so verstandene Identität des RUs wird der differenzierten Schülersituation gerecht, die ein Spektrum vom ablehnenden über den religiös indifferenten bis hin zum interessierten oder gar gläubigen Schüler aufweist.[302]

In einem Einführungswerk zur Religionspädagogik (1980)[303] betont *Günter Lange* auf dem Hintergrund einer Unterscheidung von RU und Katechese, "daß zu den diakonischen Aufgaben, die der Kirche vom Evangelium her gestellt sind, auch gehört das Wachhalten der Frage nach dem Woher und Wozu, also die Sinnfrage"[304]. In dieser Hinsicht ist "Religionsunterricht ... eine Form des praktizierten 'Daseins für andere' und ist deshalb auch theologisch zu verantworten"[305]. In Auseinandersetzung mit dem Vorstoß *Josef Brechtkens*, den RU in Gemeindekatechese zu wandeln, sieht *Lange* die Zukunftschancen nur dann gesichert, "wenn es uns ... gelingt, die *diakonische* Aufgabe der Kirche als zu ihrem Wesensvollzug gehörig erkennbar zu machen ... Der RU wird dann ... zu einem der wichtigsten Bewährungsfelder der Kirche, weil es ihr um den Menschen geht"[306]. Schließlich spricht *Lange* in seinem Aufsatz "Religionsunterricht in der Schule"[307] ganz unmißverständlich von der Diakonie als dessen theologischer Legitimation:

> "Es handelt sich in der Schule vielmehr um eine Form der Diakonie, um Caritasarbeit sozusagen, um eine Art Lebenshilfe. Religionsunterricht versucht, die Lebenshilfe, die im überlieferten christlichen Glauben steckt, plausibel zu machen und zu aktualisieren - in der Glaubensgrundüberzeugung, daß der christliche Glaube ein Konzept für 'gelingendes Leben' enthält.[308]

Ulrich Hemel betrachtet im Rahmen mehrerer Publikationen[309] die diakonische Orientierung des RUs als eine "konzeptionelle Weiterentwicklung eines korrela-

---

305

"Die Verwirklichung eines in dieser Weise offenen Religionsunterrichts hat die Chance, auch die Gelangweilten, die Kritischen und vielleicht sogar die Skeptischen unter den Schülern zu erreichen oder doch wenigstens hie und da anzusprechen - wenn sie nämlich spüren, daß es in diesem Fach weder um historische, die erlebte Gegenwart nicht mehr betreffende Texte und Themen geht, noch um staatlich geförderte Missionierungs- und Bekehrungsversuche einer Kirche, der sie von sich aus gleichgültig, skeptisch oder ablehnend gegenüberstehen, daß vielmehr Fragen und Probleme, Erfahrungen und Wirklichkeiten zur Debatte stehen, die jeden Menschen unausweichlich angehen, und daß die Konfrontation dieser Realität mit den Aussagen des christlichen Glaubens ebenso wie die Auseinandersetzung zwischen diesem und anderen religiösen und weltanschaulichen Positionen überraschende Einsichten ermöglicht und dazu helfen kann, sich selbst und die Welt besser zu verstehen und einen eigenen Standort zu gewinnen" (ebd.: 210f.).

[303] Vgl. Eggers 1980.

[304] Lange 1980: 94.

[305] Ebd.

[306] Lange 1989: 56 (Hervorh. T. G.).

[307] vgl. Lange 1992.

[308] Ebd.: 144.

[309] Vgl. Hemel 1984b, 1986b, , 1989b, 1990a, 1991a und 1991b.

tiven Religionsunterrichts"[310], wie er im Konzept des Synodenbeschlusses vorliegt. Seine Aussagen sind zunächst im Zusammenhang seiner wissenschaftstheoretischen Dissertation zur "*Theorie der Religionspädagogik*"[311] zu sehen, in der er aus den unterschiedlichen Voraussetzungen der Adressaten religiöser Vermittlung ein Kriterium zur Unterscheidung von Religionspädagogik und Katechese gewinnt: Während Katechetik sich auf die Vermittlungsprozesse bezieht, die eine "anfängliche Glaubensentscheidung"[312] voraussetzen, beschäftigt sich die Religionspädagogik mit jenen Vollzügen, die

- entweder eine "Aufnahmebereitschaft für das religiöse Wort", eine "religiöse Offenheit", "Dialogbereitschaft", "Dialogfähigkeit" und eine "grundlegende religiöse Aufgeschlossenheit"[313] zeigen (= "evangelisatorische Vollzüge") oder

- wenigstens die "Bereitschaft zur Aufrechterhaltung der kommunikativen Konstellation mit dem 'religiös' eingestellten Interaktionspartner"[314] voraussetzen (= religionspädagogische Vollzüge").

Religionspädagogische Vollzüge sind nach *Hemel* "Hilfestellungen zur religiösen Sensibilisierung und religiösen Wahrnehmungsfähigkeit"[315]; zugleich geht es um das "Erschließen der religiösen Dimension des Daseins durch das daseinshermeneutische Angebot von Erfahrungsmöglichkeiten und deutendem Wort"[316]. Diese Vollzüge werden von dem Religionspädagogen "unter einer doppelten Perspektive"[317] gesehen:

- vom Standpunkt des außenstehenden Interaktionspartners tritt ein "diakonischer Aspekt des religionspädagogischen Vollzugs"[318] in den Vordergrund: "Hilfestellung zur weitergehenden Entfaltung seiner Person durch ein vertieftes, auch religiöse Komponenten integrierendes Welt- und Selbstverständnis"[319];

- vom Standpunkt der handelnden Glaubensgemeinschaft aus kommt der "Aspekt des Glaubenszeugnisses"[320] zum Tragen: "Freilegen oder Schaffen von Anknüpfungspunkten für die Konfrontation oder Begegnung mit dem Evangelium, die dem außenstehenden Interaktionspartner ermöglicht werden soll"[321].

---

[310] Hemel 1991b: 119.
[311] Vgl. Hemel 1984b.
[312] Ebd.: 336.
[313] Ebd.
[314] Ebd.: 337.
[315] Ebd.
[316] Ebd.: 339.
[317] Ebd.
[318] Ebd.
[319] Ebd.
[320] Ebd.: 340.
[321] Ebd.

Dieses "Ineinander und Miteinander des diakonischen Aspektes und des Aspektes des Glaubenszeugnisses"[322] hat Konsequenzen für das Selbstverständnis der Religionspädagogik als theologischer Disziplin.[323] Diese grundsätzlichen Überlegungen wendet *Hemel* nun auf den heutigen RU an. Dieser wird dann "als Prozeß religiöser Bildung und Erziehung"[324] beschrieben. Wenn "Bildung und Erziehung in christlicher Verantwortung als diakonische Hilfe zur Menschwerdung verstanden werden können, lassen sich Religionsunterricht und religiöse Erziehung ganz allgemein als diakonische Bemühung um die Entfaltung der Persönlichkeit junger Menschen würdigen"[325]. Da die Voraussetzungen für katechetische Vollzüge weitgehend fehlen, kann das Ziel des RUs nicht mehr eine vollständige Präsentation und Vermittlung religiöser Inhalte sein, sondern vielmehr das "diakonische Ziel einer Gestaltungs- und Entfaltungshilfe für junge Menschen in Auseinandersetzung mit dem Problemfeld Glaube, Religion und Kirche"[326].

Insbesondere seit etwa Mitte der achtziger Jahre äußern sich verstärkt Fachvertreter zu einer diakonischen Orientierung des RUs; wichtige Beiträge liefern *Gottfried Bitter*[327], *Wolfgang Fleckenstein*[328], *Ottmar Fuchs*[329], *Roland Kollmann*[330], *Norbert Mette*[331], *Gabriele Miller*[332], *Wolfgang Nastainczyk*[333], *Rudi Ott*[334] , *Egon Spiegel*[335]und *Jürgen Werbick*[336].

---

322 Ebd.: 340.

323 Nach *Hemel* "sind für die Religionspädagogik anthropologische Fragestellungen im Hinblick auf ihre jeweiligen Kommunikationspartner so wesentlich, daß man sie - über ihren didaktischen Impetus hinaus - als eine grundsätzlich auch diakonisch orientierte Disziplin ansehen kann" (ebd.: 346). Unter diesen Voraussetzungen "geht es der Religionspädagogik auch und gerade in ihrem Glaubenszeugnis immer um die menschliche und religiöse Förderung der Menschen, mit denen sie es zu tun hat" (ebd.: 347). Dementsprechend ergibt sich eine "doppelte Loyalität" (ebd.: 350): einerseits muß sie Sorge tragen um die "Sache des Glaubens", die "auf direkte oder indirekte Weise der Zielpunkt jeder religionspädagogischen Bemühung" (ebd.) sei; andererseits muß sie "kommunikationsfähig im Blick auf ihre Adressaten bleiben oder werden. Das religiöse Angebot, das sie macht, soll für einen 'Außenstehenden' Bedeutung gewinnen können - gerade und auch unter dem 'diakonischen' Aspekt der Lebenshilfe'" (ebd.).

324 Hemel 1991b: 118.

325 Ebd.

326 Ebd.

327 Vgl. Bitter 1982 und 1989.

328 Vgl. Fleckenstein 1989.

329 Vgl. Fuchs 1989.

330 Vgl. Kollmann 1988 und 1991.

331 Vgl. Mette 1987c: 125.

332 Vgl. Miller 1987: 200f.

333 Vgl. Nastainczyk 1989, 1991 und 1993.

334 Vgl. Ott 1985 und 1993.

335 Vgl. Spiegel 1986.

336 Vgl. Werbick 1993.

Ihnen allen gemeinsam ist der grundlegende Ansatz, anläßlich der gänzlich neuen Situation des RUs in einer zunehmend entkirchlichten Gesellschaft ein neues Selbstverständnis zu konzipieren, dem es weder um Mission oder Glaubensunterweisung noch um bloße Lebenskunde geht, sondern der sich als Hilfestellung bei der ganzheitlichen Persönlichkeitsentwicklung der Schüler versteht. Globalziel ist die fundamentale Erschließung der religiösen Wirklichkeitsdimension und idealiter eine Lebensorientierung aus dem Glauben. Die einzelnen Beiträge werden hier nicht mehr referiert, da sie im Zusammenhang dieses Kapitels keine neuen Aspekte bringen, sondern nur bereits Bekanntes je anders akzentuieren. Im 3. Hauptteil greife ich jedoch auf die entsprechenden Ausführungen zurück, da diese zahlreich anregend theologische und religionspädagogische Implikationen aufweisen.

4.2 Offizielle kirchliche Positionen

Der Beschluß der Würzburger Synode (1974) sieht den schulischen RU in kirchlicher Verantwortung "unter diakonischem Aspekt"[337]. Anstelle der Evangelisations-Idee wird von der Synode ein weiter Begriff von Katechese zugrunde gelegt, deren Ziel es sei, "dem Menschen zu helfen, daß sein Leben gelingt"[338]. Der Synodenbeschluß, dessen zentralen Aussagen und Argumenten wir uns im Kapitel 4.3 zuwenden, kommt in seiner Situationsanalyse[339] zu dem Ergebnis, daß ein katechetischer RU zur Erfolglosigkeit verurteilt sei und daher zwischen RU und Gemeindekatechese als zwei Praxisfeldern mit unterschiedlichen Voraussetzungen und Zielen unterschieden werden müsse. Der Hauptgrund hierfür liege im veränderten Verhältnis der Gesellschaft zu Christentum und Kirche:

> "Bei fortschreitender Entkirchlichung der Gesellschaft ist ein positives Verhältnis aller Schüler zum Glauben und zur Kirche immer weniger vorauszusetzen. Vielen Schülern fehlt vom Elternhaus her die lebendige Beziehung zum christlichen Glauben und zur konkreten Gemeinde und damit der notwendige Erfahrungs- und Verständnishorizont für einen Religionsunterricht, der sich als Einübung in den Glauben versteht. Solche Voraussetzungen lassen sich - bei noch so ehrlicher Anstrengung des Religionslehrers - nur durch Unterricht auch kaum herstellen. ... Wenn auch die meisten Schüler getaufte Christen sind, ist es doch nicht möglich, sie alle in gleicher Weise in das Glaubensleben der Kirche einzubeziehen; denn die heutige Schülerschaft spiegelt auf ihre Weise exemplarisch die plurale Gesellschaft und bringt infolgedessen verschiedenartige Vorverständnisse im Bereich des Glaubens mit. ... Daher sollte man den Erfolg des Unterrichts nicht an einer nachprüfbaren Glaubenspraxis der Schüler messen wollen."[340]

---

337 Syn BS RU 2.6.1 (141).
338 Syn PP KW 3 (41).
339 Vgl. Syn BS RU 1 (125-131).
340 Syn BS RU 1.4 (130).

Im Hinblick auf die so beschriebene und bewertete Gesamtsituation konzipiert die Würzburger Synode einen RU, der auf der Basis des Grundgesetzes der Bundesrepublik Deutschland steht, pädagogisch und theologisch begründet ist, seine Ziele entsprechend den veränderten gesellschaftlichen Bedingungen an den unterschiedlichen religiösen Voraussetzungen der Schüler orientiert und sich insgesamt als Dienst an den jungen Menschen und der Gesellschaft versteht.

Diese Konzeption wird bis heute von offiziellen kirchlichen Aussagen zum RU in Deutschland aufgenommen und auf spezielle Fragen angewendet:

Der *Beirat "Erziehung und Schule"* der gleichnamigen Kommission der Deutschen Bischofskonferenz ruft in einer Stellungnahme im Jahre 1981 dazu auf, den RU als "kirchlichen Dienst an und in der Schule grundsätzlich zu bejahen"[341].

Zwei Jahre später erscheint eine Erklärung der *Bischöflichen Kommission für Erziehung und Schule* mit dem Titel "*Zum Berufsbild und Selbstverständnis des Religionslehrers*"[342], in der der im Synodenbeschluß grundgelegte diakonische Charakter des RUs bestätigt und eine im Vergleich zur Katechese spezifische Zielsetzung konzediert wird: "Die Ermöglichung und der Vollzug von Glaube, Hoffnung und Liebe sind ... mit angezielt."[343] Die Bischöfe warnen jedoch zugleich vor einer Nivellierung des Faches in allgemeine Lebens- oder Religionskunde, wenn sie betonen:

> "Christliche Lebensvollzüge wie Feier des Gottesdienstes, Gebet oder Glaubensbekenntnis gehören so zum Gegenstand des Religionsunterrichts wie sie zur Mitte des Glaubens gehören. Wer Verständnis für diese Glaubensvollzüge bei den Schülern zu wecken vermag, hat sie diesen Vollzügen ein Stück näher gebracht, auch wenn der Religionsunterricht in der Schule nicht selbst und direkt in solche Vollzüge einüben kann." [344]

Das *Zentralkomitee der Deutschen Katholiken* betont in seiner Erklärung "*Schulischer Religionsunterricht in einer säkularen Gesellschaft*"[345] (1989) die "Aufgabe der Lebensbegleitung der Schüler"[346] und versteht den Unterricht als diakonisch: "Unverzichtbare Themen werden nicht ausgelassen, sie werden in kritischer Wechselbeziehung zur Schülererfahrung gesehen."[347]

Das *Vierte Interdiözesane Religionspädagogische Symposion* der Diözesen Rom, München und Madrid im April 1991 mit dem Thema "*Der Religionsunterricht*

---

[341] Beirat "Erziehung und Schule" 1981: 90.
[342] Vgl. Sekretariat der Deutschen Bischofskonferenz 1983.
[343] Ebd.: 13.
[344] Ebd.
[345] Vgl. Zentralkomitee der Deutschen Katholiken ^{4}1990; zur kritischen Analyse und Bewertung vgl. Schlüter 1990.
[346] Ebd.: 6.
[347] Ebd.

und die Sendung der Kirche" versteht den RU als "pädagogischen und kulturellen Dienst"[348], rechnet ihn "zu den vielfältigen Formen kirchlicher Diakonie"[349] und stellt ihn theologisch in den Zusammenhang mit der "inkarnatorischen Dynamik der Kirche"[350].

Auf Einladung des Präsidenten des *Rates der Europäischen Bischofskonferenz Kardinal Martini* diskutierten ebenfalls im April 1991 auf einem *Symposion in Rom* zum Thema "Der Religionsunterricht an den öffentlichen Schulen in Europa" 18 Bischöfe zusammen mit 46 kirchlichen Mitarbeitern aus 20 europäischen Ländern über die gegenwärtige Situation und die Entwicklungsperspektiven des RUs nach dem Zusammenbruch der sozialistischen Systeme im östlichen Europa und angesichts des fortschreitenden Einigungsprozesses in den Ländern der Europäischen Gemeinschaft. Der Direktor des Nationalen Spanischen Katechetischen Instituts in Madrid *Manuel del Campo Guilarte* hielt eines von vier einleitenden Referaten mit dem Thema "Art, Zielsetzung und Inhalte des katholischen Religionsunterrichts an den öffentlichen Schulen in Europa"[351]. Darin entwickelt er die Möglichkeiten des schulischen RUs auf der Basis einer nüchternen Situationsanalyse:

> "Der katholische Religionsunterricht ist für die große Mehrzahl der Kinder und Jugendlichen der einzige Bereich, in dem die Frage nach Gott, nach dem Sinn des Lebens, nach den wesentlichen Problemen des Menschen, nach den Werten und Bedeutungen gestellt wird, die eine Orientierung im Leben ermöglichen."[352]

RU ist insofern und in dem Maße "ausdrückliche Ausübung der diakonischen Aufgabe der Kirche ..., wie sie als ein Dienst an den Schülern bei dem Prozeß ihrer Personalisierung und vollen Humanisierung aufgefaßt wird"[353]. Er leistet im Rahmen des schulischen Bildungsauftrags "einen grundsätzlichen Beitrag zur ganzheitlichen Erziehung"[354], d. h. zur "Förderung der Reife und Entwicklung der Persönlichkeit der Schüler"[355]. Schulischem RU in kirchlicher Verantwortung geht es "um den Menschen, seine Probleme, seine Erwartungen und Pläne, seine wesentlichen Bedürfnisse"[356]. *Del Campo Guilarte* konkretisiert diese allgemeine Zielsetzung, indem er einzelne Orientierungslinien und Lerninhalte skizziert:

---

348 Hemel 1991a: 120.
349 Ebd.
350 Ebd.
351 Vgl. Sekretariat der Deutschen Bischofskonferenz 1991: 51-70.
352 Ebd.: 59.
353 Ebd.: 54.
354 Ebd.: 60.
355 Ebd.: 54.
356 Ebd.

> "- Er (s. c. der RU) befaßt sich mit den Fragen, die der Mensch sich zum Sinn des Lebens, zur Deutung und Bedeutung der Realität der Welt und der Geschichte und zur Orientierung stellt.
> - Er fördert die Entwicklung der universell anerkannten Werte, indem er dazu beiträgt, Schüler auszubilden. die sich durch mehr Verantwortungssinn, mehr Solidarität, mehr Kritikfähigkeit auszeichnen und freier sind.
> - Er behandelt das Religiöse und seinen Wert im Leben der Menschen auf konsequente Weise und trägt so zu einem höheren Bewußtseinsniveau und zu verstärkter Kritikfähigkeit bei.
> - Aufgrund seines biblischen Lebens- und Wertangebots bietet er einen besonderen, unersetzlichen Beitrag zur Humanisierung der Schule selbst: so entsteht ein Universum der Bedeutung und Transzendenz, das es dem Schüler erlaubt, die Grenzen zu überwinden, die sich aus einem allzu sehr auf die wissenschaftlich-technischen, funktionalen und instrumentalen Dimensionen ausgerichteten Unterricht ergeben."[357]

Die *Bischöfliche Kommission für Erziehung und Schule* legt am 16. Januar 1992 das Dokument "*Der Religionsunterricht an Sonderschulen*"[358]vor. Bereits in der Einleitung weist die Erklärung darauf hin, daß RU an Sonderschulen als "Dienst an jungen Menschen mit Behinderungen über den Bereich der Schule hinaus zeichenhafte Bedeutung für den diakonischen Auftrag der ganzen Kirche hat"[359]. Eine kritische Besinnung auf den problematischen Begriff *Behinderung*[360] verweist auf die spezifisch christliche Sicht des Menschen, nach der die Behinderung "ein durchgehender Aspekt eines jeden menschlichen Lebens"[361] ist. Damit wird deutlich, daß das christliche Menschenbild die vordergründigen Etikettierungen unserer nützlichkeits- und leistungsfixierten Gesellschaft in Frage stellt. Besonders Erziehung und Bildung von Menschen mit Behinderungen ruft uns in Erinnerung, was das Kernanliegen jeder Pädagogik ist:

> "Wie in keinem anderen Gebiet der Erziehungswirklichkeit geht die Erziehung von Menschen mit Behinderungen entschieden und engagiert davon aus, in dem anvertrauten Kind, Jugendlichen oder Erwachsenen den Menschen unzweideutig in seinem Wert, seiner Personwürde und Erziehungsfähigkeit zu sehen."[362]

Vor diesem Hintergrund erhalten Menschen mit Behinderungen in verschiedenen Formen von Sonderschulen eine differenzierte Förderung und pädagogische Lernhilfen.

---

357 Ebd.: 54f.
358 Vgl. Sekretariat der Deutschen Bischofskonferenz 1992; zum RU an Sonderschulen vgl. Kollmann 1988: 70-222, die Dokumentationen der Würzburger Religionspädagogischen Symposien und Kollmann 1991!
359 Sekretariat der Deutschen Bischofskonferenz: 6.
360 Vgl. Kollmann 1991: 178-185.
361 Sekretariat der Deutschen Bischofskonferenz: 9.
362 Ebd.: 10.

Der RU, der auf der Grundlage des Würzburger Synodenbeschlusses[363] erteilt wird, "soll den Kindern und Jugendlichen Erfahrungen ermöglichen, die ihnen in ihrem oft schwierigen Leben Halt gebenund die ihnen lebensförderlich sind"[364]. Damit ist der RU unmißverständlich in der kirchlichen Grundfunktion *Diakonia* verortet:

> "Die Kirche ist der Überzeugung, daß mit dieser Sicht der Religionsunterricht einen eigenen und unverzichtbaren Beitrag zur Erziehung und Bildung wie auch zur Rehabilitation junger Menschen mit Behinderungen leistet. Sie ist bereit, sich in den Dienst der Aufgaben der Sonderschule in ihren verschiedensten Typen zu stellen."[365]

Für die Bischöfliche Kommission ist es unabdingbar, daß sich das Fach "vorbehaltlos den jungen Menschen stellt, denen es dienen will"[366]; die Botschaft vom befreienden, heilenden und erlösenden Vater-Gott, der den Menschen in seinem Sohn seine Liebe in unüberbietbarer Form geschenkt hat, ist die entscheidende Quelle und das Spezifikum eines diakonischen RUs. Wenn jungen Menschen mit Behinderungen im RU etwas von dieser Liebe Gottes erfahrbar wird, können sie eine pädagogische Hilfe und Bereicherung ihres Lebens erfahren - gerade auch im Hinblick auf den fragwürdigen Begriff der *Behinderung*, der zu Segregation statt Integration[367] führt. So wird RU "zur Hilfe für Menschen unter erschwerenden Bedingungen; er wird zum diakonischen Unterricht im strikten Sinne des Wortes"[368]. Als Spezifika des RUs an Sonderschulen nennt die Erklärung vier Bereiche, die freilich auch in anderen Schultypen eine Rolle spielen:

- Elementarisierung[369],

- Ganzheitlichkeit[370],

---

363 Vgl. Kap. 4.3!

364 Sekretariat der Deutschen Bischofskonferenz 1992: 21f.

365 Ebd.: 22.

366 Ebd.: 23.

367 "Integration als religionspädagogische und pastorale Herausforderung" - so lautete das Thema des Dritten Würzburger Religionspädagogischen Symposiums; vgl. Adam/Pithan 1993.

368 Ebd.: 25.

369 Im Hinblick auf die Forderung einer "materialkerygmatischen Wende" erscheinen folgende Aussagen der Erklärung besonders bedenkenswert, die man aber nicht nur auf den RU an Sonderschulen beziehen sollte:
"Bei alledem kann bloße inhaltliche Vollständigkeit der Glaubenslehre nicht das letzte und ausschlaggebende Kriterium des Religionsunterrichts geben. Vielmehr ist ein solches, wenn man es überhaupt angeben kann, eher im Bereich einer konsequenten Verknüpfung und Elementarisierung zu sehen, die auf Selbstfindung, psychische Stabilität und Förderung der sozialen Fähigkeiten der Schülerinnen und Schüler ebenso wenig verzichtet wie auf die lebenswichtigen biblischen Geschichten und heilsbedeutsamen Symbole der christlichen Tradition" (ebd.: 27).

370 "Ein solcher dem ganzen Menschen verpflichteter diakonischer Religionsunterricht beteiligt sich an der Förderung des Menschen in allen Bereichen: dem der Sinne, der Bewegung, dem

- Fächerübergreifender Projektunterricht,

- Beitrag zur Schulkultur.

Ein solcher RU, wie er hier skizziert wird, ist "Dienst, den christlicher Glaube zum Wohl der Schülerin und des Schülers leisten kann"[371]. Dieser Ansatz hat enorme Konsequenzen für das Berufsbild und Selbstverständnis des RLs und das Verhältnis zwischen RU und Pfarrgemeinde.[372]

Eine weitere schultypspezifische Anwendung der Prinzipien eines diakonischen RUs könnte man in der *"Erklärung zum Religionsunterricht an der Berufsschule"*[373] erblicken, die in einer konzertierten Aktion der beiden großen christlichen Kirchen sowie der Arbeitgeber- und Arbeitnehmerorganisationen in Bayern im März 1992 unterzeichnet und der Öffentlichkeit vorgestellt wurde. Die Erklärung sieht den RU als ordentliches Lehrfach in der Berufsschule, die den Auftrag hat, "den jungen Menschen zu helfen, daß sie mit ihrer neuen Lebenssituation auf dem Weg in das Arbeitsleben zurechtkommen"[374]; gegenüber der fachlichen und berufsspezifischen Ausbildung verfolgt der RU "persönlichkeits-fördernde Ziele"[375], die darin bestehen, daß die Schüler in Orientierung an der christlichen Botschaft lernen, "Fragen nach dem eigenen Ich und nach der persönlichen und gemeinsamen Zukunft"[376] zu stellen, "die Spannungsfelder menschlichen Lebens - Sehnsucht nach Geborgenheit und Glück, Freiheit und Heil, aber auch Zweifel und Ängste, Sünde und Schuld, Vergänglichkeit und Leid klarer erkennen"[377] und "unsere heutige gesellschaftliche Situation und die Welt der Arbeit mit ihren Möglichkeiten, Herausforderungen und Grenzen besser verstehen"[378]. Diesen Zielen entsprechen bestimmte Inhalte, die sich aus der Lebens- und besonders Ausbildungssituation der Schüler ergeben: "Die Rolle des jungen Erwachsenen in der Gesellschaft"[379], "Themen um Leben, Liebe, Leid und Tod"[380], "Orientierung in der Vielfalt religiöser Angebote"[381] und schließlich "Aktuelle Themen"[382]. Auch wenn die Erklärung den Terminus *diakonischer RU* nicht explizit

---

Emotionalen und Sozialen, dem Musikalischen, Künstlerischen, Geistigen und Religiösen" (ebd.: 27f.).

[371] Ebd.: 32.

[372] Vgl. ebd.: 33-50.

[373] Vgl. Materialstelle des Katholischen Schulkommissariats in Bayern 1992.

[374] Ebd.: 4.

[375] Ebd.: 5.

[376] Ebd.

[377] Ebd.

[378] Ebd.

[379] Ebd.

[380] Ebd.: 6.

[381] Ebd.

[382] Ebd.

erwähnt, so entspricht der Tenor dieses Textes doch im wesentlichen einem solchen Konzept.

Im September 1992 veröffentlichte der *Deutsche Katecheten-Verein* ein Plädoyer mit dem Titel "*Religionsunterricht in der Schule*"[383]. In Anbetracht der religionspädagogischen Probleme, die durch die Wiedervereinigung Deutschlands aufgetreten sind, sehen die Verfasser "anthropologisch wie theologisch-schulisch wie kirchlich gute Gründe"[384] dafür, daß die Kirchen durch den schulischen RU "eine primär diakonische Aufgabe"[385] wahrnehmen: "Lebenshilfe aus den Impulsen des christlichen Glaubens"[386]. In zwölf ausführlich erläuterten Thesen[387] wird diese Orientierung im Hinblick auf die Entwicklung der Schüler entfaltet, die im Vertrautwerden "mit den wichtigsten Impulsen und Überlieferungen des christlichen Glaubens und seinen geschichtlichen Auswirkungen ... Impulse zur Lebensgestaltung ... (und, T. G.) überzeugende Orientierungshilfen angesichts der Bedrohungen ihres Menschseins und des Lebens auf der Erde"[388] gewinnen sollen.

Abschließend sei noch darauf hingewiesen, daß auf dem jüngsten Symposion zum RU in Bensberg/Köln vom März 1993 im Zusammenhang mit der Frage einer Neu-Akzentuierung und Aktualisierung der Aussagen der Würzburger Synode zum RU vor dem Hintergrund neuer gesellschaftlicher Herausforderungen von einigen Fachvertretern (besonders *Wolfgang Nastainczyk* und *Jürgen Werbick*) die Konzeption eines diakonischen RUs in die Diskussion gebracht werde.[389] Damit hat die jüngste religionspädagogische Diskussion zur Theorie des RUs auch in einem Dokument der Deutschen Bischofskonferenz Eingang gefunden, das sich mit dem RU allgemein, nicht nur schultypspezifisch auseinandersetzt.

4.3 Das diakonische Konzept des Religionsunterrichts im Spiegel des Würzburger Synodenbeschlusses

Der Synodenbeschluß aus dem Jahr 1974 und die daran anschließende religionspädagogische Forschung zum schulischen RU lassen (zumindest implizit) Ansätze für ein Verständnis des RUs als Dienst am Menschen erkennen, die in folgender Zusammenfassung auch einen Überblick über elementare Forschungsbereiche des Fachs erlauben. Es soll deutlich werden, daß alle Aussagen zum RU

---

383 Vgl. Deutscher Katecheten-Verein 1992; die Stellungnahmen sind veröffentlicht in KatBl 118(1993)1, 30-43 und KatBl 118(1993)3, 177-189.

384 Deutscher Katecheten-Verein 1992: 612.

385 Ebd.

386 Ebd.

387 Einzelne Aspekte des Papiers werden in den folgenden Kapiteln miteinbezogen!

388 Deutscher Katecheten-Verein 1992: 611.

389 Vgl. Sekretariat der Deutschen Bischofskonferenz 1993 und Lange 1993!

sich letztlich unter dem Stichwort *Lebenshilfe aus dem Glauben* zusammenfassen lassen.

Ausgangssituation und Legitimation

Wenn wir nach einem integrativen Gesamtverständnis dessen fragen, was das Schulfach Religion im Rahmen der Evangelisierung leisten kann und soll, so erfordert diese Aufgabe zunächst eine realistische und nüchterne Betrachtung der Ausgangssituation des RUs im Hinblick auf seine Rahmenbedingungen: die unterschiedlichen Interessensgruppen *Schüler, Lehrer, Eltern* und die Einflußgrößen *Gesellschaft, Schule, Kirche* und *Theologie* sowie die Erziehungswissenschaften. Eine solche Situationsanalyse, wie sie in dieser Untersuchung ausführlich erfolgt ist und auch im Synodenbeschluß (in anderer Weise) vorliegt[390], weitet den Horizont: "Religionsunterricht und Religionslehrer im Spannungsfeld von Kirche und Gesellschaft"[391]. Der Abschied von der rein kirchlich-katechetischen Prägung hat zwei Konsequenzen:

(1) Es wird zwischen RU und Gemeindekatechese unterschieden, die sich "nach Ziel, Inhalt und Adressaten nur zum Teil decken"[392], jedoch im Kontext der Evangelisierung miteinander in Beziehung stehen.

(2) Die Legitimation schulischen RUs erfolgt nicht mehr allein vom Interesse der Kirche her, sondern liegt "in der Schnittlinie von pädagogischen und theologischen Begründungen"[393].

Diese Horizonterweiterung und Öffnung bedeutet schon einen Dienst der Kirche an den Schülern, der Schule und der Gesellschaft insgesamt; geht es doch nicht mehr um vermeintliche vereinsideologische Rekrutierung von Kirchenmitgliedern, sondern um den unverwechselbaren Beitrag des christlichen RUs "an der Aufgabenstellung der öffentlichen Schule, wie er deren Ziele mitbegründet und fördert, konkretisiert, ergänzt und gegebenenfalls kritisiert"[394]. Eine rechtspositivistische Legitimation unter Berufung auf GG Art. 7 (in Verbindung mit GG Art. 3 und Art. 4) reicht *nicht* aus. Dagegen zeitigt das Legitimationsmodell der Konvergenz in seiner anthropologischen Ausrichtung bedeutende Konsequenzen für Ziele, Inhalte und Methoden.

---

390 Vgl. Syn BS RU 1 (123-131).
391 Vgl. Gabriel 1989.
392 Syn BS RU 1.4 (131).
393 Ebd. 2.1 (131).
394 Ebd.

Die Konvergenz der pädagogischen und theologischen Motive

Das Modell einer Begründung christlichen RUs in der öffentlichen Schule - nach *Erich Feifel* "eines seiner Schlüsselprobleme"[395] - wird im Synodenbeschluß "Konvergenz der Motive"[396] genannt. Damit ist eine verschränkende Argumentation gemeint, in der eine einseitig kirchliche oder schultheoretische Begründung vermieden und stattdessen versucht wird, pädagogische und theologische Motive in ihrer gegenseitigen Herausforderung miteinander zu vermitteln:

> "Die verschiedenen Theorien der Schule bilden infolgedessen ein erstes Kriterium für die Bestimmung von Aufgaben und Zielen eines zukünftigen, typisch schulischen Religionsunterrichts. Soll das Spezifische des Religionsunterrichts, wie die Synode ihn sieht, gewahrt bleiben, muß als zweites Kriterium hinzutreten, daß die Aufgaben und Ziele theologisch verantwortbar sind."[397]

Der Text stellt ein "Plädoyer für eine 'anthropologisch gewendete' Religionspädagogik - in Theorie und Praxis"[398] dar; in dieser Hinsicht ist es legitim, daß die Theologie zur "ersten Bezugswissenschaft des Faches"[399] wird, deren Hauptinteresse ("Gegenstand") der Mensch ist:

> "Theologie, die den Glauben reflektiert und verantwortet, muß deshalb offen und sensibel sein für den Menschen, seine Befindlichkeit, seine Situation, seine Vorstellungen, Nöte und Bedürfnisse. Was sie zu sagen hat, muß auf die Grundsituation des Menschen eingehen. Das bestätigt den Menschen nicht nur, sondern stellt ihn auch in Frage. Das von Gott Gewirkte geht weit über das hinaus, was Menschen ersehnen und erhoffen können, es steht oft auch im Gegensatz zu menschlichen Absichten und Wünschen, da es Umkehr fordert. Es geht also nicht um eine anthropologische Verkürzung der Theologie, sondern um ein theologisches Verstehen menschlicher Grundphänomene."[400]

Der fundamentale Ansatz eines diakonisch verstandenen RUs besteht darin, daß der *Mensch* in den Mittelpunkt rückt,

> "aber nicht irgendwie (nicht in irgendwelchen beliebigen seiner zahlreichen und vielschichtigen Wirklichkeitsbezüge), sondern eindeutig in der ihm wesenseigenen Religiosität, d. h. in seiner Frage nach sich selbst und in der Verwiesenheit seines Daseins auf Transzendenz, in seinem Bedürfnis nach Weltdeutung und Sinngebung, in der Erfahrung seiner Begrenztheit und in seinem Suchen nach dem, was Hoffnung geben, was Halt und Grund für sein Leben sein kann, im Erleben seiner Freiheit, die zugleich die Notwendigkeit von Entscheidung bedeutet"[401].

---

[395] Feifel 1986: 201.
[396] Syn BS RU 2.1 (131).
[397] Ebd.
[398] Langer 1984: 342.
[399] Syn BS RU 2.4 (135).
[400] Ebd. 2.4.2 (136).
[401] Langer 1984: 342.

Darin besteht das Spezifische der christlichen Erziehung[402]. Mit dem Schulpädagogen *Helmut Zöpfl* werde *Erziehung* definiert als "eine personale Hilfe, welche die Grundlage für eine positiv-kritische Lebenseinstellung geben und zur grundsätzlichen Weltorientierung und Sinnfindung führen soll"[403]. In drei Bereichen leistet der RU einen unverzichtbaren Beitrag zur Erfüllung des schulischen Erziehungsauftrags.[404] Diese drei Funktionsbereiche entsprechen den drei Dimensionen von Erziehung:

(1) Die *kulturgeschichtliche* Argumentation zielt auf den Bereich *Enkulturation.* Im Rahmen des allgemein-pädagogischen Bemühens der Schule, den Kindern und Jugendlichen Hilfen zum Verständnis der Gegenwartssituation durch Erschließung geistig-kultureller Überlieferungen zu geben, geht es im RU darum, ein grundlegendes Verständnis von Christentum hinsichtlich seiner prägenden Kraft und Wirkungsgeschichte anzustreben, das in seinen Konfessionen zu den bedeutenden geistigen Traditionen unseres Kulturkreises gehört. "Daseinsdeutung durch Traditionserschließung" ist aber zugleich ein eminent theologisches Anliegen; denn es geht nicht nur um ein religionskundlich-distanziertes Informieren, sondern um ein "Vertrautmachen mit dem spezifisch Christlichen ... als elementare Voraussetzung für jedes tiefere Glaubensverständnis, für das Verständnis des christlichen Gottesdienstes und christlichen Verhaltens und Handelns überhaupt"[405]. Unter Berücksichtigung altersspezifischer Voraussetzungen geht es um eine Hermeneutik der Heiligen Schrift und der christlichen Überlieferung, wie sie sich in Jahrhunderten entfaltet hat und auch heute noch weit über die christlichen Kirchen hinaus lebendig ist. Entsprechend den Aussagen des II. Vatikanischen Konzils über die Hierarchie der Wahrheiten (vgl. UR 11) ist das Fundament und die Mitte des christlichen Glaubens stets herauszustellen: "Gott ist die Liebe" (1 Joh 4,8b) - der "wichtigste theologische Entscheid der Urchristenheit"[406].

(2) Die *anthropologische* Argumentation faßt all das zusammen, was in der Pädagogik unter dem Stichwort *Personalisation* verhandelt wird: "inhaltlich geht es dabei um die Fragen nach dem Woher und Wohin, dem Wozu und Warum, nach dem Sinn und Wert oder der Sinnlosigkeit und Wertlosigkeit des Ganzen und des einzelnen in der Welt"[407].

Wenn die Schule ein Interesse an einer umfassenden Erziehung und Bildung hat, dann reicht die Vermittlung intellektueller Fähigkeiten und Fertigkeiten bei wei-

---

402 Vgl. Offergeld 1979b.

403 Zöpfl 1990: 22.

404 Vgl. Bayerische Verfassung Art. 131, Abs. 1-3; Bayerische Verfassung Art. 135; Bayerisches Gesetz über das Erziehungs- und Unterrichtswesen Art. 1, Art. 2.

405 Syn BS RU 2.4.1 (136).

406 Weder 1986: 122.

407 Syn BS RU 2.3.2 (133).

tem nicht aus. Eine auf Zweckrationalität und Effizienz verkürzte Erziehung läßt die Schüler in jenen Situationen und Erfahrungen allein,

> "die zur Sinndeutung herausfordern und den Menschen anfordern als Wesen, das Werte sieht, sich an ihnen orientiert und an sie bindet, ... z. B. ... Zeugung - Geburt - Tod - Hoffnung - Liebe - Freundschaft - Angst - Glück - Schuld - Vergebung - Leid - Zufall - Vertrauen - Verantwortung - Sorge - Scheitern - Spiel - Ekstase - Rausch - Fest - Gottesdienst - Gebet"[408].

Diese individuellen Grunderfahrungen und Grenzsituationen gehen mit sozialen, politischen und gesellschaftlichen Situationen und Problemen einher, die eine Interpretation und letztlich verantwortliches Handeln herausfordern: "Unterprivilegierung - Armut - Hunger - Krieg - Frieden - Gerechtigkeit - Fortschritt - Zukunft - Entwicklung der Gesellschaft mit neuen Freiheiten und Zwängen usw."[409] Insofern die Schule Hilfestellung zur umfassenden Identitätsentwicklung der Schüler leisten will, die eine transzendierende Fragehaltung und Sinnsuche miteinschließt, muß es aus pädagogischer Sicht RU als ordentliches Lehrfach geben, das "durch sein Fragen nach dem Sinn-Grund dazu hilft, die eigene Rolle und Aufgabe in der Gesellschaft und im Leben angemessen zu sehen und wahrzunehmen"[410]. Ein anthropologisch orientierter RU leistet aus theologischer Sicht "Hilfe zur Menschwerdung"[411], wenn er bei den Erfahrungen und Situationen der Menschen ansetzt und diese aus der christlichen Überlieferung zu klären sucht:

> "Die allgemein religiösen Erfahrungen und Fragen des Menschen begegnen in der christlichen Überlieferung der geschichtlich konkreten Selbstmitteilung Gottes in Christus, die den Schüler einerseits ganz neue Antworten erfahren läßt, und ihn andererseits noch einmal neu in Frage stellt. So wird ihm ein Weg eröffnet, sich selbst im Licht des Glaubens zu verstehen und darin seine eigentliche Identität zu finden. Der Glaube kann als die unüberbietbare Möglichkeit menschlichen Selbstverständnisses und Daseinsvollzugs ergriffen werden bzw. den jungen Menschen ergreifen."[412]

(3) *Sozialisation* als drittes Globalziel schulischer Erziehung und Bildung steht im Mittelpunkt des *gesellschaftlichen* Argumentationsganges. Es geht um die Unterstützung der Schüler bei der Integration in das gesellschaftliche Leben, die neben verantwortlichem Handeln in Solidarität auch die Fähigkeit zur kritischen Distanz gegenüber fragwürdigen gesellschaftlichen Tendenzen miteinschließt.

---

408 Ebd.
409 Ebd. 2.3.2 (134).
410 Ebd. 2.3.4 (135).
411 Vgl. den Sammelband von *Adolf Exeler* (1982a): "Religiöse Erziehung als Hilfe zur Menschwerdung") , bes. 11-38, 96-103, 165-190, 191-227; auch Neuenzeit 1983.
412 Langer 1984: 338; 340 (Hervorh. W. L.).

Dieses Moment ergibt sich logisch aus der Leitperspektive *Personalisation*: "Gegen den naiven Optimismus, alles machen, organisieren und in vorher geplanten Lernschritten vermitteln zu können, wird hier an das erinnert, was nicht machbar ist."[413]

Aus pädagogischer Sicht soll der RU "wirkungsvolle Motivationen und Impulse"[414] beisteuern, "sich und die Verhältnisse kritisch zu betrachten, aus sich herauszugehen, über sich hinauszuwachsen im Dienst am anderen, an der Gesellschaft"[415]. Nach Meinung der Synode ist diese gesellschaftskritische Akzentsetzung erforderlich, "weil die Schule sich nicht zufrieden geben kann mit der Anpassung des Schülers an die verwaltete Welt"[416]. In theologischer Perspektive wird klar, weshalb "der Religionsunterricht auf die Relativierung unberechtigter Absolutheitsansprüche angelegt ist, auf Proteste gegen Unstimmigkeiten und auf verändernde Taten"[417]. Indem er um die natürliche Begrenztheit des Menschen und seine Transzendenzfähigkeit und -verwiesenheit weiß, können in Auseinandersetzung mit der gesellschaftlichen Situation ungerechtfertigte Absolutheitsansprüche (z. B. Ideologien) und Einseitigkeiten (z. B. naive Wissenschaftsgläubigkeit, banales Konsumstreben) entlarvt werden; für den diakonischen RU wird hierbei besonders eine Auseinandersetzung mit den Normen einer Leistungsideologie im Mittelpunkt stehen, für die derjenige, der diesen "Idealen" nicht genügt, ausgegrenzt ist.[418] In diesem Sinn besteht die gesellschaftskritische Aufgabe des RUs darin, den Schüler zu kritischer Distanz gegenüber den "fraglos hingenommenen oder anerkannten Strukturen der gegenwärtigen Gesellschaft (z. B. verwaltete Welt, Leistungsprinzip, Technokratie, Konsumzwang, Wissenschaftsgläubigkeit, ideologische Frontenbildung, Medienherrschaft"[419] zu befähigen. Quelle dieses gesellschaftskritischen Potentials ist die christliche Überlieferung, die an vielen Stellen Kritik an zeitgenössischen Zuständen übt, falsche Absolutheitsansprüche entlarvt, zu Umkehr, Veränderung und Reform aufruft. Diese Aufgabe schließt allerdings auch mit ein, daß ideologische Züge und Einseitigkeiten, wie sie in der christlichen Tradition zweifellos auch vorliegen, offengelegt werden.

Aus dieser umfassenden Begründung schulischen RUs ergibt sich ein verbreitertes Spektrum von Zielen und Aufgaben, die deutlich über die Weitergabe einer

---

413 Syn BS RU 2.3.3 (134).
414 Ebd.
415 Ebd.
416 Ebd.: 2.3.4 (135).
417 Ebd.
418 "Kann man in ... der Normabweichung nicht auch die Unzulänglichkeit der Norm selbst erblicken? Könnte es nicht sein, daß die gesellschaftliche, familiäre und schulische Umwelt, die solche Normen aufstellt, unzulänglich und behandlungsbedürftig ist?" (Kollmann 1991: 186).
419 Langer 1984: 338.

Lehre oder die religiös-kirchliche Sozialisation hinausgehen. Darin wird das Selbstverständnis des Faches im Sinne eines Dienstes an den Schülern noch deutlicher.

Ziele, Aufgaben und Erwartungen

Das *Globalziel* christlichen RUs im Rahmen schulischer Erziehung und Bildung besteht darin, den Schüler "zu verantwortlichem Denken und Verhalten im Hinblick auf Religion und Glauben zu befähigen"[420], indem er "auf der Grundlage reflektierter Tradition nach dem Ganzen und nach dem Sinn des menschlichen Lebens und der Welt"[421] fragt; in dieser Hinsicht leistet er "Hilfe zur verantwortlichen Gestaltung des eigenen wie des gesellschaftlichen Lebens"[422].

Daraus ergeben sich vier Zielvorstellungen in Form von Aufgabenbeschreibungen für den RU:

> "- er weckt und reflektiert die Frage nach Gott, nach der Deutung der Welt, nach dem Sinn und Wert des Lebens und nach den Normen für das Handeln des Menschen und ermöglicht eine Antwort aus der Offenbarung und aus dem Glauben der Kirche;
> - er macht vertraut mit der Wirklichkeit des Glaubens und der Botschaft, die ihm zugrunde liegt und hilft, den Glauben denkend zu verantworten;
> - er befähigt zu persönlicher Entscheidung in Auseinandersetzung mit Konfessionen und Religionen, mit Weltanschauungen und Ideologien und fördert Verständnis und Toleranz gegenüber der Entscheidung anderer;
> - er motiviert zu religiösem Leben und zu verantwortlichem Handeln in Kirche und Gesellschaft."[423]

Ausdrücklich wird davor gewarnt, die verschiedenen Aspekte gegeneinander auszuspielen; eine schülerorientierte Differenzierung der Ziele läßt verschiedene Akzentsetzungen zu: "So kann der Akzent einmal stärker auf der Auslegung des Daseins, dann wieder stärker auf der Auslegung der Überlieferung liegen."[424] Diesen differenzierten Zielsetzungen entspricht eine Taxonomie realistischer *Lernerfolge* eines RUs, dessen Globalziel sich verändert hat. Daß die Kirche den schulischen RU auch unter veränderten Bedingungen als "eine dringliche und lohnende Aufgabe"[425] betrachtet, zeigt nicht nur die realistische Einschätzung seiner tatsächlichen Wirkung, sondern beweist auch, daß die Kirche in der Nachfolge Jesu Christi im "Dasein für andere" die Grundlage ihres Engagements in der Schule sieht.

---

[420] Syn BS RU 2.5.1 (139).
[421] Ebd.
[422] Ebd.
[423] Ebd. 2.5.1 (139f.).
[424] Ebd. 2.5.2 (140).
[425] Ebd. 2.6.5 (142).

"Unabhängig davon, ob die Menschen zu ihr gehören oder nicht, muß sie bereit sein, ihnen mit dem zu dienen, was sie ist, und was ihrem Auftrag entspricht. Religionsunterricht ist eine der Formen, in denen sie diesen Dienst an jungen Menschen vollziehen kann."[426]

So kann es bereits als "Gewinn" betrachtet werden,

"- wenn die Schüler beim Verlassen der Schule Religion und Glaube zumindest nicht für überflüssig oder gar unsinnig halten;
- wenn sie Religion und Glaube als mögliche Bereicherung des Menschen, als mögliche Kraft für die Entfaltung seiner Persönlichkeit, als möglichen Antrieb für die Realisierung von Freiheit begreifen;
- wenn die Schüler Respekt vor den Überzeugungen anderer gewonnen haben;
- wenn sie fähig sind, in der Diasporasituation des Glaubens sich begründet und verantwortlich mit dem lebensanschaulichen Pluralismus auseinanderzusetzen und sich der Wahrheitsfrage zu stellen;
- wenn ihre Entscheidungsfähigkeit und Entscheidungswilligkeit so gefördert wurden, daß sie imstande sind, ihre persönliche Glaubenseinstellung zu überprüfen, zu vertiefen oder zu revidieren und so eine gewissenhafte Glaubensentscheidung zu treffen;
- wenn die Schüler, je nach Möglichkeit, angestoßen von diesem Unterricht, zu einer engagierten Begegnung mit der Wirklichkeit des Glaubens, einschließlich der konkreten Kirche, bereit und fähig sind"[427].

Didaktische Struktur und Methodik

In der Konsequenz der pädagogisch-theologischen Begründung liegen die Aussagen zur didaktischen Struktur; der RU strebt eine Wechselbeziehung zwischen Glaubenswirklichkeit und Lebenswirklichkeit an: "Der Glaube soll im Kontext des Lebens vollziehbar, und das Leben soll im Lichte des Glaubens verstehbar werden."[428] Damit wird jene Didaktik der *Korrelation* aufgegriffen, die bekanntlich in der systematischen Theologie (*Paul Tillich*; *Edward Schillebeeckx*) als *das* Kernproblem der Theologie insgesamt entfaltet wurde. Nach *Tillich* kommt es theologisch entscheidend darauf an, daß die "Inhalte des christlichen Glaubens durch existentielles Fragen und theologische Antworten in wechselseitiger Abhängigkeit"[429] erschlossen werden. Als derzeitiges Akzeptanzmodell für den schulischen RU hat diese Konzeption ein symmetrisches Verhältnis von Lebenserfahrungen der Schüler und Glaubens"inhalten" zum Gegenstand; im Korrelationsvorgang treten Glaubensüberlieferung und die Erfahrungen der Schüler in eine kritisch-kreative Beziehung, so daß sie sich gegenseitig durchdringen, interpretieren, aber auch in Frage stellen.

[426] Ebd. 2.6.1 (141).
[427] Ebd: 2.6.5 (142f.).
[428] Ebd. 2.4.2 (136).
[429] Tillich 1955: 74.

Diese "gleichberechtigte wechselseitig-kritische Durchdringung von altem Glauben und neuen Erfahrungen"[430] hat seine Wurzeln in der Ursprungssituation der Tradition: die Texte der Hl. Schrift sind selbst Ausdruck eines korrelativen Prozesses; das Volk Israel bzw. die Urgemeinde hat seine geschichtlich konkreten Erfahrungen aus dem Glauben an Jahwe bzw. an den gekreuzigten und auferstandenen Herrn gedeutet. Die Dogmen der Kirche sind Versuche, diesen Niederschlag von Lebenserfahrungen in neuen Lebenssituationen mit unterschiedlicher Akzentuierung neu zu verstehen und für das Handeln fruchtbar zu machen. In dieser Hinsicht ist die Konzeption der Korrelation keine "vorübergehende Modeerscheinung"[431], sondern stellt die immer gültige Grundstruktur einer Didaktik des Glaubens dar, die je nach Situation die Korrelate unterschiedlich akzentuiert. Situationsabhängig sind auch die verschiedenen methodischen Wege zu einer Vermittlung beider Korrelate; in der religionspädagogischen Forschung stehen gegenwärtig folgende Themen im Mittelpunkt:

- verschiedene Entwürfe der *Symboldidaktik* bemühen sich um die ganzheitliche Wahrnehmungsfähigkeit (Ästhetik) des Menschen auf anthropologischer Grundlage, wobei gleichzeitig die Tradition in ihrer Symbolstruktur den Schülern erschlossen werden soll[432]; die Erkenntnisse der Entwicklungspsychologie werden hierbei in eine Theorie der Symbolbildung und Ritualisierung miteinbezogen;

- die korrelationsdidaktische Grundformel "Gemeinsam leben und glauben lernen"[433] betont drei grundlegende Gesichtspunkte, die die diakonische Aufgabe *Lebenshilfe* im RU zum Ausdruck bringen:

- die wechselseitige Verschränkung von Glauben und Leben versteht die Glaubensbiographie eines Menschen analog zu seiner *Lebensbiographie* als Stufenprozeß; hier haben die strukturgenetischen Forschungen der pädagogischen Psychologen *Piaget* (zur kognitiven Entwicklung) und *Kohlberg* (zur moralischen Entwicklung) ihre religionspädagogische Relevanz für die Glaubensentwicklung, wie sie von *Fowler* und *Oser* eingehend untersucht wurden[434]; in diesem Kontext findet in der Religionspädagogik auch das psychosoziale Phasenmodell *Erik H. Eriksons* Beachtung, indem die anthropologischen Voraussetzungen in eine "Theologie der Lebensalter" einfließen[435];

---

430 Lange 1980b: 152.

431 Langer 1984: 343.

432 Vgl. als Überblick: *Feifel* (^{6}1992); als repräsentativ gelten die symboldidaktischen Entwürfe von *Peter Biehl* (^{2}1991; 1992) auf evangelischer und *Georg Baudler* (1984), aber auch *Hubertus Halbfas* (^{5}1992) auf katholischer Seite; kritisch zur Symboldidaktik: *Hemel* (1990b)!

433 Feifel 1986: 207.

434 Vgl. Oser/Gmünder ^{3}1992; vgl. auch *Englert* (1985: 243ff., 130ff.) mit seinem Versuch, die entwicklungspsychologische Phasenstruktur des menschlichen Lebenszyklus in einem korrelativen Modell mit der Phasenstruktur der christlichen Glaubensbiographie zu verbinden.

435 Vgl. Feifel 1987b: 64f.

- im Rahmen der Korrelations- und Symboldidaktik treten *kommunikative Strukturen* der Lernprozesse in den Vordergrund; dieses Moment gewährleistet, daß einer Überbetonung der kognitiven Dimension des Glaubens (Inhaltsaspekt) Vorschub geleistet und der Beziehungsaspekt stärker betont wird[436]; verstehen wir RU als einen kommunikativ-hermeneutischen Prozeß, so müssen wir uns auch mit Bedeutung und Funktion der *Sprache* auseinandersetzen[437]; die Forschung geht derzeit von einer Makro-Semantik der Glaubenssprache aus, die sich sowohl linguistisch als auch theologisch legitimieren läßt: die "narrative Sprache biographisch konkreter Glaubensweitergabe"[438] entspricht dem Beziehungsaspekt und ist zu unterscheiden von der "'Eindeutigkeit' der theologisch argumentativen Sprache"[439], die dem Inhaltsaspekt zugeordnet ist; die verschiedenen Entwürfe zur Symboldidaktik verfolgen letztlich das gemeinsame Ziel, die Wahrnehmungsfähigkeit der Schüler zu erweitern, die heute angesichts einer einseitig kognitiv-abstrakten Ästhetik von der Gefahr einer Verkürzung bedroht ist;

- ein RU, der sich auf der Basis der Korrelations- und Symboldidaktik als Dienst am Menschen versteht, wird dem Modell-Lernen hohe Bedeutung zumessen; unverzichtbar sind "Vorbilder", die selber Symbole gelingender Glaubens- und Lebensgeschichte darstellen, einschließlich aller Schwächen, Zweifel und Unzulänglichkeiten; Vorbilder sind wichtige Elemente im Prozeß des Aufbaus von Glaubens- und Werthaltungen, letztlich für die Identitätsentwicklung selbst; vor diesem Hintergrund wird es verständlich, daß der Person des RLs im Synodenbeschluß[440] und in der Forschung[441] große Bedeutung zukommt; neben einer Sachkompetenz wird von ihm ein existentieller Bezug zum christlichen Glauben erwartet, der ihn als glaubwürdigen Zeugen des Evangeliums ausweist; seine Bindung zur Kirche schließt nach dem Willen der Synode "ein waches Bewußtsein für Fehler und Schwächen sowie die Bereitschaft zu Veränderungen und Reformen"[442] ein; und weiter:

> "Die Spannung zwischen Anspruch und Realität, zwischen der Botschaft Jesu Christi und der tatsächlichen Erscheinungsweise seiner Kirche, zwischen Ursprung und Gegenwart darf nicht verharmlost und schon gar nicht ausgeklammert werden. Liebe zur Kirche und kritische Distanz müssen einander nicht ausschließen."[443]

---

436 Vgl. Feifel 1978 und Ders. 1987a.

437 *Englert* (1985: 500ff.) handelt über die religionspädagogische Rezeption der sprachwissenschaftlichen Entwicklung von der hermeneutischen über die sprachanalytische zur narrativen Sprachtheorie.

438 Feifel 1987b: 78.

439 Ebd.: 80.

440 Dem RL wird im Text ein eigenes Kapitel gewidmet: Syn BS RU 2.8 (147f.).

441 Vgl. hierzu Stachel/Mieth 1978: 86ff.; Biemer/Biesinger 1983: 53ff.; Exeler 1984.

442 Syn BS RU 2.8.5 (148).

443 Ebd.

Mit dieser Aussage leistet die Kirche einen wichtigen Dienst an den RLn, indem sie ihnen Eigenverantwortung zubilligt und Freiräume eröffnet, in denen sie erst zu wirklichen Glaubenszeugen der befreienden Botschaft werden können.

4.4 Zusammenfassung und weiterführende Perspektiven

Die in diesem Kapitel skizzierten religionspädagogischen und kirchenamtlichen Ausführungen und Stellungnahmen leisten einen Beitrag zur Konzeption eines "offenen und orientierenden Unterrichts"[444], der ein Gebot der Stunde ist. Er ist offen (und eben darin *nicht* beliebig!)

- gegenüber den Lebenssituationen, Erfahrungen, Fragen, Problemen und Wünschen der Schüler;

- gegenüber den Fragen und Problemen unserer Gesellschaft;

- gegenüber anderen Konfessionen, Weltanschauungen und Religionen;

- gegenüber dem Heilsangebot der christlichen Überlieferung.

In seiner Orientierungsfunktion leistet der RU "Hilfe zur verantwortlichen Gestaltung des eigenen wie des gesellschaftlichen Lebens"[445]. Hinsichtlich der Konzeption eines diakonischen RUs lassen sich folgende gemeinsame Grundpositionen aus der Vielfalt der geschilderten Äußerungen herausstellen:

(1) Der gesellschaftliche Kontext der Glaubensvermittlung hat sich grundlegend verändert. Es geht daher nicht mehr um Katechese als einer Unterweisung glaubenswilliger Menschen in der Lehre des Christentums oder gar um religiös-kirchliche Sozialisation. Die Leitperspektive heißt "Evangelisation", d. h. zunächst eine Erstbegegnung der meist religiös indifferenten Menschen mit der christlichen Frohbotschaft auf der Basis einer Sensibilisierung für die religiöse Dimension der Wirklichkeit.

(2) Ein anthropologisch-schülerorientierter RU leistet im Rahmen des schulischen Bildungs- und Erziehungsauftrags einen spezifischen, unersetzbaren Dienst an der ganzheitlichen Persönlichkeitsentwicklung der Schüler, indem er durch die Erschließung der dem Menschen wesenseigenen Religiosität Lebenshilfe aus dem Glauben leistet: "Grundorientierung des Lebens, mögliche Deutung, Sinngebung und Motivation"[446]. Im Synodenbeschluß findet sich eine Art *Globalzielformulierung*, die zugleich als das Proprium diakonischen RUs verstanden werden kann:

> " Die 'religiöse' Dimension ... ausklammern hieße den Menschen verkümmern lassen. Will die Schule den ganzen Menschen fördern, so

[444] Weidmann ^{6}1992c: 57.
[445] Syn BS RU 2.5 (139).
[446] Langer 1984: 345.

> muß sie alle bedeutsamen menschlichen Erfahrungen zur Sprache bringen, also auch und vor allem die Grund- und Grenzsituationen des menschlichen Lebens. Nur dadurch kann der Schüler instandgesetzt werden, sein ganzes Leben zu bewältigen, die Veränderbarkeit vieler Mängel und Mißstände zu erkennen und das wirklich Unabänderliche anzunehmen ... Situationen, Erfahrungen und Bestimmtheiten solcher Art bleiben auch in Zukunft. Ihre menschenwürdige Bewältigung ist nur möglich, wenn der Schüler zugleich mit der Zunahme seiner Einzelkenntnisse gelernt hat, wissend und wertend, problembewußt und seiner selbst bewußt, sich der Herausforderung solcher Situationen zu stellen, ihren Frage- und Anrufcharakter überhaupt wahrzunehmen und zu artikulieren und sich einer ausdrücklichen Antwort nicht zu entziehen. Der schulische Religionsunterricht soll verhindern, daß die vom Schüler selbst zu gebende Antwort in diesem Bereich 'primitiv und pauschal' ausfällt."[447]

Diese Zusammenfassung darf jedoch nicht darüber hinwegtäuschen, daß die Vorstellung vom RU als diakonischer Vollzug der Kirche in der Schule eine ausgereifte und weithin anerkannte Konzeption in der Religionspädagogik darstellen würde. Insgesamt muß man feststellen, daß dieser Ansatz auf weite Strecken noch Desiderat bleibt und die Forschung über programmatische Bemerkungen bisher nicht hinausgekommen ist. Folgende Fragestellungen bleiben offen und sollen in ihrer religionspädagogischen Relevanz in den folgenden Kapiteln aufgezeigt werden:

(1) Wie läßt sich Diakonie biblisch begründen und welche Bedeutung kommt ihr für die Identität des Christlichen überhaupt zu (5. Kapitel)?

(2) Welcher Zusammenhang besteht zwischen einem diakonischen Ansatz des RUs und dem Auftrag und Handeln der Kirche? Was läßt sich exakt unter dem diakonischen Globalziel *Erschließung der religiösen Wirklichkeitsdimension* als Grundaufgabe eines diakonischen RUs verstehen (6. Kapitel)?

---

[447] Syn BS RU 2.3.2 (134).

5. Biblische Grundlegung: Diakonie als Kriterium allen Christseins[448]

5.1 Grundgedanke

Nach dem Zeugnis des Neuen Testaments ist in der Person Jesus von Nazareth Gott Mensch geworden. Die Jünger, die Urgemeinde und all jene, die am Enstehen des Neuen Testamentes beteiligt waren, sahen - ganz in jüdischer Tradition stehend - in Jesus den vom Alten Testament verheißenen Messias. Nach dessen Tod und Auferstehung begannen jene, die sich schon in seinem Leben ihm anschlossen, Worte und Taten ihres "Meisters" weiterzuerzählen, in diesem Sinn zu interpretieren und in seinem Sinn zu leben. Es muß ein beeindruckender Mensch gewesen sein, dessen Leben so faszinierte und ausstrahlte, daß er - obwohl schmachvoll gescheitert - als der Christus, der Sohn Gottes erschien. Man sah in ihm die Aufgipfelung und Verkörperung jener Wirklichkeit, die schon im Alten Bund in Verbindung mit konkreten geschichtlichen Ereignissen (Befreiung aus der Sklavenschaft in Ägypten; Reichsteilung; Babylonisches Exil; u. v. m.) und Grundfragen menschlichen Lebens von den Menschen erfahren wurde: Jahwe, der Gott Israels.

Die Gesamtinterpretation von Geschichte und Wirklichkeit, wie sie uns in den christlichen Zeugnissen vorliegt, läßt sich zusammenfassen als der Niederschlag der Grunderfahrung, daß hinter konkreten Einzelphänomenen eine Wirklichkeit steht, die über unser (empirisches, historisches, verifizierbares) Erkennen weit hinausgeht; diese Wirklichkeit ist nur dann real, wenn ihre Wirkung erfahren wird: Befreiung, Heilung, Herausforderung, Mahnung, Warnung, Selbstzweifel, Freude, Hoffnung etc. Jeder Mensch macht solche Grunderfahrungen; allerdings geht jeder damit anders um: sie werden je nach soziokultureller und geistesgeschichtlicher Tradition eigens interpretiert und sie haben für den konkreten Alltag eine subjektive Bedeutung.

Nun zeigt sich heute, daß immer weniger Menschen zu dieser Art von Wirklichkeitsverständnis einen Zugang haben: Glaube an Gott scheint grundsätzlich zum Problem geworden zu sein. Im folgenden läßt sich zeigen, daß die christliche Tradition grundlegend die Erzählung und Entfaltung des zentralen Paradigmas ist, das auch dem funktionalen Religionsbegriff entspricht: Antwort auf die Sinn-

---

448 Verwendete Literatur: Schäfer/Strohm 1990; Turre 1991: bes. 1-9; Kohler 1991: bes. 15-31, 89-124. Diese drei Werke gehören meines Wissens zu den jüngsten Veröffentlichungen, die sich unter mehreren Gesichtspunkten mit dem Thema *Diakonie* auseinandersetzen. In allen drei Werken erfolgt eine unterschiedlich ausführliche Darlegung der biblischen Grundlagen; vgl. ferner Fuchs 1994: 118-129. Eine Auseinandersetzung mit der exegetischen Literatur kann und muß hier nicht erfolgen; die Texte werden unter praktisch-theologischem Gesichtspunkt betrachtet! Zu wortstatistischen Angaben und zur theologischen Semantik der Begriffe διακονεω, διακονια und διακονος vgl. Bauer [6]1988: 367-370 und Balz/Schneider [2]1992: 726-732.

frage und Orientierung; das Dasein für andere, die tätige Nächstenliebe. Die Geschichte der Erfahrung Jahwes und die Geschichte Jesu stellen die literarische Gestalt jener Erfahrungen von Befreiung, Heil, Gerechtigkeit und letztlich Liebe dar. Dienst am anderen Menschen - Diakonie - wird somit zum spezifischen Kern jenes "Glaubens", dessen Inhalt eine "Frohe Botschaft" ist. Diakonisches Handeln ist Proprium christlichen Glaubens. Und es unterscheidet sich dann von einem "Humanismus" - bei dem viele Säkularisierung und einen Abschied vom dogmatischen Gott fürchten - wenn der Mensch in dieser Lebenshaltung der Liebe nicht mehr den eigenen Profit oder fragwürdige Interessen (Geltungssucht, Macht, neurotisches Helfersyndrom) im Blick hat, sondern wenn es ihm einzig und allein um das umfassende Wohl seines Mitmenschen geht; dann "transzendiert" er sich selbst, dann bleibt er nicht mehr im Netz der Widersprüchlichkeiten, Grenzen, Ängste, Unsicherheiten dieser Welt stecken, sondern er glaubt an diese Liebe, der die Heilige Schrift noch einen größeren Stellenwert einräumt als Glaube und Hoffnung (vgl. 1 Kor 13,13). Nur indem wir uns diese anthropologische Grundstruktur klarmachen, wie sie sich in der christlichen Tradition, aber auch in vielen anderen menschlichen Zeugnissen stets neu und anders entfaltet, erhalten wir einen Zugang zu einer Dimension der menschlichen Wirklichkeit, die heute zur Fremdsprache geworden ist.

5.2 Praktische Rede von Gott

Jahwe - Gott für die Menschen

Das Alte Testament spricht in keiner Weise abstrakt von Gott und zunächst auch nicht mit generellen Attributen oder Superlativen (*allgütig, allmächtig, allweise* etc.). Besonders die biblische Urbedeutung des Jahwe-Namens (vgl. Ex 3,14) bringt das Bekenntnis des gläubigen Juden zum Ausdruckt: "Ich bin, der ich bin bzw. der ich sein werde!" Diese formale Zeichenkette stellt zunächst nur die Hypothese einer Wirklichkeit dar, die sich nicht abstrakt fassen läßt, sondern gleichsam nach Konkretisierung drängt. Für das Volk Israel wird dieser Name erst dann zum Begriff, wenn er mit bestimmten geschichtlichen Ereignissen verbunden wird. Das Spitzenereignis stellt der Exodus dar, von dem ausgehend das ganze AT gelesen werden muß: Gott wird in der Geschichte erfahren als Befreiung von Ungerechtigkeit, Unterdrückung, Sünde, als Retter in der Not, als Begleiter der Menschen in Einsamkeit, Verlassenheit und Elend. Die Wirklichkeit, die "Jahwe" heißt, erweist sich als Bezeichnung für die Erfahrung von Befreiung, von heilender Begegnung, von Neuanfang und Vollendung zum Guten. Diese Überzeugung wird in den verschiedensten Fragen und Erfahrungen jeweils eigens ausgedrückt:

- in der Schöpfungserzählung und in der Deutung des Bösen in der Welt,
- in den Herausforderungen und Lebenszeugnissen der Patriarchen,

- in der Ursprungssituation der Weisung Israels, des Dekalogs,

- in den Erfahrungen von Leid (Ijob), Liebe (Hoheslied), Freude, Kummer, Schmerz, Angst, Hochmut etc., wie es die Psalmen beschreiben.

Charakteristisch für diese Grundaussage ist die theologische Doppelstruktur: *Indikativ* (Erfahrung von Befreiung, Gnade Gottes) - *Imperativ* (menschliches Handeln). Auf eigene Erfahrung von Zuwendung, Unterstützung, Hilfe und Wohlergehen erfolgt - gleichsam als Antwort - das eigene "pro-soziale" Handeln in der tätigen Liebe zum Nächsten. Nicht erst in den Prophetenerzählungen wird deutlich, daß der Glaube an Jahwe mit einer bestimmten sozialen und politischen Praxis verbunden ist, die sich aber nicht an irgendwelchen Autoritäten oder Ideologien ausrichtet, sondern einzig am Kriterium von Recht und Gerechtigkeit. Bereits beim Bundesschluß wird diese vorausgehende Heilserfahrung deutlich, wenn noch vor aller gesetzlichen Erwartungen des Dekalogs die Zusage Jahwes steht: "Ich bin Jahwe, dein Gott, der dich aus Ägypten geführt hat; aus dem Sklavenhaus" (Ex 20,2; Dtn 5,6). Erst dann folgt der Dekalog! Und korrespondierend hierzu lautet das "Glaubensbekenntnis" der Juden: "Höre, Israel! Jahwe, unser Gott, Jahwe ist einzig" (Dtn 6,4). Erst im Hinhören, im Weggehen von sich selber, kommt der Mensch wirklich zu sich und ist fähig, für andere da zu sein. Dies werde unter alttestamentlich "glauben" verstanden.

Jesus, der Christus - Liebe in Vollkommenheit

Selbst wenn in LXX das Verb διακονεω vollkommen fehlt und auch διακονια/ διακονος nur eine ganz unbedeutende Rolle spielen[449], so findet sich doch im NT eine neue Perspektive dieser Kennzeichnung.

Im ältesten der kanonischen Evangelien wird das Wirken und der Tod Jesu als ein *Dienen* verstanden: "Denn ... der Menschensohn ist nicht gekommen, um sich bedienen zu lassen, sondern um zu dienen und sein Leben hinzugeben als Lösegeld für viele" (Mk 10,45 par.). Dieses grundlegende Verständnis der Existenz Jesu als *Dasein für andere* wird in zahlreichen Begegnungsgeschichten und Gleichnissen expliziert: Jesus spricht von seinem Vater, vom Gesetz und vom Reich Gottes niemals abstrakt, sondern immer im Zusammenhang einer Erfahrung von Heil und Hilfe. Ja, er säkularisiert gleichsam die Wirklichkeit der βασιλεια του θεου mit seinem sozialen Handeln, das - für die Zeit völlig normal - im nachhinein als Wunder- und Exorzismustätigkeit stilisiert wurde: "Wenn ich aber die Dämonen durch den Finger Gottes austreibe, dann ist doch das Reich Gottes schon zu euch gekommen" (Lk 11,20). Das Leben Jesu, von seiner Geburt bis zu seinem Tod am Kreuz, seine Taten und Reden, sein Verhalten und Selbstverständnis werden im Neuen Testament stets unter dem Gesichtspunkt ei-

449 Vgl. Balz/Schneider 21992: 728.

ner untrennbaren Verbindung von Praxis und Verkündigung gesehen. Die Reich-Gottes-Verkündigung Jesu ist - formal in jüdischer Tradition stehend - material ein Plädoyer für die tätige Liebe zu den Schwachen und Kleinen, den Notleidenden und Unterdrückten, den Fremden und den Ausgegrenzten, den Zerstörten und Zerstörern. Im Kreuz als dem Ur-Symbol verdichtet sich diese Wirklichkeit: es drückt die unbedingte und unendliche Liebe dieses Menschen aus, die auch die Ungerechtigkeiten und Unmenschlichkeiten damaliger Theologen und Machthaber überwindet sowie aller, die an Stabilisierung eines "Establishments" interessiert waren. Das neutestamentliche Motiv der Auferstehung ist Sinnbild für den Sieg der Liebe, die sich durch keine Maßregelung in Schranken weisen läßt.

Vor diesem Hintergrund gewinnt jene Wirklichkeit *Jahwe*, *Dasein für andere*, in der konkreten Person Jesus von Nazaret seinen imponierendsten Ausdruck und so können wir auch von der Menschwerdung Gottes sprechen. Zur Wirklichkeit *Gott* gelangen wir über Jesus Christus, seine Geschichte und sein Sterben.[450] Die Beziehung Vater-Sohn-Hl. Geist rettet ein Begriffsverständnis von *Gott* vor der Bedeutungsleere: welches in der Realisierung des konkreten Lebens Jesu zum Bedeutungsträger wird. Eine abstrakte, rein denkerische Gotteslehre gibt es nicht; sie ist stets praktischer Natur.[451] Demzufolge spricht Jesus - ganz in alttestamentlich-jüdischer Tradition - von Gott und seinem Reich niemals außerhalb konkreter, heilender, rettender und befreiender Begegnung mit den Menschen. Er spricht vom Reich Gottes,

- wenn er die Menschen zur Gerechtigkeit und Barmherzigkeit allen gegenüber aufruft und frommes Gerede, Ungerechtigkeit, Heuchelei und blinden Gesetzesgehorsam aufdeckt (vgl. Mt 5-7);

- wenn er in der Begegnung mit Armen, Ausgegrenzten und jenen, die einen Fehltritt begangen haben (vgl. Joh 7,53-8,11) seine Heilsbotschaft Wirklichkeit werden läßt: in der Zuwendung, im Retten, Heilen, Befreien und Verzeihen;

- wenn er in den Streitgesprächen mit den Lehrern und Schriftgelehrten an die Stelle von Normen und Lehren die Menschlichkeit setzt (vgl. Mk 2,23-28) und Heuchelei entlarvt (vgl. Mt 23);

---

450 "Wer Gott ist und was der Mensch sein könnte und sollte, bekommt seither seinen Inhalt von den Handlungen dieses Menschen und seiner Gottes- und Menschenbeziehung" (Fuchs 1994: 119).

451 Auf diese Weise erklären sich die christologischen Hoheitstitel; "*Sohn Gottes*", wie bei der Taufe (vgl. Lk 3,22) oder bei der Verklärung Jesu (vgl. Lk 9,28-36) deutet sowohl auf eine "Inthronisation" des Lebens Jesu hin, als auch auf eine "Säkularisierung" der Wirklichkeit "Gott". Im Mittelpunkt steht ein Leben in unbedingter Liebe, das aufgrund der damit verbundenen Notwendigkeit einer Kritik an den Unmenschlichkeiten des Establishments am Kreuz zwar historisch scheitert, jedoch als "Idee", als der große Sinn menschlichen Lebens die Zeiten überdauert!

- wenn er in den Gleichnissen und Lehrgesprächen eine Wertehierarchie in konkreten Bildern aufstellt, an deren Spitze die Liebe steht, die die Summe des Gesetzes ist (vgl. Mt 22,34-40).

Diese Botschaft und Geschichte Jesu konvergiert in seiner Identität als "Sohn Gottes", als Personfikation der Liebe; so kann er auf die Frage Johannes des Täufers, wer er eigentlich sei (vgl. Lk 7,20) in der Tradition Jesajas antworten: "Blinde sehen wieder, Lahme gehen, und Aussätzige werden rein; Taube hören, Tote stehen auf, und den Armen wird das Evangelium verkündet" (Lk 7,22).

5.3 Jesus als Vorbild praktischer Diakonie

Wie läßt sich nun dieses diakonische Handeln Jesu umschreiben? Gibt es Konstanten, die sich als Leitlinien solchen Verhaltens formulieren lassen? Worin genau bestand die Motivation zu seiner Verkündigung und seinem Leben? Warum überhaupt Nächstenliebe und Dasein für andere - warum nicht Lehre allein oder Machstreben, egoistisches Konsumdenken oder individualistische Lebensführung mit Desinteresse und Blindheit gegenüber Unrecht, Not, Mangel, Hilfsbedürftigkeit? Warum keine Ethik des Luxus, nach der soziales Handeln lediglich "aufgesetzt", sozusagen zur "Gewissensberuhigung" nötig ist? Warum solch radikale Forderung der Liebe?

Leitlinien diakonischen Handelns Jesu

(1) Am Anfang steht immer *Begegnung*; der Umgang Jesu mit den Menschen ist stets von einer offenen und zugleich behutsamen, sensiblen Art. Er läßt sich Zeit zum Gespräch (vgl. Mt 15,21-28); er reagiert je nach Situation und Menschen anders (vgl. Mt 16,19-30). Die Episode mit der Ehebrecherin (vgl. Joh 7,53-8,11) zeigt, daß für ihn als Jude nicht Legalismus die oberste Richtschnur ist, sondern der Mensch; so läßt er Gnade vor Recht ergehen und bringt die Hüter des Gesetzes zum Nachdenken über ihr eigenes Verhalten. Ein analog souveränes Verhalten zeigt er in seiner menschenfreundlichen Interpretation des strengen Sabbatgebotes (vgl. Mk 2,23-28; 3,1-6; Lk 13,10-17; 14,1-6). Er antwortet in Bildern und Gleichnissen auf die Fragen und Sorgen seiner Mitmenschen und verzichtet auf das Zitieren des Gesetzes. Er spricht die Menschen nicht nur in ihrer Rationalität, sondern vielmehr in ihrer Emotionalität, in ihrer Körperlichkeit, in ihrer ganzheitlichen Wahrnehmungsfähigkeit an. Doch nicht nur in seinen Worten, besonders auch in seinen Taten zeigt er jene *Sensibilität*, die Fähigkeit, konkrete Not und Hilfsbedürftigkeit wahrzunehmen und je nach Situation entsprechend zu handeln. Zuneigung, vertrauenschenkende Vorgabe, ein kommunikatives und therapeutisches Potential seiner Begegnungen kommen überall dort zum Ausdruck, wo Jesus den Menschen Gutes tut. Die strengen Reinheitsvorschriften werden vor dem Hintergrund einer konkreten Notlage relativiert:

- Jesus läßt einen Aussätzigen an sich herankommen und berührt ihn (vgl. Mt 8,3),

- er ißt gemeinsam mit Zöllnern und Sündern (vgl. Mt 9,10) und wird deshalb "Fresser und Säufer, Freund der Zöllner und Sünder" (vgl. Lk 7,34) genannt,

- er läßt sich von einer blutflüssigen Frau berühren (vgl. Mt 9,20),

- er vermischt Speichel mit Erde, um damit die Augen des Blinden zu berühren (vgl. Joh 9,6) und diesen zu heilen.

Jesus war sensibel für die konkrete körperliche und geistige Not seiner Umwelt. Die Wundergeschichten wollen demnach die diakonische Qualität dieses Menschen literarisch fassen; dies geschieht viel eindringlicher als in abstrakten Berichten oder Aussagen. Die Wahrheitsfrage ist daher insofern zu bejahen, als mit diesen Geschichten beabsichtigt ist, die Praxis Jesu faszinierend und gewinnend zu umschreiben, Not wahrzunehmen, den Notleidenden ganzheitlich, d. h. körperlich, geistig und emotional, zu begegnen und ihnen soweit möglich zu helfen.[452] Wie sieht nun konkret diese Hilfe aus?

(2) *Heilung*, *Befreiung*, *Rettung* und *Erlösung* von einer Krankheit, einem Gebrechen oder sonstigem Übel und Leid geschieht bei Jesus nicht bloß durch ein Anamnese-Diagnose-Therapie-Schema, sondern beginnt schon damit, daß er auf die Not des Mitmenschen aufmerksam macht; es geht ihm nicht darum, sich selbst in den Mittelpunkt zu stellen, sondern denjenigen, der Hilfe braucht:

- Er stellt den Mann mit der verdorrten Hand (Mk 3,1-6) vom Rand in die Hauptszene und noch dazu mitten in die Synagoge, wo sonst die Thora-Rolle, das Wort Gottes, "Gott" selbst, Platz hat. Jesus bestimmt damit die inhaltliche Mitte völlig neu: statt formalem Gehorsam gegenüber der Tradition, statt Starre gegenüber der Konvention rückt Liebe und Barmherzigkeit, Zuwendung und Hilfe in den Mittelpunkt.

- Gegenüber einem Pharisäer, der Jesus zum Essen eingeladen hatte, stellt dieser eine Sünderin in den Mittelpunkt, in deren liebevollem Verhalten er mehr Glauben sieht als im gesetzestreuen Verhalten des Pharisäers (vgl. Lk 7,36-50).

- Jesus holt den Zöllner *Zachäus* vom Baum herunter und geht mit ihm in sein Haus, um mit ihm zu essen (vgl. Lk 19,1-10).

Die eigentliche Handlung der Heilung wird meist nur mit einem Satz erwähnt - denn das ist nicht das Entscheidende! Im Mittelpunkt steht die Begegnung mit

---

[452] Vgl. nach *A. Suhl* sind die Wunder "ein unbedingter Protest gegen konkretes menschliches Leid, gegen das Leid der Kranken, der Verstümmelten und Isolierten" (Suhl 1980: 38). Die Wahrheitsfrage bei den Wundergeschichten auf der historischen Ebene abzuhandeln, ist ganz und gar unangemessen und wäre in diesem Zusammenhang ebenso unangebracht wie einen Mathematiker nach der ethischen Bedeutung des Satzes von Pythagoras zu fragen!

den Menschen, besonders mit denen, die Hilfe brauchen und in Not sind. Dies ist Proprium und konkreter Ausdruck christlicher Lebenshaltung und der Ort christlicher Verkündigung. Die Rede vom liebenden Vater und von der Reich-Gottes-Botschaft hat ihren Platz dort und nur dort, wo heilende Begegnung stattfindet zum umfassenden Wohl der Menschen. Vorrang hat die Tat, nicht das Wort; dies kommt klar zum Ausdruck in der Geschichte von den zwei Brüdern (vgl. Mt 21,28-32), worin der eine Sohn zum Vater auf dessen Wort, in den Weinberg zu gehen, zunächst nein sagt, dann doch positiv handelt, während der andere ja sagt, doch nichts tut, daher der erstere als gerechtfertigt erachtet wird. Und Jesus sagt zu den Hohenpriestern und Ältesten des Volkes Israel, die im Tempel um ihn versammelt sind: "Zöllner und Dirnen gelangen eher in das Reich Gottes als ihr" (Mt 21,31). Ein klarer Vorrang der Tat vor dem Lippenbekenntnis, vor der Mitgliedschaft in einer religiösen Gruppe oder öffentlicher Reputation! Bekenntnis und Lehre sind nachrangig, denn auch Jesus interpretiert mit seiner Botschaft und in zeitgenössischen Denktraditionen nur das, was er tut.[453]

(3) Die Wunder-Erzählungen zeigen, daß für Jesus mit dem heilenden Wort oder Zeichen und dem Ergebnis des Erfolges die Begegnung keineswegs abgeschlossen ist. Er hat Interesse daran, dem Geheilten wieder Zukunft zu ermöglichen. So wird davon berichtet, daß

- der eben noch Gelähmte auf die Ermunterung Jesu hin seine Tragbahre nimmt und nach Hause geht (vgl. Mt 9,6f.);

- Jesus der Ehebrecherin zuspricht: "Geh und sündige von jetzt an nicht mehr!" (Joh 8,11);

- er dem Blinden bei Jericho auf dessen Vertrauen hin wieder Hoffnung gibt: "Geh! Dein Glaube hat dir geholfen" (Mk 10,52). Dieser Glaube ist Haltung des Vertrauens, nicht korrekte Wiedergabe internalisierter weltanschaulicher Aussagen!

Ermunterung, *Zuspruch* und *Eröffnung von Zukunft* gehören wesentlich zur ganzheitlichen heilenden Begegnung Jesu mit Menschen in Not. Hier hat die Rede vom Reich Gottes als einer zukünftigen Größe (futurische Eschatologie) ihren Sitz im Leben.

Inhalt und Ziel der Reich-Gottes-Botschaft Jesu: das Heil des Menschen

Die Verkündigung Jesu hat eine eminent praktische Dimension; umgekehrt ist das Handeln und Verhalten Jesu nicht nur individuell und privat, sondern hat öffent-

[453] Vgl. Zerfaß 1982: 36.

lichen, also Verkündigungscharakter. Die Wahrnehmung von Hilfsbedürftigkeit und das konkrete Handeln bilden die Mitte der Reich-Gottes-Botschaft:

- Jesus stellt das Kind in die Mitte, das nach offizieller Meinung als kein vollwertiger Mensch, weil noch nicht kultfähig, galt. Er hingegen identifiziert die Kinder als die eigentlichen Adressaten seiner Botschaft (vgl. Mt 19,13-14; Mk 9,36f.). Die Unmittelbarkeit und Spontaneität der Kinder wird der Maßstab dafür, wie wir mit dem Reich Gottes umzugehen haben: "Wer das Reich Gottes nicht so annimmt wie ein Kind, der wird nicht hineinkommen" (Mk 10,15).

- Die Notleidenden selbst werden am Heilungsgeschehen beteiligt. Für den "Erfolg" ist es unerläßlich, daß sie ihre Notlage erkennen und sich ganz auf Jesus einlassen. So fragt er den Blinden bei Jericho ausdrücklich: "Was soll ich dir tun?", worauf dieser antwortet: "... ich möchte wieder sehen können." Und Jesus: "Geh! Dein Glaube hat dir geholfen" (Mk 10,51f.). Die Kleinen, Schwachen und Leidenden selbst werden zu Subjekten, sind "inhaltliches Gestaltungsprinzip der Nachfolge Jesu"[454]. Sie sind es, die auf die Heilsbedürftigkeit hinweisen, Gerechtigkeit bewirken und zum Handeln bewegen.

Auch wenn die Taten Jesu im Vordergrund stehen, so gibt doch auch sein Reden in Gleichnissen, Lehr- und Streitgesprächen Aufschluß über die inhaltlichen Akzente seiner Botschaft, über sein Anliegen und seine Antwort auf die geistigen Nöte seiner Zeitgenossen. Folgende Momente sind konstitutiv:

- In der Beispielerzählung vom barmherzigen Samariter (vgl. Lk 10, 25-37) antwortet Jesus auf die Frage des Gesetzeslehrers - "Wer ist mein Nächster?" - nicht mit einem Zitat aus der Tradition, sondern mit einer Geschichte, deren erzählte Handlung auf zwei Ebenen auf die gestellte Frage antwortet:

(1) im interpersonalen Bereich dient sie der konkreten Veranschaulichung der erwarteten Antwort: "Jeder, der sich in Not befindet";

(2) im öffentlichen, politischen Bereich artikuliert Jesus auch den strukturellen Aspekt von Leid und Ungerechtigkeit: ein Mann aus Samarien, deren Bewohner von den Juden als Abtrünnige angesehen und gemieden wurden, wird zum Vorbild, zum wahrhaft Gläubigen; die Orthodoxen (Priester, Levit) hingegen sind die "Anti-Helden".

Die Geschichte zeigt: einzig und allein die hilfsbereite Tat ist wichtig, kein Bekenntnis, kein Titel, keine soziale Stellung. Ohne zu verurteilen, stellt Jesus die Etablierten in diesen wichtigen Situationen an den Rand und rückt die scheinbar Unbedeutenden in den Mittelpunkt (vgl. auch Lk 17,11-19).

- In den öffentlichen Reden (vgl. Lk 6,20-26), den Streitgesprächen mit Pharisäern und Schriftgelehrten (vgl. Mk 3,1-6), der Belehrung seiner Jünger (vgl. Mk

454 Fuchs 1994: 125.

12,41-44) nennt Jesus soziale Widersprüche und Ungerechtigkeiten beim Namen, deckt Heuchelei und Formalismus auf, stellt die soziale Ordnung auf den Kopf, wenn es um rechte Gesinnung und um soziales Verhalten geht. In der Tradition der sozialkritischen Prophetie weist er an verschiedenen Stellen auf die Gefahren des Reichtums hin, die durch falsche Selbstsicherheit und arrogantes Unabhängigkeitsdenken blind werden lassen für die konkrete Not des Nächsten. Der Hinweis auf die Vergänglichkeit des Reichtums und damit auf die törichte Haltung, sein Leben darauf zu gründen (vgl. Lk 12,20f.) läßt uns jenes radikale Wort verstehen: "Wie schwer ist es für Menschen, die viel besitzen, in das Reich Gottes zu kommen. ... Eher geht ein Kamel durch ein Nadelöhr, als daß ein Reicher in das Reich Gottes gelangt" (Mk 10,23.25).

Es wird deutlich, daß sich die Verkündigung Jesu nicht in der konkreten Hinwendung zum Notleidenden erschöpft, sondern eine Diagnose der sozialen, politischen und institutionellen Wirklichkeiten miteinschließt. Reich-Gottes-Verkündigung heißt, leidschaffende strukturbedingte Ursachen beim Namen zu nennen und zugleich selbst mit der Hilfe zu beginnen.[455]

- Voraussetzung für das Reich Gottes ist schließlich die Umkehr. Die Spitzenaussage heißt: "Die Zeit ist erfüllt, das Reich Gottes ist nahe. Kehrt um, und glaubt an das Evangelium!" (Mk 1,15). Die stetige Kontrolle des eigenen Tuns, der eigenen Einstellung und die Korrekturbereitschaft des mangelhaften Verhaltens sind die Grundlagen, damit all das Wirklichkeit werden kann, was Jesus in Worten und Taten nach dem Zeugnis des NTs in beispielhafter Weise vorgelebt hat.

Diakonie als Kriterium der Nachfolge Jesu

"Ich habe euch ein Beispiel gegeben, damit auch ihr so handelt, wie ich an euch gehandelt habe. Amen, amen, ich sage euch: Der Sklave ist nicht größer als sein Herr und der Abgesandte nicht größer als der, der ihn gesandt hat" (Joh 13,15f.). Dieses Wort, das Jesus nach der Fußwaschung[456] an seine Jünger richtet, zeigt, daß die Diakonie Jesu kein Thema ist, über das sich dozieren läßt, sondern Einladung, Aufruf, Apppell zu einem entsprechenden Tun darstellt. Der Ruf in die Nachfolge und damit das Ur-Ereignis von Verkündigung ist stets verbunden mit einer Ermunterung, für den nächsten da zu sein wie der Hirt für die Schafe (vgl. Joh 21,15ff.) - ganz nach dem Vorbild Jesu, des guten Hirten (vgl. Joh 10), der sein Leben für seine Schafe hingibt (vgl. Joh 10,11).

In der sog. Wehe-Rede gegen die Pharisäer und Schriftgelehrten (vgl. Mt 23), die er als "Heuchler", "blinde Narren", "blinde Führer", "Nattern" und "Schlangen-

[455] Vgl. auch den programmatischen Titel der Aufsatzsammlung von *Richard Völkl* (1987): "Nächstenliebe - die Summe der christlichen Religion?".

[456] Joh erzählt die Fußwaschung an der Stelle, wo die Synoptiker die Abendmahlsberichte einfügen!

brut" abqualifiziert, richtet Jesus an das Volk und seine Jünger das Wort: "Der Größte von euch soll euer Diener sein. Denn wer sich selbst erhöht, wird erniedrigt, und wer sich selbst erniedrigt, wird erhöht werden" (Mt 23,11f.). Dienen, Dasein für andere, das wird nach dem Vorbild zum Auswahlkriterium seiner Jünger; so entscheidet er den Rangstreit der Jünger mit den Worten: "Wer der Erste sein will, soll der Letzte und der Diener aller sein" (Mk 9,35). Und als Jakobus und Johannes Anspruch auf Macht und Herrschaft anmelden, weist Jesus sie zurecht: "Ihr wißt, daß die als Herrscher gelten, ihre Völker unterdrücken und die Mächtigen ihre Macht über die Menschen mißbrauchen. Bei euch aber soll es nicht so sein, sondern wer bei euch groß sein will, der soll euer Diener sein, und wer bei euch der Erste sein will, soll der Sklave aller sein. Denn auch der Menschensohn ist nicht gekommen, um sich dienen zu lassen, sondern um zu dienen und sein Leben hinzugeben als Lösegeld für viele" (Mk 10,43-45). In der letzten öffentlichen Rede in Joh werden Nachfolge Christi und Dienst auf unmißverständliche Weise miteinander gekoppelt: "Wenn einer mir dienen will, folge er mir nach; und wo ich bin, dort wird auch mein Diener sein. Wenn einer mir dient, wird der Vater ihn ehren" (Joh 12,26).

Im Bild vom Weltgericht (vgl. Mt 25,31-46) versteht Jesus die Hilfe gegenüber Notleidenden und Gefangenen als Dienen gegenüber seiner selbst. Diese Grundhaltung als wesentlicher Bestandteil der Jüngernachfolge macht er zum Kriterium der Teilhabe am endgültigen Heil (vgl. Mt 25,46). Ebenso wie das gesamte Leben Jesu als "Dasein für andere" verstanden werden kann, so sollen auch alle, die sich auf seine Person berufen, diese Lebenshaltung praktizieren. Sie ist der eigentliche Kern jener Frohen Botschaft, die auch verkündet werden soll. Besonders die Jünger-Aussendungen (vgl. Mk 6,6b-13; Lk 10,1-12/9,37f; 10-7-16) zeigen, daß Jesus seinen Jüngern keinen Katechismus in die Hand gibt, sondern ihnen als Wandermissionare die Weisung gibt, Kranke zu heilen, Tote zu erwecken, Aussätzige rein zu machen und Dämonen auszutreiben (vgl. Mt 10, 8).

Als Ergebnis läßt sich festhalten: Nach dem Vorbild Jesu ist die diakonische Dimension konstitutiv für den christlichen Glauben. So selbstverständlich diese Auskunft erscheinen mag, so wenig prägt sie doch unser gelebtes Christentum. Der Religionspädagoge *Hans-Günter Heimbrock* hat auf diesen Mangel eingehend hingewiesen:

> "Vor allem christologische Konzentration hat hier zur grundlegenden Einsicht geführt, daß christliche Diakonie vom biblischen Zeugnis her nicht als sekundäre tätige Antwort des Christen oder der Kirche auf eine davon separat thematisierbare primäre verbal gedachte Offenbarung Gottes gelten kann. Vielmehr muß als bestimmende Mitte der Offenlegung des göttlichen Wesens im Christusereignis gerade die Entäußerung von Hoheit und die Erniedrigung im Dienst verstanden werden.

> Diakonie vom Evangelium her begriffen ist damit Teilhabe an der diakonischen Gestaltwerdung Gottes in Jesus Christus."[457]

Dieser biblische Befund, auf die Tradition der Evangelien gestützt, ist umso erstaunlicher, da diese älter sind als die paulinischen Briefe, worin der Akzent stärker auf der Orthodoxie zu liegen scheint. Doch zeigt schon ein genauer Blick in die Apg und das Corpus Paulinum, daß die apostolisch-missionarische Verkündigung ebenso wie das Amt in den paulinischen Gemeinden als Dienst verstanden wurde.

5.4 Kirchliches Amt als Dienst

Vom Wort und Verhalten Jesu her und durch das urchristliche Verständnis seines Wirkens und Sterbens als eines *Dienens* erhält das Apostolatsverständnis seine spezifische Prägung und Terminologie. Sokommen in der Apg die Termini διακονεω und δικονια 10mal vor, wobei sich zwei Bedeutungsfelder zeigen[458]:

(1) Der apostolische Dienst an der *Wortverkündigung* (1,17.25; 6,4; 20,24; 21,19; 19,22): Lukas schreibt über das apostolische Amt hinaus allen Führungsämtern in der Gemeinde einen Dienstcharakter zu. Das Apostolat bezeichnet er ausdrücklich als *Dienst* (Apg 1,17.25; 6,4 u. a.). Die Führungsämter verweist er jedoch auf den Dienst Jesu (Lk 22,26f.) und stilisiert die Gleichnisse Jesu als Mahnworte an die Führenden (Lk 12,35-38.42-46.47f.; 17,7-10). Das zentrale Moment dieser Umgestaltung liegt in der Akzentuierung des Dienst-Motivs. Der apostolische Dienst besteht in der Wortverkündigung (Apg 6,4 u. a.) und ist Zeugnis (vgl. Apg 1,22; 20,24 u. a.).

(2) Die *Armenfürsorge* (6,1.2), die die spezielle Form der Kollekte für Jerusalem Apg 11,29; 12,25) miteinschließt; der Dienst für die Armen und Hilfsbedürftigen gehört zu den Grundfunktionen des christlichen Gemeindelebens (vgl. Apg 2,42; 4,32-37).

Der Konflikt im Bereich der Armenversorgung, wie er in Apg 6,1-6 beschrieben wird, läßt ein neues Dienst-Amt in der Gemeinde entstehen, dessen Träger aber nicht "διακονος" genannt wird, weil diese Amtsbezeichnung schon für die Funktion des Verkündigungsdienstes in den paulinischen Gemeinden reserviert war (vgl. Phil 1,1; 1 Tim 3,8-13). Der Bericht zeigt jedoch, daß ein Bewußtsein für die Notwendigkeit konkreter tätiger Liebe bestand, für die man auch Menschen brauchte, die im Geist Christi diese Tätigkeit ausübten: Wortverkündigung (Martyria) und tätige Nächstenliebe (Diakonia) gehören untrennbar zusammen, werden aber auf verschiedene Personen verteilt, die je für einen Bereich zuständig sind. Wichtig ist jedoch, daß beides als *Dienst* verstanden wird.

---

[457] Heimbrock 1987: 240.
[458] Vgl. Balz/Schneider [2]1992: 730f.

Das apostolische Selbstverständnis des *Paulus* läßt sich am besten im Bild vom *Diener Christi* zusammenfassen. Zugleich bezieht er aber auch seinen Dienst im Verhältnis zu seinen Gemeinden (vgl. 2 Kor 3-6; 11f.) mit ein. Zentrum und Inhalt des apostolischen Dienstes sieht Paulus in der Verkündigung des Evangeliums (vgl. Röm 11,13; 2 Kor 3,3.6.9; 4,1; 5,18; 6,3. 4; 11,8). Auch in der Apg wird die apostolisch-missionarische Verkündigungstätigkeit des Paulus als ein "*Dienen*" verstanden (vgl. Apg 20,24; 21,19).

In den paulinischen Gemeinden wird mit "διακονια" vornehmlich die karitative Sorge für Hilfsbedürftige bezeichnet, sei es in der jeweiligen Gemeinde (Röm 12,7; 1 Kor 16,15) oder für die Gemeinde in Jerusalem in Form der Kollekte (Röm 15,25.31; 2 Kor 8,4.19f.; 9,1.12f.). Das Lexem kann aber auch alle Dienste in der Gemeinde bezeichnen (1 Kor 12,5).

Das Diakonen-Amt (Phil 1,1) entwickelte sich auf der Grundlage dieser Gemeindeverhältnisse mit ihrer Terminologie und ihrem Verständnis der unterschiedlichen Funktionen. Die Hauptaufgaben des Diakonats bestanden in der Verkündigung und im karitativen Dienst (1 Tim 3,8-13). Auch das Dienstamt des weiblichen διακονος findet sich ansatzweise (Röm 16,1). An zahlreichen anderen Stellen (Apg 19,22; 1 Kor 3,5; Eph 6,21; Kol 1,7; 4,7; 1 Thess 3,2; 2 Tim 4,11) ist von Mitarbeitern und Helfern die Rede. Von allen Diensten in der Gemeinde spricht 1 Kor 12,5. Die "Ämter" Apostel, Evangelisten, Hirten und Lehrer (Eph 4,11f.) werden als Dienst verstanden. Auch amtliche Führungsaufgaben in der Gemeinde, die nur am Rande erwähnt werden, werden als *Dienst* bezeichnet (Kol 4,17; 1Tim 4,6; 2Tim 4,5).

Im Überblick läßt sich feststellen, daß das Dienen bereits in den Paulus-Briefen in der Bedeutung von *Dienst am Evangelium* in den Vordergrund tritt, welche sich dann vollends durchsetzt, insofern der Begriff nur noch im Verkündigungszusammenhang auftritt. Diese Entwicklung weist zwei Gefahren auf, von der die Geschichte des kirchlichen Amtes bis heute bedroht zu werden scheint:

(1) Die Praxis tätiger Nächstenliebe tritt in den Hintergrund. *Dienen* meint lediglich die Wortverkündigung, die Katechese und die Predigt. Der diakonische Charakter der Evangelisierung als Dienst am Menschen und nicht nur an der Weltanschauung gerät aus dem Blickfeld.

(2) Die Unterstützung Hilfsbedürftiger wird von der Wortverkündigung getrennt. Sie liegt in der organisierten Kompetenz eigens dafür zuständiger Fachleute und untersteht dem Verkündigungsdienst.

Beide Gefahren lassen sich vermeiden, wenn man - nach dem Vorbild Jesu - Martyria (Verkündigung) und Diakonia (tätiger Dienst an den Hilfsbedürftigen) miteinander in Beziehung setzt. Beide Funktionen durchdringen sich gegenseitig, ohne Identität zu verlieren.

Das 12. Kapitel des Römerbriefes und des ersten Briefes an die Korinther gibt jeweils Aufschluß nicht nur über die paulinische Ekklesiologie, sondern über sein Verständnis von *Dienst*, wie er sich in den unterschiedlichen Funktionen der Gemeinden entfaltet: in der Verkündigung (Martyria) ebenso wie in der Sorge für Notleidende und Bedürftige (Caritas/Diakonia im engeren Sinn), im Gottesdienst (Leiturgia) ebenso wie in Führungsaufgaben gegenüber und in einer Gemeinschaft (Koinonia). Nach Paulus ist jedes christliche und gemeindliche Handeln diakonisch strukturiert. Diakonia, Dienst im weiteren Sinn ist nicht nur eine kirchliche Grundfunktion, sondern *das* Kriterium schlechthin. Es lassen sich folgende Kennzeichen dieses Dienstes nach Paulus nennen:

- jeder soll die Aufgabe übernehmen, die er für sich als angemessen empfindet; er soll aber auch nur das tun, wofür er zuständig ist; es gibt keine Rangfolge unter den verschiedenen Diensten (vgl. Röm 12,3-8);

- alle Dienste wirken in dem einen Geist Gottes (vgl. 1 Kor 12,1-11); die höchste Gabe aber ist die Liebe, das Kriterium allen christlichen Dienens (vgl. 1 Kor 13,13).

5.5 Ergebnis

Die biblischen Aussagen zur Diakonie lassen sich mit den Worten des Exegeten *Schweizer* wie folgt zusammenfassen:

> "Die Diakonie ... ist das jedem Glaubenden Aufgetragene. Ohne sie kann man nicht Gemeindeglied sein, ohne Redegabe wohl. Sie bestimmt die Struktur und das Wesen der Gemeinde überhaupt. Ohne die Liebe, und zwar die Gestalt annehmende Liebe, die nicht nur Gefühl bleibt, ist alles nichtig (1 Kor 13,1-3)."[459]

Nicht nur jede Ekklesiologie[460], sondern auch jede Theologie und Christsein überhaupt sind diakonal strukturiert. Ein diakonischer RU muß - über jede rechtspositivistische Legitimation durch die Konfessionsgemeinschaften hinaus - seine Identität im Selbstverständnis der Kirche wiederentdecken können.

Im folgenden Kapitel soll daher geprüft werden, inwieweit die Aussagen zum kirchlichen Selbstverständnis ein hinreichendes Fundament darstellen, so daß sich ein diakonischer RU unter den gegenwärtigen Bedingungen mit "gutem Recht" als Praxisfeld der Kirche ausweisen kann. Es ist zu fragen, inwieweit in der kirchlichen Tradition das zentrale ekklesiale Moment der Diakonie zum Tragen kommt - oder ob doch eher Herrschafts- und Machtstrukturen dominieren, die die "Sache Jesu" zur Ideologie vergewaltigen.

---

[459] Schweizer 1990: 175 (Hervorh. E. S.).

[460] Vgl. den programmatischen Titel der Aufsatzsammlung von *Richard Völkl* (1969): "Dienende Kirche - Kirche der Liebe".

6. Religionsunterricht als Diakonie der Kirche - systematisch-theologische Reflexionen

Der schulische RU wird in kirchlicher Verantwortung erteilt. Das heißt, daß die Kirche den Horizont des RUs darstellt und die Religionspädagogik als zentrale kirchliche und theologische Bezugswissenschaft auftritt.[461] Diese Tatsache kommt in folgenden Regelungen zum Ausdruck, die die Kirchlichkeit des RUs deskriptiv legitimieren:

- *Inhalte* orientieren sich an christlich-kirchlicher Überlieferung;

- *Ziele,* die der RL verfolgt, sind in kirchenamtlich konzipierten und verabschiedeten Lehrplänen (wenigstens allgemein) festgelegt;

- *RL* werden an theologischen Fakultäten ausgebildet, die zwar vom Staat unterhalten, jedoch in ihrer Lehre sowohl inhaltlich als auch personell von der Kirche verantwortet werden;

- *Schüler,* die am konfessionellen Unterricht teilnehmen[462].

Wie jedes andere Unterrichtsfach eine entsprechende Bezugswissenschaft hat, so besitzt das Schulfach Religionsunterricht seine Bezugswissenschaft in der Theologie. Die Theologie unterscheidet sich von der Religionswissenschaft insofern, als es ihr nicht um bloße Information über Inhalte und Vollzüge des Christentums in diachroner und synchroner Perspektive geht (oder gehen sollte), sondern um engagierte Reflexion dessen, was derjenige, der Theologie treibt, als sein persönliches Zeugnis betrachtet und lebt. Deshalb ist Theologie keine "neutrale" Wissenschaft, wenngleich sie inmitten der universitären Disziplinen zur Offenlegung ihres Gegenstandes und ihrer Methodik verpflichtet ist.

Die Kirchlichkeit von RU, Religionspädagogik und Theologie gründet in der fundamentaltheologischen Einsicht, daß christlicher Glaube als gesamtpersonaler Akt keine individualistische Lebenshaltung ist, sondern vor allem in einer offenen Gemeinschaft Gleichgesinnter gelebt wird: "Der Lebensraum des Glaubens ist ohne Zweifel die Kirche als Gemeinschaft der Glaubenden."[463] Es muß jedoch

---

[461] Vgl. Hemel 1986a: 167-189.

[462] Die Konfessionalität des RUs scheint wieder stärker in die Diskussion zu kommen (vgl. Deutscher Katecheten-Verein 1992: 19f.). Meiner Ansicht nach sollten gerade unter heutigen Bedingungen Wege gesucht werden, wie der RU gemeinsam von den Kirchen verantwortet werden kann. Auch dies würde glaubhaft deutlich machen, daß RU als Lebenshilfe verstanden wird: indem nämlich die Konfessionen nicht als etwas primär Trennendes, sondern Bereicherndes erfahren werden. Damit würde der RU einen kleinen Beitrag dazu leisten, das wohl letzte Vermächtnis *Papst Johannes' XXIII.* zu verwirklichen:
"Mehr denn je, bestimmt mehr als in letzten Jahrhunderten sind wir heute darauf ausgerichtet, dem Menschen als solchen zu dienen, nicht bloß den Katholiken, darauf, in erster Linie und überhaupt die Rechte der menschlichen Person und nicht nur diejenigen der katholischen Kirche zu verteidigen" (zit. n. Fuchs 1989: 855).

[463] Hemel 1986a: 167.

klar betont werden, daß es hierbei nicht um bloße Mitgliedschaft oder sogar "Untertanenbewußtsein" geht, sondern daß der Schwerpunkt auf der anthropologisch-personalen Dimension *Sozialität* liegt, die in dieser Verwiesenheit auf Gemeinschaft zum Ausdruck kommt, wodurch Kirche und Gemeinde offene Lebensräume darstellen. Unter diesen Voraussetzungen erscheint es logisch zwingend, einen diakonisch orientierten RU im Horizont eines entsprechenden kirchlichen Selbstverständnisses (6.1) und einer "Ortsbestimmung" in den Feldern *Verkündigung* und *Diakonie* (6.2) so zu definieren, daß sich daraus ein theologisch verantwortbarer Ansatz für eine pädagogische Diakonie im RU ergibt (6.3).

6.1 Das ekklesiologische Fundament diakonischen Religionsunterrichts: Exemplarische Aussagen des Zweiten Vatikanischen Konzils (1962-1965)

Die in dieser Untersuchung skizzierten und diskutierten offiziellen kirchlichen Aussagen, denen es um das Verhältnis der Inhalte zur Methodik im RU geht und die in Sorge um die systematische Vollständigkeit der Glaubensweitergabe eine Rekatechisierung fordern[464], verweisen auf das grundlegende Problem der Identität der Kirche in unserer Zeit:

> "Wer sind wir, als Christen, als Kirche, als Glaubende in den religiös scheinbar so gleichgültigen Industriegesellschaften im Europa des ausgehenden 20. Jahrhunderts? Wohin gehen wir, wenn wir unseren Weg als Glaubende gehen? Was heißt christlicher Glaube und Identität des christlichen Glaubens heute?"[465]

Im folgenden geht es darum, den gesamtkirchlichen Kontext, das heißt die Frage nach dem Verhältnis von Kirche und Welt in den Blick zu nehmen, von deren Antwort ausgehend sich RU als Dienst an den Schülern verstehen läßt. Die Würzburger Synode hat diesen Grundgedanken thesenhaft so formuliert:

> "In Jesus Christus hat sich gezeigt, wer Gott ist und wie er für die Menschen da sein will. Durch Christus wird der Mensch zum Glauben gerufen und zugleich zum 'Dasein für andere' befreit und beauftragt. Zu einer Kirche, die sich auf Jesus Christus beruft, gehört als ureigene Aufgabe dieses 'Dasein für andere'. Unabhängig davon, ob die Menschen zu ihr gehören oder nicht, muß sie bereit sein, ihnen mit dem zu dienen, was sie ist, und was ihrem Auftrag entspricht. Religionsunterricht in der Schule ist eine der Formen, in denen sie diesen Dienst an jungen Menschen vollziehen kann. Er ist insofern unter diakonischem Aspekt zu sehen."[466]

Der diakonische Charakter des RUs wurzelt im Selbstverständnis der Kirche. Die Vertreter der sog. "materialkerygmatischen Wende"[467] scheinen ihren Forderun-

---

464 Vgl. besonders Ratzinger 1983 und die entsprechenden Ausführungen in Kapitel 2.3.2!
465 Hemel 1986a: 176.
466 Syn. BS RU 2.6.1 (141).
467 Vgl. hierzu die entsprechenden Ausführungen in Kapitel 2.3.2!

gen ein anderes Kirchenverständnis zugrunde zu legen; es unterscheidet sich jedoch auch massiv von jenem Bild der Kirche als "Volk Gottes unterwegs", wie es in den Dokumenten des Zweiten Vatikanischen Konzils zum Ausdruck kommt. Eine der weitreichenden Konsequenzen besteht darin, den RU in einer religiös indifferenten Gesellschaft nicht mehr als katechetische Glaubensunterweisung, sondern als schulisches Angebot an den Schüler zu verstehen, durch das er mit wesentlichen Fragen der menschlichen Existenz in Konfrontation mit dem Sinnangebot des Christentums vertraut wird, wodurch er einen Dienst an der Entwicklung der Kinder und Jugendlichen im Sinne einer Lebenshilfe aus dem Glauben leistet. Deshalb seien zentrale Aussagen des Konzils zur Identität der Kirche in der Welt von heute skizziert.

"Die Kirche als Volk Gottes unterwegs - im Horizont der Gottesherrschaft"[468]

Mit diesen Worten charakterisiert *Rolf Zerfaß*[469] das gewandelte Kirchenverständnis, mit dem das Zweite Vatikanische Konzil auf die vielfältigen Dimensionen des gesellschaftlichen Wandels seit dem Ersten Vaticanum (1869-1870)[470] reagiert hat. Nicht allein die Aussagen der Kirchenkonstitution "*Lumen Gentium*", sondern auch andere Texte dieses Konzils lassen eine klare Wende im kirchlichen Selbstverständnis erkennen: von der Vorstellung der Kirche als *societas perfecta*, einer Strategie der "Abschottung" und "Dialogverweigerung" - moderne Entwicklungen der Welt kategorisch mit dem Instrument des Jurisdiktionsprimats und der Unfehlbarkeit beklagend und verurteilend - hin zu einer Umweltoffenheit der Kirche, die in Beziehung zu anderen Völkern und Gemeinschaften gesehen wird, das Moment der Geschichtlichkeit menschlicher Existenz theologisch ernstnimmt und im Communio-Modell nicht nur der Entwicklung demokratischen Gedankenguts, sondern auch dem paulinischen Kirchenbild Rechnung trägt.[471] Die Kirche wird als "Sakrament des Heils" (AG 5) definiert, das am "Zeichen der Liebe" (AA 8) erkannt wird. Mit diesen Aussagen manifestieren und proklamieren die Konzilstexte "programmatisch die Einheit von Gottes- und Nächstenliebe, von Menschen- und Gottesdienst, von Apostolat und Diakonat"[472]. Dementsprechend versteht sich die katholische Kirche in Christus als

---

[468] Vgl. Zerfaß 1994a und b. Zur Volk-Gottes-Ekklesiologie des Zweiten Vaticanums und dessen theologischer Tradition vgl. Döring 1986: 66f.!

[469] Zum Wandel des Kirchenverständnisses vgl. Pottmeyer 1982 und (gerafft) Kaufmann 1987: 32-39!

[470] *Zerfaß* (1994b) rechnet zu den bedeutendsten Strömungen des gesellschaftlichen Wandels: Industrialisierung, Liberalisierung und Sozialismus, den Ersten Weltkrieg, Nationalismus und Faschismus, die Völkerwanderung der Nachkriegszeit sowie die Entwicklung der Weltwirtschaft, der Medien, des Tourismus und des Konsums als Motor der wirtschaftlichen Entwicklung.

[471] Vgl. Kaufmann 1987: 37.

[472] Bitter 1985: 17.

"das Sakrament, das heißt Zeichen und Werkzeug für die innigste Vereinigung mit Gott wie für die Einheit der ganzen Menschheit" (LG 1). Zugleich betont das Konzil, daß auch außerhalb der gesellschaftlich verfaßten Kirche "vielfältige Elemente der Heiligung und der Wahrheit zu finden sind, die als der Kirche Christi eigene Gaben auf die katholische Einheit hindrängen" (LG 8). Auf dieser Grundlage wird das Verhältnis zu den nichtchristlichen Religionen neu definiert, von denen die Menschen eine "Antwort auf die ungelösten Rätsel des menschlichen Daseins (erwarten, T. G.), die heute wie von je die Herzen der Menschen am tiefsten bewegen: Was ist der Mensch? Was ist Sinn und Ziel unseres Lebens? Was ist das Gute, was die Sünde? Woher kommt das Leid, und welchen Sinn hat es? Was ist der Weg zum wahren Glück? Was ist der Tod, das Gericht und die Vergeltung nach dem Tode? Und schließlich: Was ist jenes letzte und unsagbare Geheimnis unserer Existenz, aus dem wir kommen und wohin wir gehen?" (NAe 1). Zur Grundlage eines Dialogs mit den nichtchristlichen Religionen wird die gemeinsame Zielvorstellung, "sich aufrichtig um gegenseitiges Verstehen zu bemühen und gemeinsam einzutreten für Schutz und Förderung der sozialen Gerechtigkeit, der sittlichen Güter und nicht zuletzt des Friedens und der Freiheit für alle Menschen" (NAe 3).

Orthodoxie und Orthopraxie

Die untrennbare Einheit von rechter Lehre und gelebtem Glauben ergibt sich aus jenem Bekenntnis zur Liebe als dem entscheidenden Kriterium, das die Kirchenversammlung mit folgenden Sätzen ablegt:

> "Das Verhalten des Menschen zu Gott dem Vater und sein Verhalten zu den Menschenbrüdern stehen in so engem Zusammenhang, daß die Schrift sagt: 'Wer nicht liebt, kennt Gott nicht' (1 Joh 4,8). So wird also jeder Theorie oder Praxis das Fundament entzogen, die zwischen Mensch und Mensch, zwischen Volk und Volk bezüglich der Menschenwürde und der daraus fließenden Rechte einen Unterschied macht. Deshalb verwirft die Kirche jede Diskriminierung eines Menschen oder jeden Gewaltakt gegen ihn um seiner Rasse oder Farbe, seines Standes oder seiner Religion willen, weil dies dem Geist Christi widerspricht" (NAe 5).

Im Mittelpunkt steht also nicht eine abstrakte und absolut gültige Lehre, sondern der Mensch:

> "Es geht um die Rettung der menschlichen Person, es geht um den rechten Aufbau der menschlichen Gesellschaft. Der Mensch also, der eine und ganze Mensch mit Leib und Seele, Herz und Gewissen, Vernunft und Willen steht im Mittelpunkt unserer Ausführungen" (GS 3).

Weiter formuliert die Pastoralkonstitution "*Gaudium et Spes*" unmißverständlich:

> "Es ist fast einmütige Auffassung der Gläubigen und Nichtgläubigen, daß alles auf Erden auf den Menschen als seinen Mittel- und Höhepunkt hinzuordnen ist" (GS 12).

Vor diesem Hintergrund erscheint es nur konsequent, daß die Gewissens-[473] und die Religionsfreiheit[474], die beide in der Würde der menschlichen Person wurzeln, von der Kirche anerkannt und als oberste Instanzen geachtet und geschützt werden; in diesem Kontext findet ein bemerkenswerter Paradigmenwechsel von einer asymmetrisch-autoritären Unterweisung der Gläubigen durch das Lehramt zu einem dialogischen Kommunikationsprozeß zwischen allen Glaubenden statt:

> "Die Wahrheit muß ... auf eine Weise gesucht werden, die der Würde der menschlichen Person und ihrer Sozialnatur eigen ist, d. h. auf dem Wege der freien Forschung, mit Hilfe (!) des Lehramtes oder der Unterweisung, des Gedankenaustauschs und des Dialogs, wodurch die Menschen einander die Wahrheit, die sie gefunden haben oder gefunden zu haben glauben, mitteilen, damit sie sich bei der Erforschung der Wahrheit gegenseitig zu Hilfe kommen" (DH 3).

Der Mensch findet diese Wahrheit mittels seines Gewissens; "ihm muß er in seinem gesamten Tun in Treue folgen ... Er darf also nicht gezwungen werden, gegen sein Gewissen zu handeln. Er darf aber auch nicht daran gehindert werden, gemäß seinem Gewissen zu handeln, besonders im Bereiche der Religion" (ebd.).

Kirchliches Handeln als Dienst am Menschen

Nach all diesen Aussagen geht es der Kirche in erster Linie um einen Dienst am Menschen, indem sie das Evangelium verkündet in Wort und Tat. Der RU als Verkündigung der Kirche erhält daher einen diakonischen" Charakter.

Insbesondere in der Pastoralkonstitution "*Gaudium et Spes*" beschreibt das Konzil das Verhältnis der Kirche zur Welt als ein diakonales[475]:

- Die Kirche nimmt dienend und dankbar Anteil an "Freude und Hoffnung, Trauer und Angst der Menschen von heute, besonders der Armen und Bedrängten aller Art" (GS 1). Sie versteht ihr Wirken nicht mehr nur binnenkirchlich und apologetisch, sondern wendet sich "an alle Menschen, schlechthin in der Absicht,

---

[473] Das Gewissensphänomen beschreibt Artikel 16 der Pastoralkonstitution wie folgt:
"Im Inneren seines Gewissens entdeckt der Mensch ein Gesetz, das er sich nicht selbst gibt, sondern dem er gehorchen muß und dessen Stimme ihn für immer zur Liebe und zum Tun des Guten und zur Unterlassung des Bösen anruft ... Durch die Treue zum Gewissen sind die Christen mit den übrigen Menschen verbunden im Suchen nach der Wahrheit und zur wahrheitsgemäßen Lösung all der vielen moralischen Probleme, die im Leben der Einzelnen wie im gesellschaftlichen Zusammenleben entstehen. Je mehr das rechte Gewissen sich durchsetzt, desto mehr lassen die Personen und Gruppen von der blinden Willkür ab und suchen sich nach den objektiven Normen der Sittlichkeit zu richten. Nicht selten jedoch geschieht es, daß das Gewissen aus unüberwindlicher Unkenntnis irrt, ohne daß es dadurch seine Würde verliert" (GS 16).

[474] Das Recht auf Religionsfreiheit besagt in der Formulierung des Konzils, "daß in religiösen Dingen niemand gezwungen wird, gegen sein Gewissen zu handeln, noch daran gehindert wird, privat und öffentlich, als einzelner oder in Verbindung mit anderen - innerhalb der gebührenden Grenzen - nach seinem Gewissen zu handeln" (DH 2).

[475] Vgl. Bitter 1985: 17.

allen darzulegen, wie (sie, T. G.) Gegenwart und Wirken der Kirche versteht" (GS 2).

- Die Kirche des Konzils beschäftigt sich mit der "Welt der Menschen, das heißt ... mit der Gesamtheit der Wirklichkeiten" (ebd.), in denen sie leben, indem sie mit der Menschheit "in einen Dialog eintritt" (GS 3).

- Daher anerkennt und fördert die Kirche nicht nur die Autonomie des Einzelmenschen in seiner Gewissens- und Religionsfreiheit, sondern proklamiert eine "Autonomie der irdischen Wirklichkeiten" (GS 36) in dem Sinn, "daß die geschaffenen Dinge und auch die Gesellschaften ihre eigenen Gesetze und Werte haben, die der Mensch schrittweise erkennen, gebrauchen und gestalten muß" (ebd.).

- Die Kirche betrachtet es als ihre grundlegende Aufgabe und Pflicht, "durch ihre einzelnen Glieder und als ganze viel zu einer humaneren Gestaltung der Menschheitsfamilie und ihrer Geschichte beitragen zu können" (GS 40), ebenso wie sie selbst "von der Welt, sei es von einzelnen Menschen, sei es von der menschlichen Gemeinschaft ... viele und mannigfache Hilfen zur Wegbereitung für das Evangelium erfahren kann" (ebd.).

- Der kirchliche Grundauftrag ist ein Dienst an der Persönlichkeitsentwicklung und Förderung der Rechte des einzelnen Menschen im Geist des Evangeliums; d. h. konkret, die Kirche

  - "erschließt ... dem Menschen ... das Verständnis seiner eigenen Existenz, das heißt die letzte Wahrheit über den Menschen" (GS 41),

  - erfüllt durch ihr Handeln das "wenigstens ahnungsweise Verlangen, ... zu wissen, was die Bedeutung seines Lebens, seines Schaffens und seines Todes ist" (ebd.).

Dieser diakonische Auftrag besteht jedoch gegenüber der gesamten menschlichen Gemeinschaft, indem die Kirche die heutige gesellschaftliche Tendenz der "Entwicklung hin zur Einheit, den Prozeß einer gesunden Sozialisation und Vergesellschaftung im bürgerlichen und wirtschaftlichen Bereich" (GS 42) anerkennt und fördert.

Ferner plädieren die Konzilsväter für einen partnerschaftlich-dialogischen Umgangsstil in Glaubensfragen[476], der es verbietet, exklusiv und kompromißlos für

476 "Oftmals wird gerade eine christliche Schau der Dinge ... eine bestimmte Lösung in einer konkreten Situation nahelegen. Aber andere Christen werden vielleicht, wie es häufiger und zwar legitim der Fall ist (!), bei gleicher Gewissenhaftigkeit in der gleichen Frage zu einem anderen Urteil kommen. Wenn dann die beiderseitigen Lösungen, auch gegen den Willen der Parteien, von vielen anderen sehr leicht als eindeutige Folgerung aus der Botschaft des Evangeliums gedeutet werden, so müßte doch klar bleiben, daß in solchen Fällen niemand das Recht hat, die Autorität der Kirche ausschließlich für sich und seine eigene Meinung in Anspruch zu nehmen. Immer aber

die eigene Meinung die Autorität des Evangeliums oder der Kirche in Anspruch zu nehmen; ferner werden in der Pastoralkonstitution Fehler und Versäumnisse in der Geschichte der Kirche eingeräumt[477] und zugleich die Bereitschaft zum Ausdruck gebracht, zu lernen und umzukehren, wenn Grenzen, Mängel oder gar Feindschaft dazu herausfordern.[478] Die Entwicklungen der modernen Welt werden grundsätzlich positiv gesehen, wobei die Kirche auch in ihrem Verkündigungsauftrag von den neuen Möglichkeiten profitiert.[479]

Auf dem Hintergrund dieses Verhältnisses von Kirche und Welt versteht das Zweite Vaticanum den spezifischen kirchlichen Beitrag als "Hilfe ... zur Vervollkommnung der menschlichen Persönlichkeit, zum Wohl der irdischen Gesellschaft und zum Aufbau einer Welt, die menschlicher gestaltet werden muß" (GE 3). Der spezifisch christliche, in ekklesiologisch-kairologischer Perspektive diakonisch begründete und orientierte Beitrag der Kirche zu Erziehung und Bildung (etwa im RU) besteht darin, "allen Menschen den Heilsweg zu verkünden, den Gläubigen das Leben Christi mitzuteilen und ihnen mit unablässiger Sorge zu helfen, daß sie zur Fülle dieses Lebens gelangen können" (ebd.). Nach all dem bisher Gesagten dürfte deutlich sein, daß diese Aufgabe nicht nur im Sinne der Katechese, sondern allgemein als wesens- und zeitgerechter Dienst am Menschen zu verstehen ist.

---

sollen sie in einem offenen Dialog sich gegenseitig zur Klärung der Frage zu helfen suchen; dabei sollen sie die gegenseitige Liebe bewahren und vor allem auf das Gemeinwohl bedacht sein" (GS 43).

477 Die Kirche ist sich bewußt, "daß unter ihren Gliedern,ob Klerikern oder Laien, im Lauf so vieler Jahrhunderte, immer auch Untreue gegen den Geist Gottes sich fand. Auch in unserer Zeit weiß die Kirche, wie groß der Abstand ist zwischen der von ihr verkündeten Botschaft und der menschlichen Armseligkeit derer, denen das Evangelium anvertraut ist. Wie immer auch die Geschichte über all dies Versagen urteilen mag, wir selber dürfen dieses Versagen nicht vergessen, sondern müssen es unerbittlich bekämpfen, damit es der Verbreitung des Evangeliums nicht schade. Die Kirche weiß auch, wie sehr sie selbst in ihrer lebendigen Beziehung zur Welt an der Erfahrung der Geschichte immerfort reifen muß" (GS 43).

478 Vgl. GS 44.

479 Ebd.

6.2 Der Religionsunterricht im Spannungsfeld von Verkündigung und Diakonie

Die vier kirchlichen Grundvollzüge

Den heute von den meisten anerkannten vier kirchlichen Grundfunktionen[480] *Martyria* (Verkündigung), *Koinonia* (Gemeindeaufbau), *Diakonia* (Dienst am Hilfsbedürftigen) und *Leiturgia* (Gottesdienst) werden in einem abgrenzenden Sinn meist ganz bestimmte Tätigkeiten kirchlichen Handelns zugewiesen:

- der *Verkündigung* die Predigt, die Erwachsenenbildung, der RU;

- der *Koinonia* das pastorale Handeln in der Gemeinde;

- der *Diakonia* die konkrete Hilfeleistung an Kranken, Behinderten und anderen Notleidenden;

- der *Leiturgia* der Gottesdienst und die Sakramentenspendung.

So sehr diese Zuordnung im Sinne einer notwendigen Schwerpunktbildung ihre Berechtigung hat, verstellt sie doch in gleicher Weise den Blick auf die gegenseitige Durchdringung und Verwiesenheit der drei Grundvollzüge. So wird der RU vorwiegend von der Funktion der Martyria abgeleitet - was nicht problematisch wäre, wenn damit nicht gleichzeitig die Gefahr einer einengenden Fixierung auf die Verkündigungsfunktion im Sinne einer katechetischen, präkatechetischen oder zumindest glaubenspropädeutischen Unterweisung oder Belehrung einherginge.[481] Die These dieser Arbeit lautet, daß unter heutigen gesellschaftlichen und geistesgeschichtlichen Bedingungen der RU diakonisch konzipiert und ausgerichtet werden muß. Im folgenden soll gezeigt werden, daß damit nicht Abschied genommen wird von der Funktion der Verkündigung, sondern daß ein diakonisch orientierter RU eigentlich erst richtige Verkündigung darstellt, indem er "von den ekklesiologischen Grundfunktionen der Kirche ausgeht"[482] und verstanden werden kann als "Dienst in einer besonderen Lebenslage (Kind- und Jugendphase in der Ausbildung, T. G.) und in einem spezifischen rechtlichen und institutionellen Kontext (Schule, T. G.) mit dem Ziel, Menschen leben zu helfen und auf unaufdringliche Weise vom sakramentalen Dienstcharakter der Kirche Zeugnis abzulegen"[483]. In dieser Sicht ist RU nicht nur (im Horizont der Evan-

---

[480] Vgl. Zerfaß 1994a; dort (35f) werden auch mögliche kirchliche Verkürzungen diskutiert, die sich meist auf drei Grundfunktionen beschränken. In der Praktischen Theologie sind die Termini *Grundfunktionen* (vgl. Rahner 1964, Zauner 1977: 152; Exeler 1981b: 105; Zulehner 1984: 19), *Grundvollzüge* (Lengeling 1981: 23), *Grundvorgänge* (Zauner 1977: 152), *Grundgesten* (Zerfaß 1994a: 34) oder *kirchliche Handlungsweisen* (Zulehner 1984: 20) geläufig.

[481] Diese Einschätzung teile ich mit *Ulrich Hemel* (1990a: 25).

[482] Hemel 1990a: 25.

[483] Ebd.

gelisierung) Zeugnis des Wortes, sondern als "eine Form pädagogischer Diakonie"[484] in kirchlicher Verantwortung ebenso Zeugnis der Tat.

Diese Konzeption des RUs läßt sich ekklesiologisch in dem heute von vielen postulierten integrativen Verständnis der vier kirchlichen Grundfunktionen legitimieren. Nach *Rolf Zerfaß* sind alle vier Vollzüge "für die Praxis der Kirche theologisch verbindlich, weil sie offensichtlich auf die Praxis Jesu selbst zurückgehen"[485]. Mit dem Begriff *Evangelisierung* läßt sich der untrennbare Zusammenhang von Martyria, Diakonia, Koinonia und Leiturgia begründen. Wo einer der vier Vollzüge fehlt, steht die christliche Identität und Glaubwürdigkeit überhaupt zur Disposition.[486] Diese vier kirchlichen Grundfunktionen dürfen jedoch auch nicht sektoriell aufgefaßt werden, als völlig verschiedene oder sogar konkurrierende Handlungsfelder. Vielmehr stellen sie vier Dimensionen christlichen Lebens und kirchlichen Handelns dar, die sich gegenseitig durchdringen, ohne ihre spezifische Identität zu verlieren:

- *Martyria* ist Dienst am Wort Gottes, das die Kirche im Gottesdienst feiert (Leiturgia), in der Gemeinschaft gegenwärtig und real werden läßt (Koinonia) und in der konkreten Hilfe am Nächsten glaubwürdig bezeugt (Diakonia).

- *Diakonia* als "Bruder- und Schwesterdienst" ist zugleich Ort der Verkündigung, weil die Überzeugung Wirklichkeit wird (Martyria), ist Gottesdienst, weil Gott die Liebe ist (vgl. 1 Joh 4,8) und wir Gott nur im Hilfsbedürftigen wirklich begegnen und ist nicht zuletzt Zeichen echter Gemeinschaft (Koinonia).

- *Koinonia* als Dienst an der Gemeinschaft vergegenwärtigt Jesus Christus als menschgewordenen Gott (vgl. Mt 18,20) (Leiturgia), verkündigt in der gelingenden Gemeinschaft seine Frohe Botschaft (Martyria) und ist undenkbar ohne die hilfsbereite Liebe zum Nächsten (Diakonia).

- *Leiturgia*, Gottes-Dienst, findet immer dann statt, wenn von der Botschaft der Liebe die Rede ist (Martyria), Taten von befreiendem und helfendem Handeln das Wort von der "*Liebe Gottes*" anschaulich machen (Diakonia) und sich Menschen in Offenheit und Solidarität zusammenfinden, um zu feiern, zu kommunizieren ... (Koinonia).

---

[484] Ebd.

[485] Zerfaß 1994a: 34.

[486] "Die Verkündigung der Botschaft wird flach und zum bürgerlichen Bildungsbetrieb, wenn die Diakonie in der Kirche nicht mehr zeigen kann, wozu und für wen das alles gut ist. Die kirchliche Gemeinschaft (Koinonia) verkommt zur Vereismeierei, wenn sie sich nicht auch von der Botschaft, vom Maßstab des Evangeliums (Martyria) in Frage stellen und sich die Augen für die Notleidenden (Diakonia) öffnen läßt. Die Diakonie mißrät zu blindem Aktionismus oder revolutionärer Gesellschaftskritik, wenn sie sich nicht nach den Maßstäben des Evangeliums um neue, klassenüberwindende Gemeinschaft unter den Menschen bemüht (Koinonia)" (Zerfaß 1994a: 36).

Diakonischer Charakter von Verkündigung - Verkündigungscharakter der Diakonie

Besonders problematisch und demzufolge "ungeklärt" scheint das Verhältnis zwischen Martyria und Diakonia zu sein. Dies zeigen ängstliche Warnungen

- vor "Säkularisierung", "Horizontalismus", "Verkürzung", "Verzicht auf das Eigentliche", wenn die Wichtigkeit der Nächstenliebe, der konkreten Hilfe, der Zuwendung, ja der liebenden Tat überhaupt stärker akzentuiert wird;

- vor "Ideologisierung", "Formalismus", "Orthodoxie", wenn die Lehre, die "theoretische" Beschäftigung mit Glaubensinhalten oder auch der liturgische Vollzug im Mittelpunkt stehen.

Beide Typen von Warnung sind *dann* Ausdruck von Ängstlichkeit und mangelhafter Dialogfähigkeit, wenn der entsprechende Vollzug in seiner Verwiesenheit auf den anderen nicht genügend ernstgenommen wird.

Die Überlegungen zur biblischen Grundlegung der Diakonie[487] haben gezeigt, daß das Dasein für andere "zur Mitte und damit zum konstitutiven Wesensausdruck"[488] des biblischen Offenbarungsglaubens gehört. Die Diakonie ist auch "für das Christentum nicht ein Konsekutivum, sondern ein Konstitutivum"[489]. Der Glaube an den Gott des ATs "als Jahwe, d. h. als ein für Welt und Mensch entschiedener Gott"[490], hat "wesentlich zu tun mit der 'Pro-Existenz' Gottes und ist damit unlösbar mit dem mitmenschlichen Ethos verbunden"[491]. Ein Glaube auf der Basis der Heiligen Schrift bedeutet, "daß das Ja zu Jahwe in ihm, mit ihm und durch ihn sich den Menschen zuwenden muß, um wirklich 'Ja' zu Jahwe zu sein"[492]. Christliches Dasein für andere hat sein Spezifikum in der Motivation, in der Orientierung an dem Gott der Bibel, der ein menschenfreundlicher Gott ist und dies in Leben und Sterben Jesu von Nazareth in unüberbietbarer Weise ausgedrückt hat. Das Wirken und Verkündigen Jesu, sein Tod und seine Auferstehung sind Realsymbol jener unüberwindbaren Liebe, an welcher der Christ glaubend sein Leben orientiert.

Auf diesem Hintergrund ist Diakonie das Konstitutivum nicht nur der Pastoral, sondern des gesamten kirchlichen Handelns. Daher sollte im Hinblick auf die Bedeutung des RUs nicht weniger gelten, was Lott u. a. als Begründung für kirchliche Erwachsenenbildung anführen:

> "Kirche darf sich, ..., wenn Diakonie ihr 'Beruf' ist, ihrer Mitverantwortung für die gesamtgesellschaftlichen Belange um der Menschlichkeit

---

[487] Vgl. Kapitel 5!
[488] Deissler ^{8}1981: 85.
[489] Exeler 1981b: 120.
[490] Deissler ^{8}1981a: 85.
[491] Deissler 1981b: 107.
[492] Ebd.: 108.

der Welt willen nicht entschlagen. Als gesellschaftliche Institution, die nicht unmittelbar in der ökonomischen Zweck-Mittel-Rationalität aufgeht, muß sie sich zum Anwalt des Menschen machen, kann sie versuchen, dem einzelnen Hilfe zur Identitätsfindung, zum Erkennen und Durchsetzen elementarer Interessen und Bedürfnisse zu leisten, und den Diskurs über das, was in der Gesellschaft gelten soll, einklagen."[493]

"Diakonie ist Verkündigung durch die Tat"[494] - diese Kurzformel der gegenseitigen Wechselbeziehung von Diakonie und Verkündigung bringt zum Ausdruck, daß die Botschaft von der Liebe Gottes zu den Menschen in konkretes Handeln zu übersetzen ist. *Rolf Zerfaß* beschreibt die Beziehung beider Vollzüge mit folgenden Worten:

> "Diakonie und gelebte Brüderlichkeit sind ein inneres Moment der Verkündigung, weil sie sichtbar werden lassen, wovon die Verkündigung redet: wie das ist, wenn Gott herrscht"[495]. Diakonie ist also eine Form der Verkündigung und umgekehrt.[496]

Es ist zu beachten, daß Diakonie einen Eigenwert besitzt und davon auch ohne christliche Etikettierung nichts verliert. Sie ist daher weder Vorfeld, noch Durchgangsstufe, noch Bewährung des Glaubens.[497] Dasein für andere ist selbst der eigentliche und zentrale "Vollzug" christlichen Glaubens. Es ist bemerkenswert, daß die Würzburger Synode gerade in ihrem Beschluß zum RU die diakonale Grundstruktur jeden Christseins und dessen Vollzügen formuliert hat: "Bekenntnis erfolgt nicht nur im Bereich von Dogma und Credo. Es drängt auf ganzheitlichen Ausdruck. Es wirkt sich aus in liturgischen Formen wie in Lebensäußerungen, in Ethos wie in Diakonie."[498]

Was bisher eher "ex negativo" ausgesagt wurde, soll im folgenden positiv beschrieben werden: die Perichorese von Verkündigung und Diakonie im Gesamtkonzept der Evangelisierung.[499]

Die diakonale Struktur der Verkündigung zeigt sich darin, daß

---

[493] Lott 1977: 11.
[494] Ott 1993: 99.
[495] Zerfaß 1983: 149.
[496] "Weder läßt sich Verkündigung auf Glauben noch diakonisches Handeln auf Liebe zurückführen. Beide sind Zeugnis des Glaubens, der in der Liebe wirksam ist. Der Glaube geht darum nicht der Liebe in der Weise voraus, als käme letztere als weniger wichtig noch hinzu, so daß das diakonische Zeugnis auch fehlen könnte. Beide existieren nur in einem wechselseitigen Bedingungsverhältnis, wie auch der Glaube sich von der Liebe Gottes ins Leben gerufen erkennt und gleichzeitig sich selbst als Voraussetzung der Erfahrung von der Liebe Gottes versteht" (Hollweg 1974: 502f.).
[497] Vgl. Zimmermann 1985: 13-15.
[498] Syn BS RU 2.7.2 (144).
[499] Vgl. Fuchs 1987a: 506-511.

- die jüdisch-christliche Tradition niemals als abstrakt-theoretisches, ideologieverdächtiges Herrschaftswissen im "Frontalunterricht" vermittelt werden darf, sondern die Verkündigung einen ganzheitlichen Begegnungsprozeß darstellt;

- die "Inhalte" mit der Vermittlungsform und den Beziehungsstrukturen unter der Leitperspektive "Hilfe und Befreiung" korrelieren;

- Diakonie zum Auswahlkriterium der Inhalte wird;

- das Dasein für andere oberste handlungsanleitende Maxime für den Interaktions-Stil aller darstellt, die an der Verkündigung beteiligt sind.

Daher findet Diakonie im RU nicht erst dann statt, wenn die Möglichkeit der Schülerpastoral gegeben ist; ein RL, der seine Aufgabe in der Schule als Dienst versteht, wird schon seinen täglichen Umgangsstil und seine didaktisch-methodische Praxis danach ausrichten.[500] In gleicher Weise ist Diakonie ein Grundelement der Verkündigung, indem

- im Zeugnis der Tat bereits Evangelisation in Form der Erstverkündigung bzw. Erstbegegnung mit dem christlichen Glauben beginnt;

- in der Orthopraxie die Orthodoxie ihre Glaubwürdigkeit und Erfüllung findet;

- in soteriologischer Perspektive die helfende Tat ohne das Wort auskommt, jedoch nicht umgekehrt (vgl. Mt 21,28-31; 1 Kor 13, 1-2).

Alle Evangelisierung zielt letztlich auf die Befreiung des Menschen unter dem Primat der Liebe (vgl. EN 30) und vollzieht sich in einer "explikativen Hermeneutik"[501] durch Informieren und Argumentieren und in einer "pragmatischen Hermeneutik"[502] der diakonalen Praxis.

6.3 Religionsunterricht als Ort religiöser Erziehung und Bildung - der Ansatz einer pädagogischen Diakonie

Rudi Ott stellt hinsichtlich der Religiosität der Schüler fest,

> "daß die Zahl der Kinder ohne jeglichen Bezug zur Religion stetig zunimmt. Da geht es dann nicht mehr nur um die Lebensbedeutsamkeit von religiösen Inhalten, sondern um die Möglichkeit religiöser Deutung von Erfahrungen überhaupt. In der Sozialisation der jungen Menschen können wir nicht mehr nur von einer Veränderung des geistigen Horizonts sprechen. Der Traditionsbruch geht vielmehr so weit, daß wir

---

[500] In Gesprächen mit Fachvertretern und Kommilitonen wurde mir nicht selten auf mein Plädoyer für einen diakonischen RU zu bedenken gegeben, daß dieser nicht realistisch sei, weil man heute Schulpastoral (Gottesdienste, Meditation, Beratung) gar nicht mehr durchführen könne. Diese Sicht zeigt m. E. ein verkürztes Verständnis von Diakonie; wie schon dargelegt, fasse ich den Begriff weiter, so daß er für Selbstverständnis, Lehrer-Schüler-Interaktion sowie Inhalte und Zielsetzungen im RU hochgradig praxisrelevant werden kann.

[501] Fuchs 1987a: 509.

[502] Ebd.

> eine neue Mentalität und einen neuen Persönlichkeitstyp vorfinden, dem jede Art von Transzendierung der Bedürfnisse über das Hier und Heute fremd ist. Religion als Lebensinhalt steht in Frage."[503]

Diese wohl kaum überraschende, aber doch stets ernüchternde Situationsbeschreibung hat dazu geführt, daß viele Religionspädagogen heute vom Globalziel einer *Erschließung der religiösen Wirklichkeitsdimension*[504] oder von *Prä-Evangelisierung*[505], *Neu-Evangelisierung*[506] oder *Erstbegegnung*[507] sprechen.

Religiosität - Religion - Glaube

Unter *Religiosität* "als *anthropologisches Apriori* religiöser Erziehung"[508] verstehe ich die urmenschliche, unveräußerliche und unverlierbare Fähigkeit im Sinne einer anthropologischen Grundhaltung, die Frage nach dem Sinn und nach Orientierung, nach Selbst-, Welt- und Wirklichkeitsbezug nicht nur durch Daseinsorientierung in der empirisch zugänglichen, endlichen Welt zu beantworten, sondern im Vertrauen auf einen umfassenden und zugleich offenen letzten Sinn-Grund (Transzendenzbezug) zu interpretieren.

Menschliche Religiosität bedarf unterstützender Hilfeleistungen, um sich entfalten zu können. Prozesse religiöser Sozialisation, Erziehung und Identifikation sind nötig, damit sich aus der fundamentalen Religiosität ein religiöses Bewußtsein entwickeln kann, das in der gläubigen Annahme des Sinnangebots einer Religion seinen Ausdruck findet.[509]

Der Begriff *Religion* läßt sich unter diesen Voraussetzungen definieren als eine konkrete, im Kontext soziokultureller Bedingungen entstandene und im Rahmen ebensolcher Begleiterscheinungen sich historisch entwickelnde Vollzugsform der Religiosität, die sich in verschiedenen Ausdrucksformen (Symbolen, Ritualen, Inhalten, etc.) auf verbale und nonverbale Weise entfaltet und manifestiert.

---

[503] Ott 1993: 97.

[504] Vgl. ebd.: 100; 101f.

Bei dem Terminus *Erschließung* handelt es sich um eine Lehnübersetzung aus der angelsächsischen Philosophie, wo sich der Begriff *disclosure situation* eingebürgert hat. Nach *Walter Kasper* geht es bei den disclosure situations um jedermann zugängliche, weltliche Erfahrungen, in denen sich dem religiösen Menschen durch Zeichen und Symbole "ein neuer Horizont und Gesamtzusammenhang (eröffnet, T. G.); es geht ihm sozusagen ein Licht auf, in dem das Ganze der Wirklichkeit neu erscheint" (Kasper [2]1983: 152). Beispiele für solche Situationen wären etwa Freude, Trauer, Angst, Trost, mitmenschliche Liebe und Treue, Langeweile, Tod (vgl. ebd.: 114).

[505] Vgl. Kasper 1991: 10ff.

[506] Vgl. Zerfaß 1994a: 49f.

[507] Vgl. Hemel 1984b: 342.

[508] Ders. 1990a: 27.

[509] In diesen Überlegungen folge ich Hemel (1989a: 34-37). Nach seiner Auffassung wird das religiöse Bewußtsein "durch eine religiöse Selbst- und Weltdeutung konstituiert, die sich als Folge des Zusammenwirkens von fundamentaler Religiosität, Prozessen religiöser Sozialisation und Erziehung sowie Prozessen religiöser Identifikation darstellt" (ebd.: 36).

Von Glaube als einer Vollzugsform der Religion sprechen wir immer dann, "wenn sich in einer Person menschliche Religiosität dadurch äußert, daß sie sich im Lauf eines Lebens mit einem konkreten Bekenntnis identifiziert"[510].

In Anbetracht der eingangs zitierten Situationsbeschreibung von *Rudi Ott* und des beschriebenen differenzierten Bereichs *Religiosität - Religion - Glaube* ist es unverzichtbar, Bereiche oder Dimensionen von Religiosität zu skizzieren, aus denen sich konkrete religionspädagogische Aufgaben und Ziele eines diakonischen RUs formulieren lassen.[511]

Ein Modell von Religiosität nach *Hemel*

Ulrich Hemel hat sich mit repräsentativen religionssoziologischen und psychologischen Modellen von Religiosität auseinandergesetzt[512] und ein eigenes - religionspädagogisches - multidimensionales Modell von Religiosität erarbeitet[513], das fünf Aspekte beinhaltet:

(1) *"Religiöse Sensibilität"* als "Grunddimension von Religiosität"[514] bezeichnet die anthropologischen Grundhaltungen der Aufgeschlossenheit, Ansprechbarkeit, Offenheit und Wahrnehmungsfähigkeit eines Menschen, denen nach *Hemel* ein konkretes Ausdrucksverhalten entspricht, das "vom Gebet, der Teilnahme an einem Gottesdienst, der diakonischen Hilfe, dem Lesen religiöser Veröffentlichungen u. a. bis hin zu einer religiös begründeten Berufswahl (z. B. RL) oder zur Wahl einer religiösen Lebensform (z. B. als Priester oder Ordensangehöriger)"[515] reicht.

(2) Die hiermit angesprochene Dimension *"religiöses Ausdrucksverhalten"* "bezeichnet den pragmatischen Aspekt von Religiostät und umfaßt alle Verhaltensweisen, die einer religiösen Motivation entspringen"[516]. Von außen betrachtet müssen nicht alle religiösen Ausdrucksformen Ausprägungen religiöser Sensibilität sein. Eine Klärung erfolgt über die (religiösen?) Handlungsmotive und das (religiöse?) Selbstverständnis des Handelnden.

(3) Der dritte Aspekt der *"religiösen Inhaltlichkeit"* bezieht sich auf den kognitiven Bereich der Religiosität und damit "nicht allein auf die ausdrücklich niedergelegten Glaubenslehren einer religiösen Gemeinschaft, sondern auch auf die In-

---

510 Ders. 1986b: 53.
511 Vgl. Kap. 7.1.2!
512 Vgl. Hemel 1986a: 54-58.
513 Vgl. Ders. 1988: 564-573.
514 Ders. 1986a: 58.
515 Ebd.: 58f.
516 Ders. 1988: 569.

halte und Vorstellungen, die im Gottesdienst, im Gebet, im Unterricht, im Gespräch und in anderen Handlungsformen zum Ausdruck kommen"[517].

Religiöse Inhalte stehen häufig im Zusammenhang mit religiösen Ausdrucksformen; es ist jedoch zu beachten, daß religiöse Inhaltlichkeit keineswegs notwendig mit religiöser Sensibilität oder religiösem Ausdrucksverhalten einhergeht[518]. Menschen können sich mit religiösen Inhalten auseinandersetzen, ja diese sogar für richtig halten, ohne sie gleichzeitig zu glauben.

(4) *"Religiöse Kommunikation"* (nicht-)sprachlicher Art steht ebenfalls in Zusammenhang mit religiösem Ausdrucksverhalten. *Hemel* unterscheidet dievertikale Kommunikation"[519] zwischen Mensch und Gott von der "horizontalen Kommunikation"[520] als Gesamtheit zwischenmenschlicher Formen von Interaktion.

Letztere läßt sich nochmals differenzieren in die Formen "einer religiösen Binnenkommunikation innerhalb einer geprägten Glaubensgemeinschaft und einer religiösen Außenkommunikation, die zwischen Mitgliedern einer Glaubensgemeinschaft und 'Außenstehenden' geführt wird"[521]. Religiöses Sprachverhalten erfordert ein hohes Maß an Sensibilität gegenüber den Voraussetzungen der Interaktionspartner.

(5) Die fünfte Dimension der *"religiös motivierten Lebenshaltung und Lebensgestaltung"* bezeichnet den gesamten Horizont der übrigen vier Dimensionen von Religiosität. Dadurch wird gewährleistet, daß die einzelnen Dimensionen "nicht künstlich auseinandergerissen oder nur additiv verbunden, sondern wirklich ganzheitlich verstanden werden und wechselseitig in Beziehung treten"[522]. Religiös motivierte Lebenshaltung und -gestaltung ist immer dann gegeben, wenn bei einer Person ein religiöses Sinnangebot durch Identifikation auf der Basis von Erziehung und Sozialisation eine subjektive Gesamtorientierung ermöglicht, die sich in Form der religiösen Selbst-, Welt- und Wirklichkeitsdeutung sowie in einem religiös motivierten Ethos zeigt.

---

[517] Ebd.: 570.

[518] So kann man etwa religiöse Inhalte (theologisch) zwar kennen und verstehen, muß diese aber noch lange nicht glauben. "Es gehört zu den tragischen Irrtümern christlicher Glaubensvermittlung in den letzten 100 Jahren, die Vermittlung von Kenntnissen über den christlichen Glauben allzu optimistisch mit der Möglichkeit, dadurch "Glauben" zu erzielen, verwechselt zu haben" (Hemel 1986a: 60).

[519] Ders. 1988: 570.

[520] Ebd.

[521] Ders. 1986b: 60.

[522] Ebd.: 61.

Eine "reife Religiosität in einer reifen Persönlichkeit"[523] wäre demnach Ausdruck einer umfassenden, dynamischen Balance *aller* Dimensionen von Religiosität.

Religionspädagogische Konsequenzen

Mit *Ulrich Hemel*[524] bezeichnen wir als Globalziel religiöser Erziehung die Entfaltung der fundamentalen Religiosität zur "religiösen Kompetenz"[525] im Sinn einer "religiösen Urteils- und Entscheidungsfähigkeit"[526], die zu einer umfassenden Entwicklung einer harmonischen Gesamtpersönlichkeit gehört.

Aus theologischer Sicht entspricht ein RU, der sich an dem Leitmotiv einer ganzheitlichen Förderung der Religiosität ausrichtet, dem Konstitutivmerkmal jener christlichen Glaubenshaltung und Lebensgestaltung, die sich im Dasein für andere am letztlich unerreichbaren und eschatologischen Moment der Hoffnung realisiert: "... damit sie das Leben haben und es in Fülle haben" (Joh 10,10).

Aus pädagogischer Sicht ist ein diakonischer RU als "Hilfestellung an der Personwerdung des Menschen"[527] zu verstehen, die etwa im Sinne des personaltranszendentalen Erziehungskonzeptes von *Karl-Heinz Dickopp* in ein Seinsverhältnis zu sich selbst, zur Welt und zur ganzen Wirklichkeit gestellt ist; dementsprechend formuliert *Dickopp* das Ziel der Erziehung als "normative Selbstermächtigung"[528] und versucht damit eine konstruktive Verbindung der neuzeitlich-anthropologischen Postulate von *Autonomie, Rationalität* und *Subjektivität* mit den fundamentalen Begründungsstrukturen einer transzendentalen Wertethik. Unter dem Gesichtspunkt von *Bildung*[529] erscheint diakonisch orientierter RU im Kontext schulischen Unterrichts als bewußte, planmäßige und organisierte pädagogische Hilfestellung bei der Erschließung der religiösen Wirklichkeit als Beitrag zu einer ganzheitlichen Bildung. In Anlehnung an *Wolfgang Klafkis* Überlegungen zur *kategorialen Bildung* geht es einerseits um das subjektive (formale) Element, indem den Schülern der Blick für die *ganze* Wirklichkeit mit ihren viel-

---

[523] Grom ^{4}1992: 40.

[524] Vgl. Hemel 1988: 672-690.

[525] Unter "*religiöser Kompetenz*" verstehen wir "die erlernbare, komplexe Fähigkeit zum verantwortlichen Umgang mit der eigenen Religiosität in ihren verschiedenen Dimensionen und in ihren lebensgeschichtlichen Wandlungen" (ebd.: 674).

[526] Ders..1991b: 770.

[527] Ders. 1988: 649.

[528] Dickopp 1983: 427f.

[529] Der pädagogische Grundbegriff "*Bildung*" ist extrem schwer zu definieren (vgl. Schwenk 1989). Als lebenslange Aufgabe verweist er - im Unterschied zu "*Erziehung*" - stärker auf den subjektiven Bereich im Sinne einer Aneignung von Wissen, Können, Fähigkeiten und Fertigkeiten in produktiv-kritischer Auseinandersetzung mit einer Kultur.

fältigen Ansprüchen geöffnet wird und andererseits um das objektive Element der Bildung, das die Erschließung der Gesamtwirklichkeit selbst bezeichnet.

"Bildung verhilft denen, die sich mit sich selbst und ihrer Welt nicht oder noch nicht zurechtfinden, zu mehr Mensch-Sein, zur Verbesserung ihrer Kompetenz in den wesentlichen Belangen des Menschseins"[530] (*Rudi Ott*). Diese Zielformulierung kann - so zutreffend und plausibel sie auch erscheint - allzu leicht als idealistisch oder gar illusorisch mißverstanden werden. Die Leitperspektive der Diakonie sichert der religiösen Bildung den nötigen Realitätsbezug, indem es ihr um den Menschen in seiner konkreten Lebenssituation geht - und nicht um irgendwelche "weltfremden" Inhalte oder Aussagen, denen eher ein Ideologiecharakter zu eigen ist.

Ein diakonisch geprägtes Bildungsverständnis entfaltet sich in vier Dimensionen[531]:

(1) Diakonischer Bildung geht es einzig und allein um den Menschen in seiner umfassenden Personalität. Ein Mißverständnis oder Mißbrauch von Bildung als Instrument zur Rekrutierung anpassungsfähiger Bürger wird durch die "kritische Funktion"[532] verhindert, die "einfältige Wirklichkeitsvorstellungen aufbricht und Verdrängtes, besonders Erfahrungen von Schwachsein und Leid bewußt macht"[533].

(2) Schülerorientierung und Erfahrungsbezug werden gewährleistet, indem die Inhalte des Unterrichts nach dem Korrelationsprinzip in untrennbarer und unvermischter Weise spezifisch christliche Elemente *und* Momente der alltäglichen Lebenspraxis aufeinander beziehen.

(3) Ein diakonischer RU eröffnet dem Schüler einen Sinnhorizont aus dem Glauben, indem in seiner Weite und Offenheit die Freiheit und Verantwortung des Schülers ernstgenommen und die engen Verhaltensmuster unserer Alltagswelt in Frage gestellt werden.

(4) Der Diakonie eignet eine kommunikativ-dialogische Grundstruktur. Der RL wird sich darum bemühen, die Erfahrungen, Meinungen, Träume, aber auch die Probleme, Unsicherheiten und Schwächen seiner Schüler kritisch-kreativ in einer unmittelbaren Beziehung ernstzunehmen. In diesem Sinne kann er sich durchaus als Partner verstehen, ohne daß sein (zeitlicher) Erfahrungs- und Wissensvorsprung und seine (nur schulrechtlich legitimierten) Kompetenzen (Notengebung, Disziplinierung) in kurzsichtiger Weise aus dem Blick kämen. All diese scheinbaren Kommunikationsbarrieren werden in einem diakonischen RU abgebaut.

530 Ott 1993: 99.
531 Inspiriert durch *Rudi Ott* (1993: 99).
532 Ebd.
533 Ebd.

Neben *Erziehung* und *Bildung* gehört das Lernen zu den Grundbegriffen jeder Pädagogik. *Hans-Günter Heimbrock*[534] hat darauf hingewiesen, daß die diakonische Dimension religiöser Erziehung und Bildung zu kurz greift, wenn es in schwerpunktmäßiger Stofforientierung um bloße Thematisierung außerschulischer, verbandlich organisierter diakonischer Praxis geht. Der pädagogische Aspekt komme bei diesem Ansatz kaum zum Tragen. Stärker zu beachten ist daher diakonisches Lernen. Was Hilfe und "Hilflosigkeit ist, ist nicht ohne Lernen zu verstehen"[535].

Ein diakonisches Verständnis von Lernen läßt sich folgendermaßen charakterisieren[536]:

- Religiöses Lernen muß als Interaktion verstanden werden, nicht nur als "Verschiebebahnhof von Wissenseinheiten"[537].

- Beim Lernen als Interaktion sind soziale Implikationen und Komponenten mitzubedenken. Im Bereich des sozialen Lernens geht es "um gemeinsame Erfahrungen hinsichtlich des Problemlösens und hinsichtlich der Fähigkeit, andere in ihren speziellen Situationen wahrzunehmen und zwar mit dem Ziel, daß 'Gemeinschaft' nicht nur proklamatisch vollzogen wird, sondern auch real."[538]

- Diakonisches Lernen kann als Lebenshilfe verstanden werden, insofern es gelingt, "ganzheitliches Lernen unter Einschluß kognitiv-psychologischer, aber auch sozialpädagogischer, beraterischer und therapeutischer Aspekte und Strategien zu verfolgen."[539]

- Soll das Phänomen *menschliche Hilfsbedürftigkeit* nicht nur unter der Perspektive von Lernstoffen und Unterrichtsinhalten behandelt werden, so ist im Sinne eines diakonischen Lernens zu plädieren für "eine erhöhte Sensibilität für apathiesierende Wirkungen gegenwärtiger Lernsituationen und Bildungsgänge, einen empathischeren Umgang der Erzieher ... mit der Helferproblematik, schließlich auch ein Verständnis von Unterricht weniger im Sinne des 'Machens' als vielmehr im Sinne des Sich-Betreffen-Lassens, im Interesse der Erprobung nicht-verfügbarer Zugänge zur Wirklichkeit"[540].

- Eine Religionspädagogik, die das pädagogische Phänomen *Lernen* aus theologischer Sicht diakonisch qualifiziert, bekennt sich zur "gesellschaftskritischen Verantwortung"[541]. Das bedeutet einerseits kritische Wahrnehmungsfähigkeit von

---

534 Vgl. Heimbrock 1987.

535 So *H. Schröer* (zit.n. Heimbrock 1987: 241).

536 Vgl. Heimbrock 1987: 241-243.

537 Stoodt 1973: 13.

538 Brockmann u. a. 1975: 246.

539 Heimbrock 1987: 242.

540 Ebd.

541 Nipkow ^{4}1990: 130ff.

bildungs- und sozialpolitischen Trends unserer Gesellschaft, die dem diakonischen Grundzug des christlichen Glaubens zuwiderlaufen und andererseits den engagierten Einsatz für die Installation alternativer Bildungsstrukturen, die ein diakonisches Lernen begünstigen.

Als Leitperspektive für diakonisches Lernen gilt das Wort *Dietrich Bonhoeffers*: "Wir müssen lernen, die Menschen weniger auf das, was sie tun als auf das, was sie erleiden, anzusehen."[542]

Insgesamt entspricht ein diakonischer RU als Weg religiöser Erziehung und Bildung einer Konkretion des fundamentalen anthropologisch-theologischen Ansatzes, daß eine entfaltete Religiosität "und die Offenheit für einen gläubigen Lebensweg die Persönlichkeit oder das Selbst eines Menschen zur Fülle der ihm möglichen Entfaltung und Vollendung führen können"[543].

Im dritten Hauptteil gehen wir der Frage nach, welcher Art die didaktischen Konsequenzen sind, die sich aus einem diakonischen Verständnis des RUs ergeben (Kapitel 7) und welche konkreten Optionen sich angesichts markanter Tendenzen und Aporien der Postmoderne (Kapitel 8) für einen RU formulieren lassen (Kapitel 9), der Lebenshilfe aus dem Glauben geben will.

---

542 Bonhoeffer 1970: 19.
543 Hemel 1988: 649.

3. Teil: Bausteine eines diakonischen Religionsunterrichts in der postmodernen Gesellschaft

"Zu den folgenreichen Unterlassungssünden der jüngsten Theologiegeschichte gehört die weitgehende Nichtbeachtung der Diakonie."[544] Diese Einschätzung kann sich auf folgende Tatsachen stützen:

- Diakonie als wissenschaftliche Teildisziplin der Theologie ist nur an zwei Fakultäten in Deutschland vertreten: an der Universität Heidelberg als "Diakoniewissenschaftliches Institut" der Evangelisch-Theologischen Fakultät und im Fachbereich Katholische Theologie an der Albert-Ludwig-Universität Freiburg i. Br. als "Caritaswissenschaft und Christliche Sozialarbeit".

- Es gibt einen "Mangel an diakonietheoretischer Grundlagenliteratur"[545]. Auch wenn in jüngster Zeit die Beiträge zur Pastoralpsychologie[546] und Theologie der Praktischen Seelsorge[547] deutlich zugenommen haben, bleibt doch die Diakonie auf den Bereich der organisierten Hilfsinstitutionen wie *Deutscher Caritasverband* oder *Diakonisches Werk* beschränkt.

- Nach *Cremer/Funke*[548] ist die "praktisch-theologische Theoriebildung ... weit davon entfernt, eine befriedigende Theorie christlich-kirchlicher Diakonie vorzulegen"[549]. Trotz beeindruckender Versuche einzelner[550] ist eine diakoniewissenschaftliche Grundlagenforschung[551] auf breiter Basis Desiderat geblieben. Angesichts der biblischen Grundlegung[552] der Diakonie als *das* Kriterium allen Christseins und der "wachsenden(n) Bedeutung von Diakonie als der gegenwärtig zentralen Dimension kirchlich-gesellschaftlicher Präsenz des Christlichen"[553] erscheint es als unverkennbares "Zeichen der Zeit", sich in der Theologie verstärkt diesem Bereich zuzuwenden.

Nach *Heimbrock* hat trotz einer "unbestreitbaren Kette von erziehungsdiakonischen Bemühungen christlicher Kirchen ... deren wissenschaftliche Erschließung und theoretische Begründung weder in der Praktischen Theologie noch in der Diakoniewissenschaft bislang nennenswerte Aufmerksamkeit gefunden"[554]. Da

---

544 Philippi [2]1989: V.
545 Ebd.: VI.
546 Stellvertretend für viele Veröffentlichungen seien genannt Baumgartner 1990 und 1992.
547 Exemplarisch: Fürst/Baumgartner 1990, Fuchs 1990 und Zerfaß [5]1992.
548 Cremer/Funke 1988.
549 Ebd.: 9.
550 Zu nennen ist an dieser Stelle der Leiter des Heidelberger Diakoniewissenschaftlichen Instituts *Paul Philippi* und der frühere Ordinarius für Caritaswissenschaft und Christliche Sozialarbeit *Richard Völkl*.
551 Vgl. hierzu Strohm 1985.
552 Vgl. Kap. 5!
553 Cremer/Funke 1988: 9.
554 Heimbrock 1986: 10.

jedoch eine "diakonische Orientierung der gesamten Theologie"[555] festzustellen sei, tritt die "Frage nach der Bedeutung christlich begründeter bzw. christlich geprägter Erziehung für kirchliche Diakonie und ihre theologische Theorie wie andersherum zugleich die Frage nach sinnvollen diakonischen Perspektiven für Erziehung"[556] in den Vordergrund. *Hans-Günter Heimbrock* widmet sich in diesem Kontext dem "vergessenen Grenzfall"[557] *Pädagogische Diakonie* insbesondere im Zusammenhang einer Heilpädagogik.

Solche religionspädagogischen Anlaufversuche werden jedoch derzeit nur von einzelnen unternommen. Wie schon der Forschungsbericht in Kapitel 4 gezeigt hat, liegt eine konzeptionelle Anwendung dieses Ansatzes auf dem Praxisfeld "*Schulischer RU*" in der deutschsprachigen Religionspädagogik bisher nicht vor!

Der dritte Hauptteil versucht auf der Basis der bisherigen Ausführungen, die diakonische Dimension als zeit- (1. Hauptteil) und wesensgerechten (2. Hauptteil) Ansatz einer Neuorientierung des christlich-kirchlichen Praxisfeldes RU so zu konkretisieren, daß Bausteine einer Konzeption erkennbar werden.

7. Didaktische Formalstrukturen eines diakonischen Religionsunterrichts

Die verschiedenen Lehrbücher der Religionsdidaktik[558] behandeln die Grundfragen (Begriffserklärungen, Geschichtlicher Überblick, Begründung des RUs, Inhalte, Didaktischer Ansatz), Konstitutivelemente (Schüler, Lehrer, Kommunikation und Umgangsstil), Aspekte der Planung (Aufgaben und Ziele, Methoden und Medien, Artikulation und Differenzierung des Unterrichts) und schließlich Momente und Bedingungsfaktoren der Gestaltung (Lehrplan, Erfolgskontrolle, Lehrer-Schüler-Interaktion). So sehr in allen Bereichen das Korrelationsprinzip angewendet wird, kann man sich doch des Eindrucks nicht erwehren, als bestünde eine Kluft zwischen dem von der Synode grundgelegten und in dieser Arbeit entworfenen diakonischen Selbstverständnis des RUs einerseits und den didaktischen Ratschlägen für die konkrete Unterrichtspraxis andererseits.

Im folgenden soll versucht werden, auf der Grundlage der bisherigen Ausführungen allgemeingültige didaktische Konturen eines diakonischen RUs zu umreißen, ohne daß freilich eine geschlossene Konzeption vorgelegt werden kann. Die Ausführungen müssen in diesem Zusammenhang unvollständig bleiben und könnten zugleich Anregungen für weiterführende Überlegungen darstellen.

---

555 Ebd.: 7.

556 Ebd.

557 So der Untertitel in Heimbrock 1986.

558 Exemplarisch für eine Vielzahl religionsdidaktischer Lehrbücher seien genannt: Hofmeier 1994 und Weidmann ^{6}1992.

7.1 Der ganzheitlich-kommunikative Ansatz: "Zusammenhänge stiften"[559]

Kommunikative Religionsdidaktik in ihrer "diakonischen" Qualität

Ganzheitlichkeit gegenüber einseitigen Interessen, einengendem und verkürzendem Wahrnehmungsverständnis und Bedrohung der Gesamtorientierung gehört zum Wesen der Diakonie. Eine umfassende und zugleich differenzierte Wahrnehmung und ein entsprechendes Handeln in christlicher Diakonie bezieht sich auf den Menschen in seiner umfassenden *Personalität*, auf die Beziehungen des einzelnen zu seinen *Mitmenschen* und nicht zuletzt in seinem Verhältnis zur *gesamten Wirklichkeit*. In jedem Bereich geht es um Beziehungen. Der diakonische Ansatz ist daher ein relationaler; er entspricht im Horizont der biblischen Grundlegung der Diakonie[560],theologisch dem Wesensmerkmal der Begegnung: Glauben im Sinne des Vertrauens in die Wirklichkeit *Gott* vollzieht sich strukturell immer als kommunikativer Prozeß, von der Erfahrung rettender und befreiender Nähe über den Anspruch dieser Wirklichkeit an den einzelnen bis hin zur unüberbietbaren Menschwerdung dieser Wirklichkeit in Jesus Christus, in dessen Botschaft und Leben das Dasein für andere im Zentrum steht.

Vor diesem Hintergrund erschließt sich der Sinn dessen, was mit dem Terminus *kommunikative Didaktik*[561] gemeint ist:

> "Ihr geht es in einem dialogischen Prozeß um das Verstehen des Glaubens, indem der Sinn / die Bedeutung von Glauben im und aus dem gesellschaftlichen und lebensbestimmenden Kontext heraus erschlossen wird und Handlungsfelder des Glaubens, Modelle einer Lebenspraxis aus Glauben eröffnet werden."[562]

In diesem Verständnis sind Aufgaben und Ziele sowie Inhalte des RUs ebensowenig voneinander zu trennen, wie die Lehrer-Schüler-Interaktion einen isolierten Platz in einer Didaktik einnehmen kann. Inhalts- und Beziehungsaspekte bleiben streng aufeinander verwiesen; der diakonische Ansatz zeigt, daß die Art der Lehrer-Schüler-Beziehung im Unterrichtsalltag selbst schon ein Thema des RUs ist. Umgekehrt ist jeder zu vermittelnde Inhalt erst im Kontext einer Kommunikation wirklich lebendig und kann durch den Prozeß der Auseinandersetzung und Begegnung zum Erreichen bestimmter Ziele führen.[563]

---

559 Ott 1993: 105.

560 Vgl. Kapitel 5!

561 Vgl. Feifel 1987a.

562 Schlüter 1988: 22.

563 Im folgenden werden aus diesem Grund die didaktischen Einzelbereiche (Ziele, Inhalte, Methoden ...) nicht systematisch getrennt voneinander beschrieben.

Dieser kommunikativ-dialogische Ansatz im diakonischen RU zeitigt weitreichende didaktische Konsequenzen[564]:

RU als Beziehungslernen falsifiziert die Alternative zwischen dem einseitig schülerorientierten und dem schwerpunktmäßig inhaltsorientierten RU und favorisiert ein ganzheitlich strukturiertes religiöses Lernen, das sowohl Inhalts- als auch Beziehungsaspekte integrativ realisiert.[565] Ein solcher Unterricht kann wirklich "*diakonisch*" nach dem Vorbild Jesu genannt werden, welcher in Wort und Tat das Heil des Menschen realisierte und real Gottes Herrschaft verkündete.[566]

Religionspädagogische Hilfestellung im Horizont einer kommunikativen Didaktik[567]

Als wichtiges Zwischenergebnis dieser Untersuchung hat sich herausgestellt, daß ein RU unter den gegebenen Bedingungen von Christentum und Kirche in der Gesellschaft nicht mehr katechetisch konzipiert und durchgeführt werden kann.

Er muß vielmehr *diakonisch* verstanden werden als Hilfe zur Erschließung der fundamentalen Religiosität der Schüler mit dem Ziel einer Entfaltung der religiösen Kompetenz. Dieses Globalziel soll nun im folgenden in allgemeine Feinziele aufgeschlüsselt werden, denen auf dem Hintergrund eines kommunikativen Ansatzes ungleich größere Erfolgschancen eingeräumt werden können als einer Unterweisung oder Sozialisation.

(1) Ein RU, der sich in diesem Sinne als *diakonisch* versteht, kann dem Schüler Hilfestellung geben zur Erlangung religiöser Kompetenz in der Dimension der religiösen Sensibilität[568].

Unter sensibler Wahrnehmung und Beachtung der religiösen Grundeinstellung oder Bindung[569] der Schüler ergibt sich als religionspädagogische Aufgabe die "gegenwartsbezogene Förderung und Vertiefung religiöser Sensibilität, aber auch die zukunftsorientierte Vorbereitung auf Wandlungen und lebensgeschichtliche Krisen des Zugangs zu religiöser Wirklichkeit"[570].

---

564 Weiterführende Überlegungen zu einer kommunikativen Didaktik finden sich bei Biesinger 1983 und Feifel 1987a.

565 Zu den methodischen Konturen eines handlungsorientierten Unterrichts im Rahmen einer kommunikativen Didaktik vgl. Kollmann 1988: 39-54.

566 Vgl. hierzu wiederum die biblischen Reflexionen in Kap. 5!

567 Die Überlegungen dieses Teilkapitels stützen sich gedanklich und terminologisch ausschließlich auf Hemel 1986a (61-71) und 1988 (672-690).

568 Die in den folgenden fünf Punkten vorgestellten religionspädagogischen Aufgaben beziehen sich auf die fünf Dimensionen von Religiosität, wie sie in Kapitel 6.3 beschrieben wurden.

569 Unter *religiöser Bindung* verstehe ich mit *Hemel* "die subjektive Relevanz von Religion und Glaube in Gestalt der religiösen Grundeinstellung" (1990a: 28f.).

570 Hemel 1988: 676.

Auf diesem Weg läßt sich das postulierte Globalziel der "Eröffnung oder Vertiefung eines qualifizierten Zugangs zur religiösen Wirklichkeit"[571] anstreben.

(2) Der Dimension religiösen Ausdrucksverhaltens entspricht nach *Hemel* die Aufgabe der "Befähigung zur Übernahme religiöser Rollen"[572] und der "Förderung religiöser Handlungsfähigkeit"[573]. Religiös relationale Lernprozesse befähigen im heutigen gesamtgesellschaftlichen Kontext weniger zum Erlernen pragmatischer Fähigkeiten im Gottesdienst - hierfür fehlt bekanntlich meist die Bereitschaft - sondern viel eher zu einer fundamentalen religiösen Handlungsfähigkeit. Sie bezieht sich sowohl auf den Individualaspekt menschlich personaler Religiosität (Bewußtsein des eigenen religiösen Standpunktes und Bereitschaft zur Anwendung eigener religiöser Fähigkeiten und Begabungen) als auch auf den Sozialaspekt (Fähigkeit zur Darstellung der eigenen religiösen Identität im intersubjektiven Kontext). Der Rolle des RLs als Modell kommt für diese Lernprozesse über den persönlichen existenziellen Bezug zu Themen und Inhalten eine unüberschätzbare Bedeutung zu.

(3) Religiöse Inhaltlichkeit als oft einseitig betonte Dimension von Religiosität stellt dem RU die Aufgabe der "religiösen Bildung"[574], die "die schrittweise Entfaltung und geistige Durchdringung religiöser Inhalte, eine Aneignung religiösen Wissens und eine Differenzierung religiöser Vorstellungen"[575] zum Gegenstand hat. Da religiöse Lernprozesse multidimensional verlaufen, darf religiöse Bildung weder auf kognitive Vollzüge in Unterweisung und Lehre noch auf Reproduktion von gespeichertem Wissen reduziert werden. Vielmehr geht es um "Aneignung von Orientierungsgrößen zur persönlichen Weltgestaltung"[576], was immer in Verbindung mit der allgemeinen Persönlichkeitsentwicklung zu sehen ist. Besonders die Erkenntnisse der Pädagogischen Psychologie und der Entwicklungspsychologie zur kognitiven (*Piaget*) und moralischen (*Kohlberg*) Entwicklung haben gezeigt, wie bedeutsam der relationale Aspekt (Wahrnehmungs-, Kommunikations-, Beziehungsfähigkeit) für das Lernen ist. Der Prozeß eines lebendigen Lernens kann nur dann effizient und persönlich relevant gestaltet werden, "wenn die psychische, emotionale, intellektuelle Individualität jedes einzelnen respektiert und intensiviert wird durch Bezug auf die Aktivität der gesamten Gruppe"[577].

(4) Nach *Hemel* gehört die "religiöse Sprachlosigkeit, ja geradezu Sprach-Ohnmacht zu den hervortretenden Kennzeichen einer religiösen Diagnostik der Ge-

---

[571] Ebd.
[572] Ebd.: 677.
[573] Ebd.
[574] Ebd.: 680.
[575] Ders. 1986: 68.
[576] Ders. 1988: 681.
[577] Biesinger 1983: 821.

genwart"[578]. Dieser Mangel rückt noch einmal mit besonderer Dringlichkeit die Dimension der religiösen Kommunikation in den Vordergrund, die sowohl dem anthropologischen Akt des Glaubens als Beziehungsprozeß wie der "dialogischen Grundstruktur religiöser Vermittlung"[579] entspricht.

Religiöse Kommunikations-Kompetenz ist ein vielschichtiger Komplex von Fähigkeiten, die zwar untereinander verschränkt, aber nicht identisch sind[580]:

- *Religiöse Sprachkompetenz* umfaßt die verstehende Deutung religiöser Inhalte und die Fähigkeit, die Syntax, Semantik und Pragmatik der religiösen Sprache zu beherrschen.

- *Religiöse Interaktionskompetenz* ist zur sinnvollen Teilnahme an verbalen und nonverbalen Kommunikationsprozessen einer Glaubensgemeinschaft unerläßlich.

- Angesichts religiösen und weltanschaulichen Pluralismus', virulenter Sinnkrise und Orientierungslosigkeit unserer Zeit ist *religiöse Dialogfähigkeit* eine wichtige Voraussetzung, damit z. B. Christen und "Nichtchristen" miteinander ins Gespräch kommen können, ohne ständig durch Mißverständnisse Kommunikationsbarrieren zu errichten.

- *Religiöse Symbolfähigkeit* als spezifisches Ziel diakonischen RUs entspricht der Aufgabe, den Schülern zu helfen, "den Sinngehalt religiöser Ausdrucksformen zu verstehen, d. h. ihn ohne Reduktion auf eine einzige (und somit notwendig defizitäre) Sinnebene zu dekodieren"[581]. In diesem Kontext leisten die verschiedenen symboldidaktischen Ansätze als Teil bzw. Spezialfall einer religionspädagogischen Theorie[582] einen wichtigen Beitrag in einem RU, in dem eine offene, partnerschaftlich-dialogische Kommunikation ermöglicht wird: "*Immer ... geht symbolische Kommunikation* (der Umgang mit Symbolen) *der Symbolinterpretation* (ihrer Deutung) *voraus*. Symbole erfordern Kommunikationsformen, die ihrer Wirkweise entsprechen"[583] (*Erich Feifel*).

- Jede Kommunikation kann nur gelingen, wenn die Kommunikationspartner sich ihres eigenen Standpunktes sicher sowie dessen Grenzen und Gefährdungen bewußt sind. Dieses wichtige Moment der "selbstreferenziellen Qualität"[584] erlaubt

---

[578] Hemel 1986a: 68.
[579] Ebd.
[580] Vgl. Ders. 1988: 685.
[581] Ebd.: 683f.
[582] Vgl. hierzu die kritische Auseinandersetzung *Hemels* (1990b) mit Anliegen, repräsentativen Konzepten, Möglichkeiten und Grenzen verschiedener Entwürfe der Symboldidaktik. Meiner Ansicht nach gelangt *Hemel* zu einem ausgewogenen Ergebnis, wenn er in der Symboldidaktik einen "Beitrag zum weiteren religionspädagogischen Erkenntnisfortschritt" (175f.) sieht, die aber im größeren Kontext der Religionspädagogik lediglich eine "ergänzende, aber auch korrigierende Perspektive zum Gelingen ganzheitlicher religiöser Erziehung und Bildung" (176) darstellt.
[583] Feifel ^{6}1992: 196.
[584] Hemel 1988: 684.

es, *religiöse Mitteilungsfähigkeit* als eigene Aufgabe zur Erlangung religiöser Kommunikations-Kompetenz zu qualifizieren. Hier geht es nicht um objektivierende Äußerungen, sondern um persönliche religiöse Aussagen: "*Ich* glaube ..." Der RU leistet Hilfe zur gesamten Persönlichkeitsentwicklung, wenn er Räume eröffnet, in denen die Schüler ihren eigenen Standpunkt "angstfrei" formulieren lernen. Daher stellt RU einen Beitrag zur Erlangung einer allgemeinen kommunikativen Kompetenz dar.

(5) Die Dimension der religiös motivierten Lebensgestaltung artikuliert sich nach biblischen Aussagen weniger in Kult und orthodoxem Bekenntnis als vielmehr in tätiger Nächstenliebe. Ein christlicher RU wird daher der ethischen Erziehung einen zentralen Platz im Rahmen der religiösen Vermittlung einräumen. Ein RL, der sich um die ethische Erziehung und Bildung seiner Schüler bemüht, handelt diakonisch,

- wenn er zu zeigen vermag, daß konkrete Handlungen im Alltag auf Haltungen, Sinn-, Ziel- und Normenvorstellungen eines Menschen basieren (ohne daß ihm diese immer bewußt sein müssen),

- wenn er die Unvermeidbarkeit religiöser und weltanschaulicher Entscheidungen und deren Tragweite für ethisches Handeln im Alltag behutsam und unaufdringlich gerade dort transparent zu machen versteht, wo scheinbar keine explizite religiöse Entscheidung vorliegt (auch Gleichgültigkeit oder Ablehnung sind Formen der Entscheidung!),

- indem er im Kontext des allgemein-schulischen Auftrags zur Wertorientierung und -vermittlung durch Förderung eines personal verantworteten Umgangs mit den verschiedenen Wertangeboten und Unterstützung zum Aufbau einer persönlichen Wertehierarchie[585] beiträgt,

- indem er die humanisierende Kraft einer Orientierung an der christlichen Überlieferung als Motivation für das konkrete Handeln einschließlich von Mißbrauch und Ideologiegefährdung (z. B. in der Profan- und Kirchengeschichte) aufzuzeigen vermag.

Die eben charakterisierten fünf religionspädagogischen Aufgaben eines diakonischen RUs, dessen Globalziel die Entfaltung der religiösen Kompetenz der Schüler ist, sind realistisch, insofern eine kommunikativ-dialogische Offenheit gegeben ist. Nach *Hemel* läßt sich die religiöse Tradierungskrise als Folge des niedrigen gesellschaftlichen Überlieferungsdrucks der religiösen Kompetenz interpretieren, die nicht mit den zentralen Werten *Rationalität, Effizienz* und *subjektive Leistungsfähigkeit* verträglich zu sein scheint.[586] Mutet es daher nicht

585 Vgl. Grom 1990: 836f.

586 *Ulrich Hemel* (1987) hat einen interessanten sozialwissenschaftlichen Interpretationsansatz zur Diskussion gestellt. Darin versucht er den Zusammenhang von religiöser Überlieferung und

anachronistisch oder hoffnungslos idealistisch an, zu religiöser Kompetenz in der Schule verhelfen zu wollen, wenn Religion und Kirche zu den Themen gehören, die Menschen zu den unwichtigsten zählen[587] und denen auch keine Schüler- und Inhaltsorientierung verbindende Zukunft beschieden sei?

In seinem Dasein für andere hat Jesus Glauben und Leben auf untrennbare Weise miteinander verbunden. Im folgenden Kapitel soll gezeigt werden, welche didaktischen Konsequenzen sich aus einem RU ergeben, der den Alltag des Lebens als Lernort des Glaubens versteht.

7.2 Leben als Weg zur Wahrheit des Glaubens

Diakonischer RU will "Lebenshilfe aus den Impulsen des christlichen Glaubens"[588] leisten. Diese fundamentale Intention läßt nach dem Zusammenhang von Leben und Glauben fragen, der heute weithin verloren gegangen zu sein scheint.

Der Grundgedanke

"Wir lernen nicht nur leben, indem wir glauben lernen, wir lernen auch glauben, indem wir leben lernen."[589] Diese programmatische Aussage *Erich Feifels* über die wechselseitige Verschränkung von Glaube und Leben expliziert jenes religi-

---

moderner Lebenswelt zu klären. *Hemel* unterscheidet drei Bereiche mit abnehmendem gesellschaftlichen Überlieferungsdruck: "Kompetenzen und Qualifikationen hoher Überlieferungsdringlichkeit ("Muß-Bereich" ebd.: 96f.), "mittlerer Überlieferungsdringlichkeit" (ebd.: 97f.) und "untergeordneter Überlieferungsdringlichkeit" (98f.). Kriterium für die Zugehörigkeit von Kompetenzen zu einem dieser drei Bereiche ist das Maß, in dem sie "zu den zentralen Werten der kollektiven Wertmatrix Rationalität, Effizienz und individuell zurechenbare Leistung gehören" (ebd.: 96). So gehören etwa zum Muß-Bereich "Grundlegende Kulturtechniken", "Fähigkeit zum Erwerb von eigenem Einkommen", "Konsum umd Statusfähigkeit" (ebd.: 101f.), zum Soll-Bereich "Medienfähigkeit", "Freizeitfähigkeit", "Partnerfähigkeit" (ebd.: 102) und zum Kann-Bereich "Familienfähigkeit", "Kulturelle Kompetenzen" oder auch "religiöse Kompetenz" (ebd.). Eine (religiöse) Tradierungskrise ist daher eine Folge der niedrigen gesellschaftlichen Überlieferungsdringlichkeit.

587 Nach einer Umfrage des Bielefelder Emnid-Instituts aus dem Jahr 1992 - die Ergebnisse sind veröffentlicht im Nachrichtenmagazin "Focus" Nr. 32/9. August 1993 - halten nur 9 % der Befragten die Themen *Kirche* und *Glaube* für sehr wichtig für die Zukunft. Zum Vergleich: *Berufsausbildung* (72 %), *Altersversorgung* (71 %), und *Gesundheitsversorgung* (69 %) besetzen die Plätze 1 bis 3 (ebd.: 43). Auf die Frage "Welchen Idealen und Ideologien werden sich die Menschen bis zum Ende dieses Jahrhunderts stärker zuwenden?" gaben 12 % der befragten Westdeutschen die Antwort *Christlicher Glaube*, nur noch unterboten von *Andere Religionen* (11 %) und *Kommunismus bzw. Marxismus* (5 %). Die wichtigsten Ideale sind laut dieser Umfrage *Persönliche Freiheit* (41 %), *Europa* (40 %) und *Mitbestimmung* (33 %) (ebd.: 45).

588 Deutscher Katecheten-Verein 1992: 612.

589 Feifel 1987b: 61.

onspädagogisch-paradigmatische Grundmotiv, das in der Formel "Gemeinsam leben und glauben lernen"[590] auf einen Nenner gebracht wird.

Diese Leitperspektive führt den Gedanken logisch weiter, den wir im vorangehenden Kapitel unter dem Stichwort *kommunikative Didaktik* verhandelt haben. Es geht nicht nur um Hilfestellung zur Erlangung religiöser Kompetenz durch Sinnerschließung von Glaubenssymbolen in einer offenen, kommunikativ-dialogischen Interaktion, sondern um die Relevanz einer Begegnung mit Religiosität für das konkrete Leben des Schülers. Der Glaube wird nicht funktionalisiert oder eingeebnet, sondern in seinem Wesen dort wirklich ernstgenommen, wo seine Lebensrelevanz zum Tragen kommt. Das bedeutet selbstverständlich auch, daß die christliche Frohbotschaft kritische Fragen an das Leben des einzelnen wie der Gesellschaft stellt - ein eklektizistischer Umgang mit der christlichen Überlieferung, der nur auf Anpassung und (Schein-)Harmonie schielt, kann sich nicht auf Jesus Christus berufen, der "der Weg und die Wahrheit und das Leben ist" (Joh 14,6).

Eine biblische Betrachtung der "längst bekannten Zusammenhänge von Leben und Glauben im israelitisch-christlichen Verständnis von Glauben-Lernen"[591] gibt wichtige Impulse für eine diakonische Erneuerung der didaktischen Praxis des Religionsunterrichts.

Christlicher Glaube als Lebensstil[592]

Biblische Texte erzählen immer Lebens- und Glaubensgeschichten[593]; ob es sich um die Schöpfungs-, die Sündenfall-, eine Prophetenerzählung oder Dank, Lob, Bitte, Klage des Psalmisten handelt, ob in den Evangelien über Leben und Botschaft Jesu die Rede ist, ob es um die Anfänge der Kirche in der Apostelgeschichte, oder um theologische Gedanken eines Paulus auf dem Hintergrund seiner missionarischen Tätigkeit geht - stets weisen die biblischen Texte einen Realitätsbezug auf, der sich als literarischer Niederschlag von Deutungsversuchen menschlicher Grunderfahrungen und konkreter Alltagsprobleme in Privatleben, Politik und Gesellschaft, Kult und Religion manifestiert hat.

Gott wird im Alten wie Neuen Testament wird als Gott des Lebens erfahren. Das Volk Israel deutet seine Geschichte einschließlich ihres Ursprungs und Zieles erzählend als eine Vertrauens- und Mißtrauensgeschichte in die Treue Gottes. So begegnet uns in der Geschichtsliteratur die Erfahrung der Wirklichkeit *Jahwe* als Chiffre für Hoffnung (vgl. Gen 15,1-6), Rettung durch Vertrauen in der Not (vgl.

---

590 Vgl. Nipkow ^{3}1992.

591 Bitter 1982: 21f.

592 Die folgenden biblischen Reflexionen stützen sich ausschließlich auf Bitter 1982: 22-26 und 1987: 922f.

593 Vgl. Bitter 1986.

Gen 22,1-14), Neuaufbruch in auswegloser Situation (vgl. Ex 12,1-18,27). Hinter allen geschichtlich-konkreten Erfahrungen steht jene Wirklichkeit, die sich in der Gotteserfahrung des Mose am brennenden Dornbusch (vgl. Ex. 3,6ff.) im Symbol von Nähe, Fürsorge und Geborgenheit verdichtet, das den Namen *Jahwe* trägt.

Das geschaffene, geborgene, gerettete und vollendete Leben ist der Mittelpunkt des Glaubens: "Hiermit lege ich dir heute das Leben und das Glück, den Tod und das Unglück vor. ... Wähle also das Leben, damit du lebst, du und deine Nachkommen" (Dtn 30,15.19). In gleicher Weise rufen die Propheten zum Lebensmut durch gläubiges Vertrauen in die Wirklichkeit rettender Nähe auf: "Wer glaubt, der braucht nicht zu fliehen" (Jes 28,16). Israel bekennt: "... du hast uns vor unsern Bedrängern gerettet; alle, die uns hassen, bedeckst du mit Schande" (Ps 44,8). Im Namen Jahwes streiten Propheten wider Unterdrückung und Ausbeutung (vgl. Amos und Micha), gegen Krieg (vgl. Jes 7), ja sogar Ausübung politischer Macht (vgl. 1 Sam 8). Besonders in der Weisheitsliteratur kommt dem alltäglichen Leben eine theologische Qualität zu: Gott ist ein "Freund des Lebens" (Weish 11,26).

Leben, Wirken und Verkündigen des Jesus von Nazaret offenbaren auf unüberbietbare Weise jene Wirklichkeit, die das Volk Israel als eine Leben schaffende, befreiende, erlösende und erfüllende erfahren hat (vgl. 1 Kön 19,11f.). Die Art und Weise, wie Jesus mit seinen Mitmenschen umgeht, ihre physischen und psychischen Krankheiten heilt, ihnen mit Offenheit und Verständnis begegnet, Gemeinschaft stiftet, Zukunft eröffnet u. v. a. - sein gesamter Lebensstil konvergiert in der Botschaft von der Herrschaft Gottes, d. h. der Herrschaft der Liebe (1 Joh 4,8) verbunden mit dem Aufruf zur Umkehr, d. h. zu neuem Lebensmut: "Die Zeit ist erfüllt, das Reich Gottes ist nahe. Kehrt um, und glaubt an das Evangelium!" (Mk 1,15). Das ganze Leben Jesu, von seiner Geburt und deren neutestamentlicher Deutung als Sendung, Menschwerdung, Inkarnation (in der Tradition der Verheißung des ATs) bis zu seinem Sterben, in dem das NT Ausdruck eines konsequenten Lebensstils sieht, der im Realsymbol der Auferstehung gipfelt - dieses ganze Leben Jesu ist die Antwort auf die Frage nach seiner Identität: "Blinde sehen wieder, Lahme gehen, und Aussätzige werden rein; Taube hören, Tote stehen auf, und den Armen wird das Evangelium verkündet" (Lk 7,22). Von *Glauben* spricht Jesus niemals abstrakt-katechetisch, sondern immer vor dem Hintergrund einer zu heilenden Lebenssituation: "Dein Glaube hat dir geholfen" (Mk 10,52) sagt Jesus zu Bartimäus, der wieder sehen kann. Glaubendes Vertrauen, Hoffnung auf Zukunft sind bei Jesus *die* Voraussetzungen, daß Heilung möglich wird (vgl. Mk 5,36; Mk 9,22f.). Kleinmut, Ängstlichkeit, Resignation und Pessimismus sind Haltungen des Unglaubens, der nicht zum Leben führt, sondern zum Tod.

Besonders im Johannesevangelium wird deutlich, daß die Wirklichkeit des Glaubens "Praxis des Lebens im Alltag" ist, nicht Zahlung von Kirchensteuern, Ableisten von Eiden, orthodoxes Bekenntnis oder ein gesellschaftlich normierter Lebensstil:

- Jesus spricht über den Zusammenhang von Leben und Glauben in ganz alltäglichen Situationen: beim nächtlichen Besuch des Nikodemus (vgl. Joh 3,1-13), beim Gespräch am Jakobsbrunnen während einer Mittagsrast (vgl. Joh 4,1-26), während eines öffentlichen Festes (vgl. Joh 10,22-39).

- Glauben bei Joh ist ein gesamtpersonaler Akt, der alle Sinne miteinschließt; er vollzieht sich im Hören (vgl. Joh 10,3f.8.16.27; 4,42; 8,43.55), im Mitgehen (Joh 1,39), Erfahrungen (Joh 8,31f.), im Erkennen (Joh 10,37f.; 13,35; 14,20.31), im Bleiben (Joh 8,31) und im Lieben (Joh 14,15-31; vgl. 1 Joh 4,7-16a).

- In sinnlich wahrnehmbaren Bildern umschreibt Jesus die Identität seiner Person und das Selbstverständnis seines Lebens: "Ich bin das Brot des Lebens (Joh 6,35.41), das Licht der Welt (Joh 8,12), für Schafe die Tür (Joh 10,7.9), der gute Hirte (Joh 10,11.14), Auferstehung und Leben (Joh 11,25), der Weg, die Wahrheit und das Leben (Joh 14,6), der wahre Weinstock (Joh 15,1.5)".

- Nach Joh ist der rechte Glaube nicht erkennbar am Bekenntnis, sondern einzig an der Liebe (vgl. Joh 14,15.21.23; vgl. Joh 13,34; vgl. 1 Joh 4,7-11). "Liebe ist der Alltag des Glaubens"[594] (*Gottfried Bitter*).

Leben und Verkündigen Jesu scheinen gescheitert zu sein; seine Auseinandersetzung mit den religiösen und politischen Autoritäten seiner Zeit über ihre Art und Weise, von Gott zu reden und zu leben, führt zu einem Konflikt, der in seiner Verurteilung als "Gottes-Lästerer" am Kreuz endet. Auch wenn es zunächst scheint, daß dieser Tod das Leben und Wirken Jesu als "Träumerei" entlarvt (vgl. Lk 24,19ff.) machen frühere Anhänger die Erfahrung, daß sein Leben, seine Liebe, den Tod überwindet, nennen diese Erfahrung in der Sprache spätjüdischer Apokalyptik *Auferstehung* oder *Auferweckung*.

Sie deuten sein Leben und Sterben im Licht dieser befreienden Erfahrung, die Leben und Zukunft eröffnet. Das Kreuz wird zum Zeichen des Heiles, zum Weg des Lebens (vgl. Joh 12,25-26). Leid, Not und Ausweglosigkeit erhalten in der Perspektive der Hoffnung einen Sinn.

Leben und Botschaft Jesu haben einen Charakter von Angebot und Einladung. Forderung, Drohung oder gar Repression sind ihm fremd. Der Inhalt des Glaubens ist kein Katechismus, sondern die gute, Frohe Botschaft, das Evangelium (vgl. Mk 1,1). Er ruft auf zur Umkehr (vgl. Mk 1,15), deren Realisierung zur Herrschaft der Liebe führt. Eine genauere Betrachtung des biblischen Wortfeldes

594 Bitter 1987: 923.

"καλεω"[595] zeigt den Zusammenhang von *rufen - berufen - einladen* und *Nachfolge in der Gemeinschaft* auf:

- Mt 2,15 (=Hos 11,1): "Aus Ägypten ... gerufen",
- Mt 4,21: Berufung der Zebedäussöhne,
- Mt 9,13: Sünder berufen, nicht Gerechte,
- Mt 22,3.4.8.9: Der König lädt zum Hochzeitsmahl ein,
- Joh 10,3: Der Hirt ruft seine Schafe einzeln beim Namen.

Als Fazit dieser biblischen Betrachtung ergibt sich, daß die Verkündigung dieser Frohen Botschaft gedeutet werden muß als "Einladung zum Leben auf Hoffnung hin aus den Möglichkeiten des Glaubens"[596].

Didaktische Konturen eines "einladenden" Religionsunterrichts[597]

Glaubensverkündigung auf biblischer Grundlage ist *Einladung* zum Leben. Daher erweist sich umgekehrt das Leben in seiner religionspädagogischen Qualität als Lernort des Glaubens. Der RU selbst kann nicht Lernort des Glaubens sein - schon gar nicht unter den gegebenen gesellschaftlichen Bedingungen. Er schafft Raum dafür, konkrete Erfahrungen des Alltags religiös zu interpretieren, um daraus Sicherheit und Orientierung zu gewinnen. Ein in diesem Sinne zum Leben einladender RU ist ein wichtiger Dienst an den Kindern und Jugendlichen, die ihn besuchen. Seine didaktischen Konturen unterscheiden ihn deutlich von einer Religions*lehre*:

(1) Im Kontext der Leitperspektive *Gemeinsam leben und glauben lernen* verfolgt der RU das bescheidene und zugleich unerläßliche Ziel, den Schüler behutsam und streng erfahrungsbezogen an religiös geprägte Phänomene heranzuführen. Die einzelnen Aufgaben zur Entwicklung einer religiösen Kompetenz, wie sie in Kapitel 7.1.2 beschrieben wurden, werden im Kontext konkreter Lebenserfahrungen der Schüler angegangen:

> "Religionsunterricht lädt dazu ein, das eigene Leben und die aktuellen Lebensformen heute auf ihre Sinnziele zu befragen, die verschlungenen Suchbemühungen und Irrgärten nach Leben, nach gelingendem Leben zu prüfen, Geschichten von Scheitern und Glück anzuhören, religiös geprägte, christlich motivierte Weltdeutungen und Lebensrezepte zu betrachten"[598] (*Gottfried Bitter*).

---

595 Vgl. Balz/Schneider ^{2}1992 (Bd. 2): 591-602 und Bauer ^{6}1988: 809-811.
596 Bitter 1982: 26.
597 Diese Überlegungen stützen sich auf Bitter 1982, 1987 und 1989.
598 Bitter 1989: 648.

Ein diakonischer RU, der mittels Erschließung der religiösen Wirklichkeitsdimension zum Leben einladen will, müßte

- "eine Unterbrechung herstellen; d. h. die mit Trivialitäten, mit flotten Sprüchen und mit pragmatischen Überlebensformeln gespeiste Konversationsmaschinerie unserer Tage einen Augenblick anhalten"[599];

- informieren über verschiedene Möglichkeiten der Lebensdeutung - als christlicher RU - über die jüdisch christliche Tradition: "Wo die Glaubensinformation nachläßt, da wachsen Schwierigkeiten und pseudoreligiöse Ideologien"[600] (*Walter Kasper*);

- und die Möglichkeit zur Auseinandersetzung mit dem eigenen Lebensstandort geben, um internalisierte, unbewußte Wertungen und Haltungsmuster zu reflektieren, zu prüfen, zu bestätigen oder zu korrigieren.

(2) "Einladender" RU wird bei den Fragen, Unsicherheiten und Schwierigkeiten der Schüler ansetzen, insbesondere dort, wo ihnen eine religiöse Qualität zukommt. Sie lassen sich als individuelle Spielarten jener Grundfrage nach Sinn und Orientierung auffassen, der heute angesichts latenter Unsicherheit eine große Bedeutung zukommt.

(3) Der schulische Bildungs- und Erziehungsauftrag ist der legitime Kontext des RUs. Diese Kontextualisierung gewährleistet, daß

- eine kirchlich-katechetische Fixierung auf Glaubensunterweisung und kirchliche Sozialisation abgewehrt wird und

- "der Lernort 'Schule' in seiner vielfach verengenden Pragmatik und verschärften Säkularisierung immer mitzubedenken"[601] ist.

In dieser Hinsicht erweist sich die *diakonische* Qualität eines einladenden RUs in seinem unbequemen, kritischen Potential, indem er dazu beiträgt, "Fragen zu stellen und sich in Frage stellen zu lassen, Zusammenhänge wahrzunehmen, Argumente zu prüfen und Entscheidungsfähigkeit einzuüben"[602].

(4) Die Konzeption eines schülerorientierten und erfahrungsbezogenen RUs ist theologisch in einem Offenbarungsverständnis grundgelegt, in dem christlicher Glaube nicht mehr neuscholastisch als "Gehorsamsdienst des Verstandes und des Willens"[603] gesehen und Glauben-Lernen auf eine intellektuelle Internalisierung eines Systems von Glaubensaussagen reduziert wird. Auf dem theologischen Fundament des Zweiten Vatikanischen Konzils wird "Offenbarung als ein inter-

---

[599] Ebd.

[600] Zit. n. Bitter 1989: 648.

[601] Ebd.: 650.

[602] Ebd.

[603] Vgl. Dogmatische Konstitution "*Dei Filius*" des Ersten Vatikanischen Konzils; vgl. hier: DH 3008.

personales, in Geschichte sich ereignendes Begegnungsgeschehen zwischen Gott und Mensch beschrieben"[604]. Daher ist ein diakonischer RU theologisch nur verantwortbar, wenn das Leben der Schüler mit ihren Herkunftsformen und ihren psychosozialen und soziokulturellen Kontexten in den Mittelpunkt rückt. Statt Information oder Belehrung geht es aus anthropologisch-theologischer Sicht darum, die Schüler in ihrer Autonomie und Subjekthaftigkeit ernstzunehmen und sie darin zu unterstützen, "in den Grundfragen des Lebens selber zu denken, sich selbst zu trauen"[605].

(5) RU ist nicht an sich, sondern im Gesamt des Lebens Lernort des Glaubens. Eine Korrelationsdidaktik setzt daher eine konsequente Kontextualisierung des schulischen Unterrichts voraus und läßt folgende thematische Akzente erkennen:

- Diakonisches Anliegen des RUs erweist sich in seiner *biographischen Orientierung*. Die individuellen Einstellungen und Haltungen, Fragen und Zweifel der Schüler kommen in ihrer konkreten schulischen Lebenssituation zu Wort.

- Gerade in Anbetracht der scheinbar säkularisierten, religiös neutralen Lebens- und Deutungsmuster wird ein christlicher RU, der seinen Namen verdient, "die implizite Präsenz der religiösen Fragen freilegen, die Möglichkeiten eines Lebens aus expliziter religiöser, christlicher Orientierung vorstellen, die Wirklichkeitskriterien und Wahrnehmungsmöglichkeiten prüfen und ... Schritte zur Entscheidungsfähigkeit nennen"[606]. Im Bekanntmachen mit der jüdisch-christlichen Glaubens- und Lebenstradition erweist er sich als *soteriologisch gewendet.*

- Leben wie Glauben haben eine *öffentlich-politische Seite*. Der RU kann Gelegenheit geben, die weltanschaulichen Grundlagen konkreter politischer und gesellschaftlicher Aussagen, Einstellungen und Handlungen offenzulegen und umgekehrt eine religiöse Lebenseinstellung in ihrer öffentlichen Relevanz zu erweisen.

- Entscheidende Erfahrungen des Lebens drücken wir selbst in Symbolen aus. Analog eignet auch den Glaubensinhalten eine *symbolisch-narrative Struktur.* Dieses gemeinsame Medium bedeutet für einen lebensrelevanten RU, daß auch in der Schule eine Symbolsprache im Mittelpunkt steht, die wie eine Fremdsprache wieder neu gelernt werden müßte.

- Zum Glauben gehört ebenso wie zum Leben die *Gemeinschaft*. Der RU kommt daher nicht umhin, den Schüler mit der Realität *Kirche* als Glaubensgemeinschaft mit ihrer ambivalenten Wirkung(sgeschichte) vertrautzumachen und Bedingungen gelingender wie Gründe gestörter Gemeinschaft zu vermitteln.

---

604 Waldenfels 1984: 300.
605 Bitter 1989: 651.
606 Ebd.: 652.

Diese fünf Dimensionen eines kontextuellen RUs entsprechen dem fundamentalen korrelationsdidaktischen Ansatz, "indem sie einerseits die *Lebenskontexte* der Schüler/innen heute aufnehmen und befragen und andererseits Lebensmöglichkeiten aus dem Impuls des Evangeliums in eben diese Lebenskontexte hineinsagen. In solchem Freilegen und Aufklären leistet der Religionsunterricht ... Argumentationshilfe für das Sichentscheidenkönnen im lebensentscheidenden Bereich Sinn - Identität - Religion"[607].

(6) Ein im Kontext des Lebens stehender RU leistet auch einen Dienst am Lehrer, der sich durch die verschiedenen divergierenden Erwartungen in viele Rollenkonflikte gedrängt sieht. Wenn statt Schule, Kirche oder Eltern das Leben selbst die zentrale Orientierungsinstanz für den Lehrer darstellt, kann er daraus eine authentische Identität gewinnen, in der er mit dem Schüler - freilich in verschiedenen Rollen - aber doch als "kritischer Sympathisant"[608] ein Stück Leben im Lebensraum *Schule* gemeinsam geht. Wenn er sich als ein "Zeuge des Glaubens"[609] versteht, der dem Schüler auch fragend, zweifelnd, überfordert, gestreßt oder manchmal verärgert begegnet, dann ermöglicht dieses Selbstverständnis die "Bejahung und das Ins-Spiel-Bringen der wechselseitigen spannungsvollen Beziehung zwischen vorgegebener Glaubenstradition, eigener Lebensgeschichte und daraus folgendem eigenen subjektiven Glaubenszeugnis. Diese wiederum ... schafft mehr Platz für Glaubwürdigkeit und Innovation im Religionsunterricht"[610].

(7) Der RU ist nur *ein* Ort, an dem Menschen mit dem christlich-kirchlichen Bildungsangebot in Kontakt kommen. Im Hinblick auf das Globalziel *Lebenlernen durch religiösen Wirklichkeitsdeutung* ergeben sich daher folgende Konsequenzen, ohne deren Beachtung ein RU niemals diakonische Hilfe aus den Impulsen des Glaubens leisten kann:

- Der schulische RU kann ohne komplementäre Erfahrungen in Familie und Gemeinde nur eine begrenzte, wenn auch realistische Wirkung entfalten.

- Günstig wäre eine "Vernetzung"[611] der verschiedenen Erfahrungsräume des Glaubens, nämlich jener, an denen die Kinder und Jugendlichen mit dem Sinnangebot des christlichen Glaubens in Kontakt kommen könnten. Besonders den Pfarrgemeinden kommt hierbei eine unüberschätzbare Bedeutung zu.[612]

---

[607] Ebd.: 653.
[608] Ebd.
[609] Vgl. Exeler 1981a.
[610] Vgl. Bitter 1989: 654.
[611] Vgl. Lehmann 1990: 15.
[612] Hier wird man jedoch die Realisierungschancen sehr nüchtern einschätzen müssen: Schule und Pfarrgemeinde fallen lokal (bei höheren Schulen in der Regel) auseinander, die Schüler kom-

- Der RU ist auch in kirchlicher Verantwortung ein autonomer Lernort des Glaubens im Kontext des Lebens, insofern er schulisch legitimiert, pädagogisch-theologisch verantwortet und bildungspolitisch getragen wird.

Fassen wir zusammen: Ein RU, der unter der Leitperspektive *Gemeinsam leben und glauben lernen* verstanden und erteilt wird, bemüht sich um eine Einladung zu, Beratung für und Anbieten von Lebensmöglichkeiten und handelt dabei immer diakonisch.

Nachdem gezeigt wurde, inwiefern ein kommunikativer Ansatz (7.1) und ein glaubens- und lebensorientierter RU (7.2) diakonische Qualität haben, versuchen wir im folgenden Kapitel theologische Konstitutivelemente der Diakonie in ihrer religionsdidaktischen Relevanz aufzuweisen.

7.3 Anthropologisch-theologische Wesensmerkmale der Diakonie in ihrer religionsdidaktischen Relevanz

Mit *Hans-Günter Heimbrock* beobachten wir, daß die Religionspädagogik "seit Jahrzehnten auf ihre Weise daran interessiert ist, Vollzüge von Lehren und Lernen aus einem verbalistisch mißverstandenen Verkündigungsansatz zu befreien und Lernwege ihrer Mehrdimensionalität zu reflektieren und zu entwerfen"[613]. In dieser Untersuchung dürfte deutlich geworden sein, daß Diakonie eine Grunddimension des christlichen Glaubens darstellt und als solche bedeutsame Konsequenzen für die Anthropologie hat. Gerade vom Standpunkt einer anthropologischen Theologie aus erscheint es in diesem Zusammenhang geboten, die theologisch qualifizierten Momente der Theologie auf den RU als religionspädagogisches Handlungsfeld anzuwenden.[614]

Dienst der Liebe als Gabe und Aufgabe

Tätige Nächstenliebe ist nach dem Zeugnis der Heiligen Schrift nicht Gegenstand von Handlungsanweisungen in imperativisch-appelativen Kategorien. "Diakonie" ist "nicht zuerst ein Leistungsbegriff, sondern ein Gnadenbegriff"[615]. In der symbolisch-narrativen Sprache der Bibel handelt Gott bzw. Jesus Christus immer rettend, heilend, tröstend (Indikativ), bevor er Weisungen gibt (Imperativ).

Auf dem Boden der Erfahrung von Nähe, Heilung, Geborgenheit, Rettung, Befreiung und Solidarität erwächst die Motivation, selbst in dieser Weise zu han-

---

men aus unterschiedlichen Gemeinden, ebenso wie der RL. Am schwersten wiegt jedoch, daß die allermeisten Schüler kirchlich-distanzierte Christen sind.

613 Heimbrock 1987: 240.

614 In den folgenden vier Teilkapiteln soll der Versuch gemacht werden, Forschungsergebnisse der Diakoniewissenschaft auf den schulischen RU anzuwenden. Die Ausführungen sind inspiriert durch Fuchs 1989 und Fleckenstein 1989.

615 Fuchs 1989: 849.

deln. Diese "theologische Doppelstruktur"[616] entspricht exakt jenem anthropologischen Phänomen, daß der Mensch nur dann zu Fürsorge und Liebe wirklich fähig ist, wenn er diese selbst (wohl schon als nasciturus) erfahren hat. Dieses "Gesetz" impliziert das römische "Do ut des"-Prinzip und die biblische Goldene Regel (Mt 7,12) geht aber weit darüber hinaus. Verkündigungstheologisch ergibt sich aus dem Indikativ-Imperativ-Schema die Gleichrangigkeit von Wort und Tat, Glaube und Handeln, Diakonia und Martyria, die in der Koinonia "die *Bedingung* ihrer Existenz"[617] hat.

Für den RU hat dieses doppelte theologische Diakonie-Moment folgende Bedeutung:

(1) Eine Beschränkung auf die Vermittlung von Glaubensinhalten ist theologisch nicht verantwortbar. Unter den Bedingungen des schulischen Umfeldes müssen alle vier kirchlichen Grundfunktionen zum Tragen kommen.

(2) *Inhaltlich* muß die "innere Verbindung von Gabe und Aufgabe, von Zuspruch und Anspruch, von Gnade und Ethik"[618] den Unterricht bestimmen. So wird gewährleistet, daß Ethik nicht zum Moralismus verkommt, sondern die Sittlichkeit als Antwort des Menschen auf den Anspruch der Wirklichkeit verstanden wird.

(3) Das *Lehrer-Schüler-Verhältnis* erhält den entscheidenden Impuls zum Dialog und zur Partnerschaftlichkeit. Die unterschiedlichen Leistungen der Schüler werden in ihrer Bedeutung für den zwischenmenschlichen Umgang von Lehrern und Schülern relativiert.

(4) Der christliche Glaube (im Sinne der fides quae) kann in seinem Wesen überhaupt erst verstanden werden, wenn er in allen seinen Entfaltungen als Ausdruck des Grundvertrauens in Befreiung und Heilung erschlossen werden kann. Die abstrakten Begriffe *Gott*, *Reich Gottes*, *Himmel*, *Auferstehung* erhalten symbolischen Charakter mit höchstem Objektivitätsanspruch!

(5) Diakonischer RU gewährleistet eine religionspädagogisch-ganzheitliche Orientierung, indem es um den Menschen in seinen vielfältigen Beziehungen geht, die sich dreidimensional bündeln lassen: das Verhältnis zu sich selbst, zum Mitmenschen, zur gesamten Wirklichkeit. RU leistet einen bescheidenen aber wichtigen Beitrag, um dem Schüler zur Beziehungsfähigkeit in allen drei Ebenen zu verhelfen. Er leistet dies in der theologischen Einsicht, "daß Menschsein vor Gott durchgängig durch Hilfsbedürftigkeit qualifiziert ist, (und) nicht erst" solche als Hilfsbedürftige gelten, "die nach gesellschaftlichen oder medizinisch-biologischen Maßstäben aus der 'Norm' herausfallen"[619].

---

[616] Ebd.
[617] Ders. 1985: 36.
[618] Ders. 1989: 850.
[619] Bitter 1985: 19.

Diakonie als Gewinn für Bedürftige und Helfer

Aus der Logik der zwischenmenschlichen Beziehungen ergibt sich, daß Zuwendung, Hilfe, Dasein für andere kein einseitiger Vorgang ist, sondern auch demjenigen, der scheinbar aktiv hilft, Bereicherung, Bestätigung, Infragestellung, Intensivierung, ja letztlich ebenfalls Hilfe widerfährt. Dies bewirkt, daß sich auch der Hilfsbedürftige in seiner Not als wichtig und wertvoll erfährt. Diese "anthropologische Doppelstruktur"[620] besteht darin, "daß die helfende und befreiende Begegnung mit notleidenden und bedrängten Menschen für alle Beteiligten das Leben buchstäblich notwendiger und unbeliebiger macht"[621]. Entgegen dem objektivierend-verfügendem Handlungsmodell, wie es in der klassisch-neuzeitlichen Medizin strukturell ebenso vorherrscht wie in der institutionell-verbandlichen Diakonie überhaupt, erwächst erst aus einem "Interaktionsmodell"[622] die Chance zu einer anwachsenden Humanisierung, indem Helfer *und* Hilfsbedürftige als Subjekte ebenso ernstgenommen werden wie diakonische Handlung als intersubjektive Beziehung. Damit wird auch klar, daß Hilfsbedürftigkeit ein anthropologisches Existential ist, das nicht erst in Form von Krankheit, Behinderung und Not auftritt, sondern vom Beginn bis zum Ende das menschliche Leben prägt. Insbesondere eine kritische Reflexion des konventionellen Begriffes *Behinderung* ergibt, daß diese eine anthropologische Kategorie ist; nach *Kollmann* handelt es sich hierbei um "das Erleben von Begrenztheit und insofern (um, T. G.) die Erfahrung der Zerbrechlichkeit des Lebens auf der personalen, sozialen und gesellschaftlichen Ebene"[623]. Theologisch bedeutet dies, daß die Frage nach dem Sinn des Leides, wie sie sich im Sterben des Gottmenschen Jesus von Nazaret stellt, von der Praxis her beantwortet wird: "Die Bedeutung des Leidens erschließt sich ... erst dort, wo nicht Aktion und damit Verfügbarkeit, sondern Interaktion und damit zugleich Unverfügbarkeit die höhere Priorität gewinnt. ... Es ist dies ein Zusammenhang zentraler christlicher Bedeutung: Nicht daß Jesus in besonderem Maße gelitten hätte, macht ihn singulär, sondern daß er den Lei-

---

620 Fuchs 1989: 851.

621 Ebd.

622 Vgl. zu diesem Modell: Kobi 1980. In diesem Modell soll nicht eine fragwürdige Objektivierung herrschen, sondern "Verständnis für Subjekte und intersubjektive Beziehungen" (ebd.: 82). Diese Vorstellung entspricht dem Plädoyer des behinderten Pfarrers Ulrich Bach für eine "solidarische Diakonie":
"Müßten ... Überlegungen zur Diakonie das berechtigte 'Für' nicht als ergänzungsbedürftig erkennen lassen, da es, solange es allein steht, Behinderte zu Objekten der Betreuung macht? Müßte nicht neben das 'Für' sehr deutlich das 'Mit' treten, und zwar so, daß beide zu einer Einheit verschmelzen? Sollte in unserem Reden von Diakonie nicht die Unterscheidung von Subjekten und Objekten unwichtiger, die Betonung des 'einen Leibes Christ' ... aber immer wichtiger werden?" (Bach 1980: 92).

623 Kollmann 1991: 183.

densprozeß anders - nämlich konsequent als Innenverhältnis wahrgenommen hat"[624].

Dieses Element der Diakonie kann für den RU in etwa folgendes bedeuten:

(1) Der Unterricht sollte so ablaufen, daß er nicht nur als staatliche Dienstleistung verstanden wird, die den Schüler zu einer Qualifikation durch Leistungsanforderungen verhilft, sondern als ein Lebensraum, in dem Schüler mehr als Wissens-Reproduktion bringen. Es wird ihnen gut tun zu spüren, daß auch die Lehrer trotz Wissens- und quantitativem Erfahrungsvorsprung Lernende und Empfangende sind. Gerade im RU schafft es Vertrauen, wenn der RL auch den Mut hat, seine Einstellungen und Haltungen ggf. im Dialog mit Schüler-Meinungen zu korrigieren. Dieses Verhalten sollte jedoch auch unter den Schülern eingeübt werden: Schwächere, Außenseiter, verhaltensauffällige oder überforderte Schüler stellen bisweilen für die anderen sogar Bereicherung, eine Chance des Lernens dar.

(2) *Inhaltlich* wird es (besonders im Rahmen der ethischen Erziehung und Bildung) unerläßlich sein zu zeigen, inwiefern diakonisches Handeln "nicht nur für die Bedürftigen notwendig, sondern auch für die Helfer (besonders bezüglich einer Veränderung ihrer Perspektiven) unendlich wertvoll und wichtig ist"[625].

(3) *Lernziel* ist die Einsicht: "So kann das also aussehen, wenn wir uns nicht mehr aufspalten in Oben und Unten, in Starke und Schwache, in Gebende und Nehmende; wenn stattdessen klar ist: jeder ist auf Hilfe angewiesen, und jeder kann mittun."[626]

(4) Die anthropologische Doppelstruktur der Diakonie prägt - gerade auch unter Berücksichtigung der Einschränkungen und Vorbehalte, die aus der Sonderstellung des RUs in der Leistungsschule resultieren - den Unterrichts- bzw. Führungsstil des Lehrers. In vorrangiger Schülerorientierung wird besonders von einer diakonischen Fundierung des RUs her klar, "daß der demokratisch-partnerschaftliche bzw. sozialintegrative Führungsstil für die religiöse Bildung und Erziehung als Dauerform der geeignetste ist"[627]. In jesusbezogener Tradition nimmt

[624] Müller 1974: 311-316.
[625] Fuchs 1989: 852.
[626] Bach 1983: 121.
[627] Weidmann ^{6}1992b: 313.
"Hier nimmt der Religionslehrer die Gruppenmitglieder (Schüler) als Partner ernst und mißbraucht seine Autorität nicht, um sich eine Machtposition auf Kosten der Klasse auszubauen. Vielmehr wird er sowohl bei der Themenwahl als auch bei der Unterrichtsgestaltung die Schüler, ihrem Alter entsprechend, als Partner beteiligen und auch dadurch ihr Recht auf freie Selbstentfaltung und -bestimmung achten. Er wird auf ihre Erfahrungen zurückgreifen und diese mit ihnen im Horizont des Glaubens zu deuten versuchen wie er auch ihre Erfahrungen und Probleme zur Diskussion stellen wird, ohne fertige Lösungen anzubieten und Entscheidungen vorwegzunehmen" (ebd.).

ein sozialintegrativer RU auf die Schwachen der Gruppe Rücksicht und vermag da und dort sogar der "Randständigkeit" bestimmter Schüler vorzubeugen. Ein *Pygmalion-*[628] bzw. *Halo-Effekt*[629] lassen sich dadurch eher vermeiden, da sie sofort ins Bewußtsein treten. In dieser Hinsicht erhält die Grundfunktion *Koinonia* religionspädagogische Relevanz.

Diakonie im Spannungsfeld von Barmherzigkeit und Gerechtigkeit

Im Hinblick auf die Logik der Werte und Wertorientierung eignet der christlichen Diakonie eine "axiologische Doppelstruktur"[630].

Einerseits geht es um die Haltung der Barmherzigkeit, um die unmittelbare, konkrete Unterstützung und Hilfeleistung in einer Situation, in der ein Mensch auf Zuwendung angewiesen ist. Im öffentlichen Bereich gehören hierher alle Institutionen, die Hilfeleistung organisieren, aber auch Privatinitiativen, die unmittelbar vor Ort sich für Hilfsbedürftige einsetzen und konkrete Not lindern. In diesen Kontext gehört aber auch die barmherzige Haltung des einzelnen Menschen im Alltag, der "nur" durch eine freundliche Geste oder ein nettes Wort, durch eine kleine Unterstützung einem anderen Menschen oft das Leben lebenswert macht. Auch und gerade dies ist Diakonie im Vollsinn des Wortes!

Neben tätiger Nächstenliebe darf jedoch die Frage nach den Ursachen von Hilfsbedürftigkeit, wie z. B. Krankheit, materielle Not, psychische Verhaltensstörungen nicht ausgeklammert werden. Unter der Leitperspektive Gerechtigkeit geht es um die politische Diakonie[631], d. h. um das Bemühen, die strukturellen Ursachen für Ungerechtigkeit, Benachteiligung und Hilfsbedürftigkeit aufzudecken. *Gerechtigkeit* meint aber auch, die (sozialpychologischen und psychosozialen) Ursachen für individuelles Leid (z. B. Fehlverhalten) zu erkennen versuchen. Barmherzigkeit und Gerechtigkeit müssen Hand in Hand gehen, damit die umfassende, aber auch die konkrete Hilfeleistung glaubwürdig bleibt. Theologisch wird die axiologische Doppelstruktur von Barmherzigkeit und Gerechtigkeit durch die je-

---

628 Unter *Pygmalion-Effekt* versteht man die Erscheinung, daß sich ein Lehrer von dem sozialen Status, dem Erscheinungsbild, der Leistungsfähigkeit, der Rangordnung oder des sozialen Verhaltens des Schülers hinsichtlich der Leistungsbeurteilung oder des Lehrer-Schüler-Verhältnisses bestimmen läßt.

629 Mit *Halo-Effekt* bezeichnet man das Phänomen, daß sich "Lehrer wie Schüler gegenseitig und letztere untereinander insofern selektiv beurteilen, als sie nur das Negative registrieren, das ihre ohnehin schon vorhandene Meinung übereinander bestätigt und verstärkt" (Weidmann [6]1992b: 323).

630 Fuchs 1989: 852.

631 Nach *Missalla* ist politische Diakonie "das Ergebnis der Frage nach den Ursachen und Bedingungen der Not des Menschen und der von daher sich ergebenden Frage nach jenen Strukturen, die Not produzieren, begünstigen und aufrechterhalten, und entsprechend der Frage nach möglichen Änderungen dieser Strukturen" (Missalla 1974: 518).

sus-bezogene Tradition legitimiert, in der konkrete Hilfeleistung und Entlarvung subjektfeindlicher, autokratischer und ungerechtigkeitsfördernder Strukturen in unübertroffener Weise miteinander verbunden sind.

Religionspädagogisch kann dieses diakonische Moment in folgender Weise zum Tragen kommen:

(1) Schulischer RU wird in allen seinen *didaktischen Implikationen* (Ziele, Inhalte, Lehrer-Schüler-Verhältnis, Strukturierung ...) den untrennbaren und unvermischten Zusammenhang von Barmherzigkeit und Gerechtigkeit ins Spiel bringen; der Schüler soll einsehen und so handeln, daß eine konkrete Hilfeleistung unter Beachtung der Ursachen von Hilfsbedürftigkeit erst seine volle Wirksamkeit entfaltet. Die christliche Grunderfahrung *Auferstehung* kann ihm dabei symbolisch vermitteln, daß engagierte Kritik und vorbehaltloser Nonkonformismus immer dann überleben, wenn sie unter der Maxime der Liebe vorgetragen werden.

(2) *Inhaltlich* wirkt sich die Doppelstruktur *Barmherzigkeit und Gerechtigkeit* dahingehend aus, daß die christliche Überlieferung diesbezüglich erschlossen und die christlich-kirchliche Praxis daraufhin befragt wird, inwiefern in christlicher Verantwortung eine Sensibilität für Unrechts-Strukturen zwischen den Menschen und Völkern gegeben ist. Daraus ließe sich z. B. eine ekklesiologische Kriteriologie gewinnen, anhand derer die Schüler erkennen, worin "authentische" Kirche wirklich besteht und sie "konkrete" Kirche messen können.[632]

(3) Auf der *Beziehungsebene* kann sich die diakonische Doppelstruktur von Barmherzigkeit und Gerechtigkeit etwa im Bereich der Leistungsmessung und -beurteilung niederschlagen; so wird der RL bei auffälliger Leistungsschwäche nicht nur didaktische Hilfestellung geben, sondern die Ursachen für das "Versagen" durch Gespräch und Zuwendung in der Gesamtpersönlichkeit des Schülers suchen. Ferner werden Verhaltensauffälligkeiten einzelner Schüler, die das Unterrichtsklima erheblich stören, nicht nur zu disziplinarischen Maßnahmen

[632] Vgl. Kapitel 6.1! Gerade auch der politische Aspekt der Diakonie ist für die Identität der Kirche ein unverzichtbares Moment:
"Prophetisch wird die Kirche dort, wo sie sich nicht länger um ihre eigenen Probleme kümmert, sondern sich den gesellschaftlichen und strukturellen Problemen zuwendet und sich selbst in ihrem Umgang mit den Betroffenen davon betreffen läßt. Das setzt allerdings voraus, daß sie ihre priviligierte Position in der Gesellschaft verläßt und sich mit denen solidarisiert, die die Auswirkungen der krisenhaften sozioökonomischen Entwicklung besonders leidvoll - sei es seelisch oder materiell - zu spüren bekommen. Sie als Subjekte in die gemeindlichen und kirchlichen Beziehungsgeflechte aufzunehmen, mit ihnen gemeinsam die Verursachungszusammenhänge von Reichtum und Elend, von Gewalt und Unfreiheit, von militärischer Aufrüstung und Ungerechtigkeit in der Welt zu besprechen und dagegen zu protestieren sowie in den eigenen Reihen alternative Kommunikationsformen eines versöhnenden Umgangs miteinander zu erproben, läßt die Kirche zugleich diakonisch werden im Sinne einer Diakonie, die nicht die Betroffenen betreut und verwaltet, sondern Prozesse der Selbstorganisation anregt und fördert" (Mette 1987a: 234).

herausfordern, sondern vom Lehrer als Anfrage, als Hilferuf verstanden werden. Unter bestimmten Bedingungen kann es dem verhaltensauffälligen Schüler eine gewisse Hilfe sein, wenn die "Störungen" im Unterricht selbst thematisiert werden.[633]

(4) Die didaktische Relevanz der axiologischen Doppelstruktur der Diakonie fördert "ein ausgewogeneres Verhältnis der kognitiven, affektiven und psychomotorischen (handlungsorientierten) Lernzielbereiche"[634]. Insbesondere die Bedeutung des Pols *Gerechtigkeit* kann forcieren, daß der psychomotorische Aspekt stärker in den Vordergrund rückt, was ebenfalls dem eigentlichen Stellenwert des Handelns in der Theologie[635] entsprechen müßte. Zugleich erfährt auch der affektive Bereich eine Aufwertung, insofern unter der Leitperspektive *Gerechtigkeit* das Handeln der Schüler ernstgenommen und auf Unmenschlichkeiten, Defizite, Einseitigkeiten und manchmal auch Gewalttätigkeiten befragt wird. Über die vielfältigen "Möglichkeiten des spielerischen Lernens und des Lernens im Spiel"[636], wie sie etwa im Rollenspiel in Form des Soziodramas vorliegen, kann diakonisches Handeln eingeübt und Verständnis für die mannigfaltigen Wirkungen diakonischen Erfolgs oder Versagens angezielt werden. Die entsprechenden Lernziele heißen *Emphathie*, *kommunikative Konflikt- und Problemlösungskompetenz* und *handlungsbezogenes Engagement.*

Wahrnehmungsfähigkeit und gezielte Hilfeleistung

Im Hinblick auf die Hilfs*bedürftigkeit* des einzelnen *und* die Hilfs*möglichkeiten* können wir von einer "praktologischen Doppelstruktur"[637] sprechen. Zunächst geht es um die Fähigkeit, Hilfsbedürftigkeit wirklich wahrzunehmen, und zwar vom Betroffenen selbst. Nicht über Dritte kann erfahren werden, was notwendig ist, sondern unmittelbar über den, der selbst in Not ist. Das gilt auch, wenn man selbst der "Betroffene" ist; es ist unerläßlich, sich selbst schonungslos Rechenschaft abzulegen über seine eigenen Defizite, Verdrängungen und Schwächen - erst dann kann wirklich Besserung erfolgen. Theologisch ist dieses echte Selbst-

---

633 *Roland Kollmann* (1988: 13-38) zeigt, wie man mit Verhaltensstörungen im RU produktiv umgehen kann, um so zu effizienten Lösungen zu gelangen, die mit den Schülern gemeinsam gesucht werden; spezifisch diakonisch scheint mir hierbei zu sein, daß zunächst die Störung als Chance gesehen wird, die im Dialog mit den Humanwissenschaften und vor dem Hintergrund des christlichen Sinnangebots einer theologischen Deutung zugeführt wird, die schließlich in konkrete Hilfen einmündet.

634 Fleckenstein 1989: 39.

635 *Boff* schreibt zum Handlungsaspekt in der Theologie der Befreiung:
"Sie geht vom Handeln aus und führt zum Handeln hin ... Von der Analyse der Realität des Unterdrückten schreitet sie durch das Wort Gottes, um schließlich zur konkreten Praxis zu gelangen. Die 'Wendung zum Handeln' ist charakteristisch für diese Theologie" (Boff/Boff 1986: 51.).

636 Kurz 1984: 121.

637 Fuchs 1989: 853.

Bewußtsein und diese wirkliche Ich-Stärke (die nicht mit einer Pseudo-Coolness oder vordergründiger Selbstsicherheit verwechselt werden darf) grundgelegt im Selbstverständnis Jesu, der sich seiner Gottessohnschaft und Messianität ebenso bewußt war, wie seines irdischen Endes am Kreuz: "Da ergriff ihn Angst und Traurigkeit, und er sagte ...: Meine Seele ist zu Tode betrübt ... Mein Vater, wenn es möglich ist, gehe dieser Kelch an mir vorüber" (Mt 26,37-39).

Der andere Pol der praktologischen Doppelstruktur besteht in der Ökonomie des konkreten diakonischen Handelns; angesichts der unübersehbaren Fälle von Not und Hilfsbedürftigkeit und der beschränkten Energien und Fähigkeiten der Helfer ist es nicht nur legitim, sondern auch geboten, sich auf bestimmte helfende Taten zu konzentrieren, denn diese Beschränkung "schützt vor Selbst- und Fremdüberforderung auch und gerade im Bereich der Diakonie"[638] und verhilft dem Handelnden zu jener Haltung engagierter Gelassenheit, in der er darum weiß, daß letztlich nie jegliche Not beseitigt werden kann. Besonders im öffentlich-politischen Bereich sind *Optionen*[639] unverzichtbar.

Für den RU bedeutet dies:

(1) Ein diakonischer RU muß versuchen, "kognitivistische" Einseitigkeit und Wahrnehmungsverengung durch stärkere Betonung des affektiven und psychomotorischen Bereichs zu einer ganzheitlichen Ästhetik auszuweiten. Wichtiger als Wissensvermittlung und innerkirchliche Integrationserfolge sind Empathie und Engagement zum Handeln durch gerechte und solidarische Optionen.

(2) Hinsichtlich der umfassenden Wahrnehmungsfähigkeit stellen Symbolbildung und Symbolverstehen[640] unverzichtbare Aufgaben dar. In strenger Orientierung am differenzierten Prozeß kognitionspsychologischer Entwicklung geht es zunächst um die Symbolisierung von einfachen und konkreten Dingen (Baum, Blume, Haus, Hand, Licht, Wasser u. a.), um auch bestimmten Vorgängen (z. B. menschlichen Verhaltensweisen) mehr als nur eine funktionale, wissenschaftlich-logisch nüchtern zu erklärende Bedeutung zuzumessen. Es erschließt sich eine tiefere, in der Sprache der Theologie *religiös* genannte Wirklichkeitsdimension.

(3) Die Fähigkeit zur ganzheitlichen Ästhetik ist eine wichtige Voraussetzung für "die Konzentration und Intensivierung der sinnlichen Erfahrung, die jedem eigen ist, aber durch die alltägliche Geschäftigkeit abgestumpft ist: Hinsehen - hinhören - ertasten - schmecken - sich einfühlen - kreativer Ausdruck von Empfindungen"[641].

---

[638] Ebd.
[639] Zum Optionsbegriff vgl. Fuchs 1987a: 502ff.!
[640] Vgl. Bucher 1990.
[641] Ott 1993: 106.

Erst auf dieser Basis ist es möglich, Hilfsbedürftigkeit differenziert wahrzunehmen und verantwortlich zu handeln. RU wird so zur "Lernschule mitmenschlichen und solidarischen Denkens und Handelns"[642].

(4) Das entsprechende Ziel ist eine "praktische Hermeneutik": Wer hilfsbereit und solidarisch handelt, *hat* bereits die Praxis; er glaubt, weil Glaube in der Liebe wirksam ist (vgl. Gal 5,6).

(5) Die Thematisierung von Not, Krankheit ... von den Betroffenen selbst her kann dem Schüler klarmachen, was die sogenannten Schwachen den Starken zu sagen haben; zugleich wird dem RL in einem diakonischen RU wenigstens ansatzweise bewußt, daß der "Dienst an den jungen Menschen ... zugleich die Offenheit dafür (beinhaltet, T. G.), daß diese jungen Menschen durch ihre eigene Selbstfindung, Mündigkeit und durch die ihnen geschenkte Freiheit den vor ihnen stehenden älteren Menschen etwas, oft sehr viel, nicht zuletzt bezüglich des christlichen Handelns und Glaubens zu verkünden haben"[643].

7.4 Zusammenfassung

Die eben beschriebenen didaktischen Konturen mögen Grundlinien diakonischer (Neu-)Orientierung des RUs gezeigt haben. Im 1. Hauptteil sollte nachgewiesen werden, daß das Phänomen der "religiösen Tradierungskrise", wie sie sich auch im RU widerspiegelt, die Frage nach der aktuellen Lebensrelevanz des Glaubens massiv stellt. Gegenüber einer Verkürzung des RUs auf die kerygmatische Funktion öffnet ein diakonisches Fundament "Verifikationsräume"[644] für Glaubensinhalte, indem im Unterricht selbst Verständnis für das oberste Gebot der Liebe geweckt und entsprechende Handlungsmuster eingeübt werden können.

Auf dem Hintergrund der im 2. Hauptteil aufgezeigten theologischen Legitimation einer diakonischen Orientierung durch praktisch - (Kapitel 4), biblisch- (Kapitel 5) und systematisch-theologische Reflexionen (Kapitel 6) bestätigen praktische Hinweise dieses Kapitels, daß ein RU, der sich als Lebenshilfe aus den Impulsen des Glaubens versteht, in der Tradition des konvergenzargumentatorischen Begründungsmodells steht, das den RU gerade in seiner diakonischen Verantwortung theologisch und pädagogisch legitimiert.[645] Ferner besteht eingehendere Verpflichtung zu einer korrelationsdidaktischen Arbeitsweise in strenger Orientierung an einer Lebenswirklichkeit, die gleichsam eine Folie für die "Transparenz der Glaubenswirklichkeit" abgibt.[646]

---

642 Fuchs 1989: 854.
643 Ebd.: 855.
644 Fleckenstein 1989: 30.
645 Vgl. Syn BS RU 2.1 (131)
646 Vgl. Fleckenstein 1989: 32ff.

Das Vorhaben, Wege zu einem diakonischen RU zu beschreiten, bleibt daher unvollständig, wenn nicht vor dem Hintergrund der Lebenswirklichkeit konkrete Optionen für eine christliche Lebenshilfe in der Schule formuliert werden. Diese Aufgabe soll in den folgenden beiden Kapiteln ansatzweise gelöst werden.

8. Tendenzen und Aporien der Postmoderne als Herausforderung an einen diakonischen Religionsunterricht

Den Terminus *Postmoderne* verwenden nicht nur Wissenschaftler verschiedener Richtungen - bevorzugt Philosophen und Soziologen - als "eine Art 'Container' ..., in den man alles hineinpackt, was in die gängigen Schubladen nicht so recht hineinpassen will und wofür man einen neuen Platz sucht"[647].

Nun hat sich in jüngster Zeit auch die Theologie dieses neuen interdisziplinären Diskurses angenommen. Die Titel repräsentativer Publikationen - "Die glaubensgeschichtliche Wende"[648], "Glaubenswende"[649] "Glaubensprognose"[650], "Theologie - wohin?"[651], "Das neue Paradigma von Theologie"[652], "Theologie im Aufbruch"[653], "Theologie, die an der Zeit ist"[654], "Christentum zwischen Tradition und Postmoderne"[655], "Das Ende der alten Gewißheiten. Theologische Auseinandersetzung mit der Postmoderne"[656] - zeigen an, was auch das Präfix *post-* zum Ausdruck bringen will: es geht um Abgrenzung gegenüber dem bisherigen Zustand, um einen Hinweis auf eine Phase des Umbruchs und des Übergangs in einen neuen Zustand, dessen Merkmale zwar schon im Horizont, jedoch noch nicht greifbar oder letztgültig beschreibbar sind: "Die Neue Unübersichtlichkeit"[657].

Ein diakonischer RU, der sich unter der Leitperspektive *Gemeinsam leben und glauben lernen* einem kommunikativen Ansatz verpflichtet weiß, muß ein waches Bewußtsein für gesellschaftliche Tendenzen der Lebenswirklichkeit haben, um sensibel zu sein für die Lebensbedingungen der Schüler mit ihren weitreichenden

---

647 Gabriel 1992b: 11.
648 Biser 1986.
649 Ders. 1987.
650 Ders. 1991.
651 Küng/Tracy 1984.
652 Dies. 1986.
653 Küng 1987.
654 Höhn 1992b.
655 Gabriel 1992a.
656 Lesch/Schwind 1993.
657 So der programmatische Titel zweier Veröffentlichungen von *Jürgen Habermas* (1985a und b).

psychosozialen Konsequenzen. Als Grundlage konkreter Optionen im Abschlußkapitel widmen wir uns im folgenden

- der Begriffsproblematik,
- signifikanten Strukturen des Umbruchs zur Postmoderne in Deutschland,
- und exemplarischen Risiken, Gefährdungen und Aporien.

8.1 *Postmoderne* - ein "Such-Begriff"[658]

Das Spektrum der Auffassungen, was von dem Modewort *Postmoderne* zu halten sei, reicht vom "Unbegriff" (*E. Biser*), über den "Such-Begriff" (*H. Küng*) bis zum "eigenständigen Epochenbegriff" (*W. Welsch*). Eine Durchsicht einschlägiger Sammelbände zur Postmoderne[659] zeigt eine verwirrende Vielfalt von Bedeutungen des Begriffs und "*terminologische Ungleichzeitigkeiten* je nach Erfahrungsbereich"[660], was den interdisziplinären wissenschaftlichen Diskurs erheblich behindert.

Mit *Christian Schütz* können wir konstatieren: "Es käme einem Gewaltakt gleich, den Terminus 'Postmoderne' einer eindeutigen Klärung zuführen zu wollen."[661] Es läßt sich daher keine stichhaltige Definition geben, was man unter Postmoderne zu verstehen habe; vielmehr scheint es angemessen, von einem "problemanzeigenden Begriff"[662] zu sprechen. Dennoch lassen sich jene allgemeinen Tendenzen charakterisieren, die unter der Sammelbezeichnung *Postmoderne* subsummiert sind.[663]

(1) Zunächst sind all jene antimodernistischen Strömungen gemeint, die als Kritik der Moderne auftreten, d. h. zentrale Ideale und Paradigmen kritisch hinterfragen. Den fundamentalen Ansatzpunkt für die Kritik der Moderne bildet die Negation der Eindeutigkeit zugunsten der zum Prinzip erhobenen Beliebigkeit, radikaler Pluralität und Unentschiedenheit. Der Ausschließlichkeitsanspruch der Neuzeit und der neuzeitlichen Moderne ist verfemt, denn die Postmoderne hat "die Sehnsucht nach dem Ganzen und dem Einen, nach der Versöhnung von Begriff und Sinnlichkeit, nach transparenter und kommunizierbarer Erfahrung"[664] aufgegeben. "Das Subjekt dieser Moderne heißt 'Niemand', ihr Ort ist 'Nirgendwo'; sie mündet in eine mehr oder weniger totale Profillosigkeit ein."[665]

---

658 Vgl. Küng 1987: 16-20.
659 Vgl. Huyssen-Scherpe 1986, Koslowski u. a. 1986, Welsch 1988.
660 Küng 1987: 19.
661 Schütz 1992: 3.
662 Vgl. Gabriel 1992b: 11.
663 Hier geht es zunächst nur metasprachlich um eine streng formale semantische Begriffsumschreibung. Materiale Aspekte (Objektsprache) werden im nächsten Kapitel behandelt.
664 Lyotard 1987: 30.
665 Schütz 1992: 3.

(2) Postmoderne ist jedoch nicht dekonstruktive, arrogante Verurteilung der Moderne im Sinne einer Gegenaufklärung oder gar eines Neokonservativismus, sondern vielmehr eine immanente Kritik der Moderne und ihrer brüchig und fragwürdig gewordenen Ideale und Tendenzen.[666] In dieser Hinsicht bedeutet Postmoderne als "Gefühls- und Geisteszustand, der vor allem auf Pluralität, Heterogenität und Diskontinuität als Grundorientierung beruht"[667], gewissermaßen *Weiterführung der Moderne*.

(3) Das Präfix *post-* markiert das Bewußtsein eines "Übergangs zu einer neuen Gesamtkonstellation, einem neuen Makroparadigma"[668]. Als Charakteristika dieses geistesgeschichtlichen Umbruchsbewußtseins lassen sich an der Stelle von Epochenmerkmalen lediglich "Schwellenerfahrungen" wahrnehmen:

> "Die kritische Selbstreflexion und Selbstbegrenzung der modernen Wissenschaft, insbesondere in ihren avanciertesten Disziplinen ...; die Wiederentdeckung des Mythos als geistiges Ereignis allerersten Ranges; das Auftreten der sog. neuen Mythologien und Pseudomythen und die damit im Zusammenhang stehende neue Konjunktur des 'Polytheismus'; das Phänomen der sog. 'neuen Religiosität' mit seinen ... synkretistischen Zügen, sowie die nachwachsende Skepsis gegenüber der instrumentellen operationalen Rationalität unserer wissenschaftlich-technischen Zivilisation und die damit in Zusammenhang stehende Suche nach 'Alternativen'".[669]

(4) Die Pluralität als Paradigmenmerkmal führt zu einer Vielheit der verschiedenen kulturellen Bezugsebenen, auf denen der Begriff in fachwissenschaftlich unterschiedlichen Konnotationen verwendet wird:

In der *Literaturwissenschaft* versteht man unter dem Terminus *Postmoderne* einen grundsätzlichen Pluralismus von Sprach- und Darstellungsformen, Gattungen und Reflexionsebenen.

Die postmoderne *Architektur* zeichnet sich durch Verzicht auf Ornamentik und Betonung der Funktionalität aus, welche die Bedeutung des Äußeren auf das Elementare und Abstrakte reduziert, das höchstens noch eine innere Gliederung und bestimmte Konstruktionsprinzipien, aber keinen spezifischen Stil erkennen läßt.

---

[666] "Irrig wäre in jedem Fall die Annahme, Postmodernes müßte von Modernem schlechthin unterschieden sein. Mag der Ausdruck 'Postmoderne' auch eine epochale Absetzung suggerieren, so ist er doch sinnvoll nicht als prophetische Prognose eines kommenden Äons, sondern nur im moderaten Sinn einer Bestimmung der Gegenwart, und für diese ist gerade charakteristisch, daß ihre Gehalte - das ist gegen mittlerweile schier unausrottbar scheinende Mißverständnisse festzuhalten - keineswegs völlig neu sind und das eben - vor allem - auch nicht mehr sein müssen. Postmoderne besagt gerade eben nicht Novismus, sondern Pluralismus" (Welsch 1988: 82).

[667] So *F. König* nach Seeber 1986: 519.

[668] Küng 1987: 26.

[669] So *O. Schatz* nach Seeber 1986: 518.

Der *philosophische* Diskurs der Postmoderne, der sich vom französischen Poststrukturalismus beeinflußt zeigt, thematisiert "die Freigabe und Potenzierung der Sprachspiele in ihrer Verschiedenheit, Autonomie und Irreduzibilität"[670].

Postmoderne Gesellschaften zeichnen sich in der *Soziologie* durch Polyzentrismus, d. h. durch eine Dezentralisierung der verschiedenen Provinzen und Ebenen des sozialen Lebens aus (Technik, Wirtschaft, Wissenschaft, Verwaltung, Kultur ...), denen ein gemeinsamer Bezugspunkt oder ein übergeordneter Kosmos fehlt, wie ihn das Christentum viele Jahrhunderte darstellte.

Diese Tendenzen und Trends eines Postmodernismus "können als Beleg für das Bestreben gelten, der Moderne den Abschied zu geben. Aber wer sich von jemandem verabschiedet, hat sich bekanntlich noch nicht von ihm getrennt. Er ist immer noch bei ihm, wenn auch im Gehen begriffen."[671]

RU wird im Kontext und unter den Bedingungen der Postmoderne erteilt. Eine diakonische Ausrichtung dieses Schulfachs hat daher neue gesellschaftliche und geistesgeschichtliche Entwicklungen wahrzunehmen und kritisch-kreativ zu rezipieren. Daher wollen wir uns im folgenden genauer ansehen, welche Momente des sozialen Umbruchs das postmoderne Zeitbewußtsein trotz gewisser Profilarmut und Vielgesichtigkeit erkennbar prägen. Für einen theologisch-anthropologischen Ansatz wird daher das besondere Augenmerk auf dem Stellenwert von Subjekt, Autonomie und Rationalität liegen, die als Leitideen der aufklärerischen Neuzeit und Moderne geistesgeschichtlich im Christentum verwurzelt sind und heute wieder besonders bedroht scheinen.

8.2 Strukturen des Umbruchs

Jene geistesgeschichtlichen Strömungen, die charakteristisch für Postmoderne sind, treten nicht plötzlich auf, sondern sind in den Konstitutivmerkmalen der Moderne grundgelegt. "Die Moderne - ein unvollendetes Projekt"[672] - dieser programmatische Titel einer Aufsatz-Sammlung von *Jürgen Habermas* zeigt die vorherrschende Position der Forschung an, daß die Moderne noch längst nicht zu Ende ist und die Postmoderne früher begonnen hat, als man zunächst postulierte.

Anfänglich datierte man die Postmoderne auf die 60er und 70er Jahre; eine vertiefte Reflexion auf die Krise der Moderne hat diese geistesgeschichtliche Strömung immer weiter nach hinten datiert und setzt damit den Beginn der Postmoderne schon beim politisch-kulturellen Zusammenbruch des Ersten Weltkriegs an.

---

670 Höhn 1992a: 20.
671 Ebd.
672 Habermas 1990.

Veränderte gesellschaftliche Strukturen

In soziologischer Perspektive beobachten wir einen gesellschaftlichen Wandel von der Industriegesellschaft zur nachindustriellen, postmodernen Gesellschaft. Er geht einher mit einer Auflösung der traditionellen bäuerlichen und handwerklichen Produktions- und Lebensformen sowie der weltanschaulich homogenen Milieus wie etwa des Katholizismus oder der sozialistischen Arbeiterschaft. Die zentralen industriegesellschaftlichen Lebensmuster von Erwerbsarbeit und bürgerlicher Kleinfamilie werden zunehmend in Frage gestellt und weichen anderen Lebensentwürfen.

Auf der Ebene der gesellschaftlichen Strukturen ist eine *Funktionalisierung, sektorielle Differenzierung* und *Verselbständigung gesellschaftlicher Subsysteme* charakteristisch. Die verschiedenen Teilbereiche gesellschaftlicher Wirklichkeit (Wirtschaft, Politik, Wissenschaft, Kirchen, Medien, etc.) unterliegen einer differenzierenden Strömung, die jedem Bereich eine spezifische Systemrationalität zuweist.

So herrschen etwa in der Wirtschaft die spezifischen Ideale *Effizienz, Leistungssteigerung, Expansion* und *Fortschritt.* Damit verbinden sich die handlungsleitenden Maxime *Rationalisierung, Beschleunigung* und *Mobilität.* Der Trend zu Perfektionismus und Spezialisierung ist nicht nur für die Wirtschaft, sondern auch für die anderen Teilbereiche charakteristisch.

Wissenschaft ist in der Radikalisierung ihres spezifischen Profils (Gegenstand, Methoden, Forschungsrichtungen) von einer enormen Komplexitätssteigerung gekennzeichnet. In ambivalenter Weise nehmen die Möglichkeiten zu, etwa durch neue Technologien bisher Unverfügbares zu realisieren; im selben Maße sinkt jedoch das Orientierungspotential und die Maßstäbe der "Machbarkeit" verschwimmen, wie etwa die Diskussion um die Anwendung der Gentechnik zeigt.

Das *politische System* zeigt in seiner Eigenständigkeit wie in seiner Interdependenz ein charakteristisches postmodernes Strukturmuster. Einerseits funktioniert auch die Politik nach spezifischen Gesetzen systemeigener Rationalität. Damit geht ein Indifferenz gegenüber allem "Nichtpolitischen" einher. Politische Entscheidungen und Vollzüge nehmen den Charakter von Leistungen an, wobei explizit eine Neutralität gegenüber anderen normativen Vorgaben besteht. Damit sinkt ihre Fähigkeit, "als Steuerungszentrum des gesellschaftlichen Ganzen zu fungieren"[673]. Besonders problematisch stellt sich derzeit die Interdependenz zwischen Politik und Recht dar, das als eigener ausdifferenzierter gesellschaftlicher Bereich in seiner ambivalenten Bedeutung damit zunehmend in das Bewußtsein tritt.

---

673 Gabriel 1992b: 12.

Jedes System zeichnet sich zugleich durch starke Eigenständigkeit in Binnendifferenzierung, Spezialisierung und Professionalisierung einerseits und seine Interdependenzen von anderen Bereichen andererseits aus.

Dieser postmoderne Trend der "Entkoppelung partialisierter Alltagswirklichkeiten ... und Metawirklichkeiten"[674] kennzeichnet auch den Stellenwert, den die Religion in der Gesellschaft einnimmt. So können wir aus soziologischer Sicht von einer "Verkirchlichung" des Christentums[675] sprechen. Die organisatorische Verselbständigung der Kirchen im Prozeß der Modernisierung ist eine bemerkenswerte Anpassungsleistung an die Sozialstrukturen der Moderne - allerdings mit ambivalenten Folgeerscheinungen[676]:

> "'Religion' im alltagssprachlichen Sinne wird zu einem spezifischen, von den Kirchen als Großorganisationen repräsentierten Bereich von 'Gesellschaft', das Christentum wird nun in der Gestalt verselbständigter als 'Kirchen' bezeichneter Sozialzusammenhänge zu einem partikulären Moment des gesellschaftlichen Gesamtzusammenhangs" [677] (*Franz-Xaver Kaufmann*).

Die Erscheinungsform der Kirche ist die einer gesellschaftlichen Institution, die in Deutschland einen staatskirchenrechtlich außergewöhnlich hohen Schutz genießt, einen der bedeutendsten Arbeitgeber darstellt, Steuern über den Staat einziehen läßt und ihre Aktivität und Identität durch Personen repräsentiert, die in einem kirchlichen Dienstverhältnis, d. h. materiellen Abhängigkeitsverhältnis stehen und dem Tendenzschutz unterworfen sind. Charakteristisch für die Stellung der Kirchen in der Postmoderne scheint eine Indifferenz der Menschen gegenüber der institutionalisierten Religion, die sich in distanzierter Kirchlichkeit äußert und aufgrund signifikanter Entwicklungen (Kirchenaustritte, sinkende Taufbereitschaft etc.) zu einer Auflösung der Volkskirche[678] zu führen scheint; Soziologen sprechen von "*Entkirchlichung*"[679].

---

[674] Kaufmann 1989a: 22.

[675] Vgl. hierzu Kaufmann 1979: 100ff.

[676] So stellt etwa *Hans Küng* unter Anspielung auf gegenwärtige kirchenpolitische Tendenzen die Frage:
"Ist eine (auch nach dem Vaticanum II) von der Kurie weitergeführte autoritär-inquisitorische Durchsetzung der hierarchisch-bürokratischen Organisationsstruktur, die auf dem Vaticanum I (1870) durch sakrale Legitimierung faktisch zum Glaubensgegenstand erhoben wurde, ist die heute wieder betriebene Re-Sakralisierung (Betonung des Mysteriencharakters) dieser an sich vormodernen feudalen Kirchenstrukturen die richtige Antwort auf die neue postmoderne religiöse Situation, in der das geschlossene kulturelle Milieu des Katholizismus weitgehend abgeschmolzen ist?" (Küng 1987: 26).

[677] Kaufmann 1989a: 27. Fast schon theologisch-wertend stellt *Kaufmann* ferner fest:
"Das, was das eigentliche Anliegen des Christentums ausmacht, kommt in seiner unterscheidenden Form in den heutigen Manifestationen des kirchlichen Lebens nur ungenügend zum Ausdruck " (ebd.: 7).

[678] Vgl. Kaufmann 1989a: 140-145.

[679] Ebd.: 165.

Eine konkrete Folge dieser funktionellen Atomisierung des gesellschaftlichen Lebens ist etwa die friedliche Koexistenz von Wissenschaft und christlichem Glauben, die für den Naturwissenschaftler *Wernher von Braun* "eine unbefriedigende Lösung"[680] und für den Philosophen *Max Horkheimer* "einen faulen Kompromiß"[681] darstellt.

Für den diakonischen RU wird es darum gehen, die mangelhafte Vernetzung von Christentum und Kirche in einer sektorialisierten Gesellschaft in der Weise zu berücksichtigen, daß man von Sozialisierungsversuchen Abstand nimmt und versucht, die Funktion der institutionalisierten Religion in der Postmoderne zu vermitteln. Auch hier dürften die diakonischen Leistungen Anknüpfungspunkt sein, um nach den spezifischen Motivationen dieses Handelns zu fragen. So ließe sich Christentum und Kirche auch heute legitimieren.

Ambivalente kulturelle Strukturen

Die gesellschaftlichen Makrobereiche *Wirtschaft*, *Politik*, *Wissenschaft*, *Kirchen* etc. differenzieren sich strukturell in eine unüberblickbare Vielzahl von hochspezialisierten Subsystemen aus. Dieser Pluralität entspricht eine erhebliche Zunahme von Daten, Meinungen, Positionen, Werten und Normen im geistesgeschichtlich-kulturellen Bereich.

Dieser Trend einer kulturellen *Pluralisierung* gehört schon zum Programm der Moderne, wird aber erst krisenhaft reflex in der Postmoderne. Unter *Pluralität* verstehen wir die Vervielfältigung kultureller Ausdrucksformen von Weltauffassungen, Werten und Meinungen. Der postmoderne Pluralismus unterscheidet sich insofern vom nachindustriellen, als sich die verschiedenen kulturellen Muster stärker von sozialstrukturellen Determinanten lösen, und sich deshalb eine stärkere Unmittelbarkeit von Individuum und Kultur ergibt. Dieser Trend erweist sich zunehmend als ambivalentes Phänomen:

- einerseits korreliert das wachsende kulturelle Angebot mit dem Anspruch des einzelnen auf Autonomie, die sich in der Wahlfreiheit artikuliert, den "Erfahrungen der Befreiung aus schicksalhaft vorgegebenen kulturellen Zwängen, neue(n) Möglichkeiten legitimer Lebensgestaltung und Chancen einer reflexen Verfügbarkeit kultureller Traditionen"[682];

- andererseits resultiert aus dem Verlust identitätssichernder Orientierungen und Bindungen eine Überforderung des einzelnen durch die Überkomplexität stetiger Differenzierungen und Spezialisierungen, die in den Metaphern *Sinnkrise*, *Unbe-*

---

680 Braun 1974: 233f.
681 Horkheimer 1967: 230.
682 Gabriel 1992b: 13.

haustheit des Menschen, Revolution des Nihilismus und *Unbehaustheit der Existenz* schlagwortartig zum Ausdruck kommt.[683]

Diese ambivalenten Begleiterscheinungen postmoderner Pluralitätserfahrungen verweisen auf weitere charakteristische Momente des geistesgeschichtlichen Zeitbewußtseins:

Nach *Hugo Staudinger* läßt sich "eine fast schon ideologische Übersteigerung der an sich berechtigten Forderung nach *kritischer Haltung und mündigem Verhalten*"[684] beobachten. Es entsteht der Eindruck, daß voreingenommene Kritik und grundsätzliche Skepsis um ihrer selbst willen häufig den notwendigen Dialog behindern und eine objektive Auseinandersetzung unmöglich machen.

Der *wissenschaftlich-technischen Rationalität* in ihrer (durch Übersteigerung) eindimensionalen Programmierung des Denkens kommt in der Moderne eine normative Kraft für viele Lebensbereiche zu[685], die gleichzeitig andere wichtige Aspekte schwächt oder ausschaltet. Dieser Einseitigkeiten scheint man sich in der Postmoderne mit wachsender Erkenntnis der Negativfolgen wissenschaftlich-technischer Zweckrationalität bewußt zu werden. Es sind mehrfache Versuche von verschiedener Seite zu beobachten, im Sinne einer humanen Gestaltung der wissenschaftlich-technischen Welt auf Einseitigkeiten und Unzulänglichkeiten aufmerksam zu machen und ein ganzheitliches Weltbild zu postulieren.[686]

Mit einer *materialistischen Weltsicht* geht in der Moderne häufig das Postulat der sog. *Wertfreiheit* einher, mit dem die philosophischen und geistesgeschichtlichen Komponenten ausgeblendet werden. Das Krisenbewußtsein der Postmoderne bringt die negativen Auswirkungen dieses schmalspurigen Wirklichkeitsverständnisses in dem Maße stärker in die Diskussion, als die bedrohlichen Symptome der wissenschaftlich-technischen Gestaltung der modernen Lebenswelt unübersehbar werden.

Die postmoderne Infragestellung der in der Moderne dominanten Deutungsmuster und Leitperspektiven *Rationalität*, *Modernität* und *Fortschritt* verweist auf

---

683 Vgl. hierzu Döring/Kaufmann 1981.

684 Staudinger 1991: 21 (Hervorh. T. G.).

685 So erklärte *Carl Friedrich von Weizsäcker* ([2]1966: 3) schon vor einem Vierteljahrhundert, daß der "Glaube an die Wissenschaft ... die Rolle der beherrschenden Religion unserer Zeit" spiele.

686 Als exemplarischer Repräsentant dieser Richtung kann der Physiker *Fritjof Capra* gelten, der seiner Autobiographie folgenden programmatischen Titel gibt: "Das neue Denken. Aufbruch zum neuen Bewußtsein. Die Entstehung eines ganzheitlichen Weltbildes im Spannungsfeld zwischen Naturwissenschaft und Mystik" (1987). Ferner ist sein Beitrag "Wendezeit. Bausteine für ein neues Weltbild" zu nennen, der 1986 in 13. Auflage (!) erschienen ist. Für die Diskussion eines entsprechenden theologischen Paradigmenwechsels ist eine Gesprächsdokumentation unverzichtbar, die Capra/Steindl-Rast 1991 unter dem Titel "Wendezeit im Christentum. Perspektiven für eine aufgeklärte Theologie " vorgelegt haben

das allgemeine Paradigma des Verlustes allgemeingültiger Prinzipien und Ideale, die einen eindeutigen Richtungssinn vorgeben. Wesentliche Charakteristika eines Psychogramms der Postmoderne sind ferner grundlegende Skepsis gegenüber jeder Eindeutigkeit sowie prinzipielle Unentschiedenheit und Beliebigkeit. Die *Krise* in allen ihren verschiedenen Formen wird zu einem "Existential des Menschen, der Zukunft, der Welt"[687]. Diesen Trend hat *Copray* mit folgenden Worten in einer durchaus seriösen Prognose umschrieben:

> "Künftig wird es nur noch Krisenpersönlichkeiten geben. Das sind Menschen, die in der Gesamtheit ihrer Lebensäußerungen auf Dauer durch die Überlebenskrise der Menschheit bedingt und strukturiert sind. Kein menschliches Individuum hat die Kompetenz, der Zukunftskrise selbst im Nahbereich wirkungsvoll zu begegnen und sie bewältigen zu können."[688]

Dieses *Krisenbewußtsein* hat das moderne Paradigma des Fortschrittsoptimismus in weiten Kreisen abgelöst. Statt grenzenloser Entwicklung, Verbesserung und Expansion treten plötzlich die Grenzen und Gefahren in den Vordergrund, wodurch bisher Unangefochtenes desillusioniert wird; man spricht von einer "suizidalen" oder "mortalen" Kultur (*N. Copray*). Dabei scheint - wie schon so oft in der (Geistes-) Geschichte, wenn bisher Selbstverständliches in die Krise gerät - auf ein (modernes) Extrem (naiver Fortschrittsoptimismus) ein entgegengesetztes zu folgen: das vorherrschende Bewußtsein totaler Entwurzelung, Untergangsstimmung und Hoffnungslosigkeit, oft auch Ekel, Langeweile, Einsamkeit, Angst und Verzweiflung.

In engem Zusammenhang mit bisher erläuterten geistesgeschichtlich-kulturellen Tendenzen der Postmoderne steht die *Ausklammerung* oder *"Infragestellung der Sinnfrage,* eines Sinnes im partikulären oder universalen Horizont des Denkens"[689]. Metaphysische Hypothesen werden nicht akzeptiert und die Frage nach Gott wird im explizit religiösen Sinn nicht gestellt. Implizit jedoch scheint die moderne Detranszendentalisierung abgelöst zu werden durch ein stark zunehmendes Interesse an religiösen Phänomenen und Praktiken.

Die Auseinandersetzung mit der Sinnfrage ist eine entwicklungspsychologisch zunehmend wichtiger werdende Aufgabe im Kindes- und Jugendalter. So gilt es, im RU die skizzierten ambivalenten kulturellen Strukturen implizit oder explizit aufzugreifen und im Wirrwarr der Sinnangebote eine profilierte christliche Antwort anzubieten.

---

687 Schütz 1992: 8.
688 Copray 1987: 97.
689 Schütz 1992: 9.

Entscheidungszwänge

Als Korrelat aller bisherigen Komponenten der Postmoderne sowohl der gesellschaftlichen als auch der geistig-kulturellen Ebene ergibt sich die Tendenz einer *Individualisierung,* welche Extrapolation der modernen Paradigmen *Autonomie* und *Subjektivität* ins Negative bedeutet. Entsprachen dem Modernisierungsprozeß noch kollektive Bezugsgrößen (z. B. die homogenen Gruppenmilieus), so ist in der Postmoderne der einzelne als Einheit relevant.[690] Der einzelne sieht sich einem hochkomplexen, hochgradig organisierten und differenzierten Gesellschaftsgefüge gegenüber, dessen unübersichtliche Vielfalt an Meinungen, Sinnangeboten etc. ihn zur Bildung von Präferenzen zwingt und zur Entscheidung herausfordert. Der postmoderne Mensch ist zur Herstellung einer Biographie verpflichtet[691], die immer weniger durch Herkunftsbezüge und tradierte Deutungsmuster, dafür aber umso stärker durch neue, subtile Abhängigkeiten geprägt wird.

Nach *Karl Gabriel*[692] lassen sich vier Dimensionen des Individualisierungsprozesses unterscheiden:

> (1) Freisetzungsprozesse aus herkömmlichen Bindungen (der Familie; der Herkunftsmilieus; der Region etc.);
> (2) Entzauberungsprozesse herkömmlicher Welt- und Lebensdeutungen;
> (3) Ausbildung neuer Formen der Abhängigkeit der individualisierten einzelnen von Institutionen (des Arbeitsmarktes; des Wohlfahrtsstaates etc.);
> (4) Subjektivierungsprozesse als Zwang und Chance zur Realisierung eines stärker biographisch bestimmten Lebenslaufs."[693]

Im RU wird die zunehmende Individualisierung und Abnahme der sozialen Kompetenz nicht nur im didaktischen Geschehen relevant, sondern ist selbst Unterrichtsgegenstand. Der Koinonia-Gedanke ist dabei entscheidend für die Suche nach einem Modell von Gemeinschaft. Die legitime Akzentuierung der Individualität läßt sich religionspädagogisch sowohl von der Schöpfungstheologie als auch von der paulinischen Ekklesiologie (vgl. 1 Kor 12) her didaktisieren.

---

690 "Die Sozialstruktur löst sich nicht auf, sondern verändert sich: indem sie das Individuum als neue soziale Einheit konstituiert und auf sie zurückgreift" (Kohli 1988: 35f.).

691 Vgl. Beck/Beck-Gernsheim 1990: 12f.

692 Gabriel 1992b: 13.

693 Ebd.; vgl. auch Beck 1986 und Kohli 1988.

Reflexive Modernisierung[694]

Bezeichnen die Kategorien *Modernität*[695] und *Fortschritt*[696] noch die zentralen Tendenzen neuzeitlich-moderner Entwicklung in der Tradition von Aufklärung und Industrialisierung, so geraten diese in der Postmoderne zunehmend in eine eigentümliche Reflexivität.

Der industriegesellschaftlich sakralisierte, "szientistisch legitimierte Fortschrittsglaube als Basiskonsens der klassischen Industriegesellschaft"[697] wird im Horizont von Ernüchterung und Trivialisierung als Mythos vom permanenten und schnellen Wandel uminterpretiert.[698]

Die Postmoderne wird sich der *Überkomplexität der Wirklichkeit* bewußt, die sich als Folge der entgrenzten System-Rationalität der sektoriell ausdifferenzierten Partikularinstitutionen zeigt und in Gestalt der bisher fortschrittsmythisch hinwegdefinierten Folgeprobleme und Folgelasten auftritt. Besonders im wissenschaftlichen Bereich wird unübersehbar, daß sich Kontingenz und Risiken nicht mehr verarbeiten lassen, sondern in ihrer Eigendynamik eine Fülle weiterer Aporien hervorzubringen geeignet sind.

Die Dimension der Geschichtslosigkeit wird im Horizont postmodernen Bewußtseins reflex. Die Zukunft ist nicht mehr offen und unbegrenzt, sondern wird von Vergangenheit und Gegenwart determiniert. Das Moment der Verantwortung in der Perspektive von "Selbstbegrenzung"[699] und "eingestandener Imperfektion"[700] tritt in den Vordergrund.

Die moderne Entwicklung des kulturellen Pluralismus entlarvt in der postmodernen Reflexivität ihr "Janus-Gesicht"; zur selbstverständlichen Geltung als Eröffnung von Freiheitsspielräumen tritt jetzt die Kontingenz des Individuums, dessen Entscheidungsfreiheit ins Gegenteil verkehrt wird: die Wahlfreiheit wird zum Wahlzwang.

Die radikale Individualisierung nimmt spätestens dann eine kritisch-reflexive Form an, wenn Brüche, Widersprüche und Unsicherheiten im Lebenslauf auftre-

---

694 Nach *Ulrich Beck* meint *Modernisierung* die technologischen Rationalisierungsschübe und die Veränderungen von Arbeit und Organisation, umfaßt darüber hinaus aber auch sehr viel mehr: den Wandel der Sozialcharaktere und Normalbiographien, der Lebensstile und Liebesformen, der Einfluß- und Machtstrukturen, der politischen Unterdrückungs- und Beteiligungsformen, der Wirklichkeitsauffassungen und Erkenntnisnormen" (Beck 1986: 25). Der Münchner Soziologe beschreibt in seiner Arbeit "Risikogesellschaft. Auf dem Weg in eine andere Moderne" (1986) die theoretische Idee einer reflexiven Modernisierung der Industriegesellschaft.

695 Vgl. Gumbrecht 1978.

696 Vgl. Kosellek 1975.

697 Gabriel 1992b: 13.

698 Vgl. Kaufmann 1989a: 37ff.

699 Offe 1991: 193.

700 Ebd.

ten, denn standardisierte Rollenidentitäten sind entweder abhanden gekommen oder gelten nur für sektorielle Bereiche (z. B. Beruf). "An die Stelle des schlichten Modells der Übernahme eines Musters von Identität und Lebenslauf tritt die Perspektive der lebenslangen Arbeit an der eigenen Biographie und der Suche nach Sinn und Identität"[701] (*Karl Gabriel*).

Besonders Kinder und Jugendliche sind sehr sensibel im Hinblick auf die Ambivalenz des Fortschrittsmythos und die Überkomplexität der Welt. Diakonischer RU wird jugendliche Subkulturen (Kleidung, Musik, Sprache, ...) aufgreifen und kann so besser der Gefahr entgehen, weltfremd und abgehoben zu erscheinen.

8.3 Risiken, Aporien und Gefährdungen der Postmoderne

Es dürfte deutlich geworden sein, daß die Postmoderne von einem Übergangsbewußtsein geprägt ist. Die Rede von der *Krise* und die gehäufte Verwendung des Präfixes *post-* in neueren Gesellschafts- und Zeitdiagnosen zeigt nach Kaufmann, "daß ein bis dahin stabiler oder plausibler Zusammenhang nicht mehr in die Zukunft trägt, daß Spannungen, Widersprüche, Paradoxien oder Entwicklungsdilemmata den gegenwärtigen Zustand über sich hinaustreiben, auf etwas hin, das in der Diagnose einer Krise des Bestehenden noch nicht ausgesprochen wird"[702]. Ein RU, der dem Schüler beim Lebenlernen helfen will, muß die postmodernen Schwierigkeiten und Gefährdungen kennen, die den heute lebenslangen Prozeß der Identitäts-Suche erschweren oder behindern. Im folgenden werden einige markante Entwicklungen genannt.

Die Gefährdung von Autonomie und Subjektivität

Wahl[703] zufolge tappt der autonome und nach Selbstentfaltung suchende und Selbstverwirklichung erstrebende einzelne in der Postmoderne in die "Modernisierungsfalle", die darin besteht, daß auf das Versprechen von autonomer, selbstbestimmter Subjektivität in Freiheit das ernüchternde Bewußtsein von Abhängigkeit und Fremdbestimmung folgt. Im selben Maße wächst die Schwierigkeit des Aufbaus einer stabilen Ich-Identität, die angesichts der Überkomplexität der Welt und des Fehlens homogener Milieus und Beziehungsstrukturen immer wichtiger wird.

Das Scheitern an dieser Lebensaufgabe (Neurosen, Psychosen, Depressionen, Identitätskrisen, Suizidalität, Gewaltbereitschaft und Anonymisierung) wird "zu einem Alltags- und Massenphänomen, von dem ein expandierender Zweig personenbezogener Dienstleistungen als Reparaturbetrieb lebt"[704].

---

[701] Gabriel 1992b: 14.
[702] Kaufmann 1989: 32.
[703] Vgl. Wahl 1989.
[704] Gabriel 1992b: 17.

Menschliche Hilfeleistungen werden aus dem unmittelbar zwischenmenschlichen Bereich von Partnerschaft, Ehe und Familie sowie Freundes- und Bekanntenkreis in den Bereich gesellschaftlicher Zuständigkeiten verlagert, was die "Institutions- und Professionsabhängigkeit des autonomiesuchenden Subjekts noch um eine Stufe tiefer im 'Seelenhaushalt' des einzelnen"[705] verankert.

Folgende Momente erschweren den Prozeß der Subjektwerdung:

- Der Mensch scheint in starkem Maße selbst Gegenstand der Technik, des Experiments sowie der Mach- und Planbarkeit zu werden.[706] Neuere biologisch-medizinische Entwicklungen schaffen die Möglichkeit, den Menschen zum Produkt zu degradieren.

- Das Waren- und Tauschprinzip der Konsumgesellschaft tangiert den Bereich des unmittelbar Menschlichen; dies wirkt sich aus auf

  - die Gestaltung zwischenmenschlicher Beziehungen,

  - die moralische Verantwortung, die oft auf strukturelle "Schuld" abgeschoben wird,

  - den Bereich der Muße und Besinnlichkeit, der durch die rasante Akzeleration von Moden, Kulturen und Meinungen erheblich eingeschränkt ist.

- Moderne Kulturindustrie nimmt dem einzelnen seine Bilder, Träume und Geschichten ab, macht ihn unsensibel für eine ganzheitliche Wahrnehmung. Eine Unterscheidung zwischen unverblümter Wirklichkeit und künstlich-reproduzierter Massenscheinwelt wird immer schwieriger. Durch Überinformation wird der Mensch zum "sekundären Analphabeten"[707]

- Mit dem Bedeutungsgewinn der empirischen Wissenschaften hat sich ein Desinteresse an der Subjektivität des Menschen eingestellt, in dessen Gefolge wichtige Dimensionen menschlicher Personalität (Individualität, Sozialität, Freiheit,

---

705 Ebd.

706 "In dieser Welt wird der Mensch zu einem Ding, was dazu führt, daß er dem Leben unter Angst und Gleichgültigkeit, wenn nicht gar mit Haß gegenübersteht" (Fromm 1979: 8).

707 *Hans Magnus Enzensberger* charakterisiert den sekundären Analphabeten folgendermaßen: "Er hat es gut; denn er leidet nicht an dem Gedächtnisschwund, an dem er leidet; daß er über keinen Eigensinn verfügt, erleichtert ihn; daß er sich auf nichts konzentrieren kann, weiß er zu schätzen; daß er nicht weiß und nicht versteht, was mit ihm geschieht, hält er für einen Vorzug. Er ist mobil. Er ist anpassungsfähig. Er verfügt über ein beträchtliches Durchsetzungsvermögen. Wir brauchen uns also keine Sorgen um ihn zu machen. Zu seinem Wohlbefinden trägt bei, daß der sekundäre Analphabet keine Ahnung davon hat, daß er ein sekundärer Analphabet ist. Er hält sich für wohlinformiert, kann Gebrauchsanweisungen, Piktogramme und Schecks entziffern und bewegt sich in einer Umwelt, die ihn hermetisch gegen jede Anfechtung seines Bewußtseins abschottet. Daß er an seiner Umgebung scheitert, ist undenkbar. Sie hat ihn ja hervorgebracht und ausgebildet, um ihren störungsfreien Fortbestand zu garantieren. Der sekundäre Anaphabet ist das Produkt einer neuen Phase der Industrialisierung" (zit. n. Metz 1987b: 132).

Verantwortung, Gewissen, Transzendenzverwiesenheit) als unwissenschaftlich und damit irrelevant erscheinen. Der Mensch wird nicht mehr in seiner Personalität mit bestimmten anthropologischen Existentialen gesehen, sondern als bloßes Ergebnis der Evolution.

Ein RU, der die Schüler bei ihrer zentralen Entwicklungsaufgabe *Identitätsbildung* unterstützen will, wird versuchen, Schüler zur Subjektwerdung zu ermutigen und die gesellschaftlichen Widerstände aufzeigen.

Verlust an Beziehungs- und Bindungsfähigkeit

Soziale Beziehungen und psychosoziale Grundbefindlichkeiten des Menschen haben im Zuge der neuzeitlichen Modernisierung gravierende Änderungen erfahren. Wir beobachten "eine fortgesetzte Schwächung der sogenannten intermediären Strukturen (etwa Regionalgesellschaften, örtliche und soziale Milieus) und der sozialen Lebensformen (Nachbarschaft, Familie, Verwandtschaft)"[708].

Besonders der Bereich *Ehe und Familie* scheint eine nachhaltige und zunehmende Destabilisierung zu erfahren, wie die abnehmende Zahl der Eheschließungen, die Zunahme nichtehelicher Lebensgemeinschaften und Ehescheidungen sowie Rückgang der Kinderzahl zeigt.[709]

Wir beobachten eine "endemisch zunehmende Beziehungslosigkeit, welche die bisherigen Solidarpotentiale unserer Gesellschaft schwächt"[710]. Es besteht eine postmoderne Aporie zwischen dem urmenschlichen Wunsch nach dauerhafter Bindung und der Erfahrung häufig geringer Tragfähigkeit personaler Bindungen. Nach *Rita Süßmuth* fehlen den anfänglichen Bindungen "tragfähige Rückbindungen ... Ideen und Überzeugungen, die es ermöglichen, Augenblicksperspektiven in die Zukunft zu verlängern"[711].

Insbesondere die starke Individualisierung, die Ansprüche sektorieller Lebensbereiche (Arbeit, Freizeit, Wirtschaft) und die Forcierung einer Wertediffussion durch die Medien scheinen die Sozialität des Menschen erheblich zu gefährden und Anonymität, Beziehungs- und Bindungslosigkeit zu fördern.

Diakonischer RU wird sich in stärkererem Maße als bisher den Themen *Freundschaft, Liebe, Sexualität* widmen, wobei ein kritischer Umgang mit der kirchlichen Ehe- und Sexualmoral ein Gebot der Stunde ist. Es gilt vielmehr, die Schüler auf die positiven *Ansätze* hinzuweisen, die sich vom christlichen Menschenbild her für die Gestaltung zwischenmenschlicher Beziehungen ergeben.

---

708 Kaufmann 1989a: 263.
709 Vgl. Lüscher 1988.
710 Kaufmann 1989a: 264.
711 Süßmuth 1981: 248.

Umweltrisiken als Ursache von Angst

Ökologische Großgefahren stellen eine unübersehbare Nebenfolge von ehemals fortschrittlichen Entwicklungen von Wirtschaft, Technik und Politik dar. Systemisch bedingte, oft irreversible Schädigungen von Luft, Wasser, Nahrungsmitteln, Organismen sowie Pflanzen, Tieren und Menschen prägen das Lebensgefühl des einzelnen, der sich immer weniger durch die abgesicherte und komfortable moderne Industriegesellschaft getragen weiß. Seine Subjektivität ist jetzt plötzlich (wieder) existentiell von neuer Seite gefährdet: der Mensch lebt im Bewußtsein völliger Abhängigkeit und Machtlosigkeit, indem er sich den globalen ökologischen und politischen Gefährdungen ausgeliefert sieht. Der postmoderne Mensch lebt in einer "Risikogesellschaft"[712], die mittlerweile zu einer "katastrophalen Gesellschaft"[713] geworden ist. Diese Risiken stellen jedoch nicht nur eine gesundheitliche Gefährdung des Menschen dar, sondern wirken sich unmittelbar auf soziale, wirtschaftliche und politische Bereiche aus: "Markteinbrüche, Entwertung des Kapitals, bürokratische Kontrollen betrieblicher Entscheidungen, Eröffnung neuer Märkte, Mammutkosten, Gerichtsverfahren, Gesichtsverlust"[714].

Nach *Ulrich Beck* läßt sich die psychosoziale Grundbefindlichkeit der Risikogesellschaft in dem einen Satz zusammenfassen: "Ich habe Angst"[715]. Die Angst angesichts globaler Gefährdungen scheint in der anonymen und individualisierten Gesellschaft zum intersubjektiven Bindeglied zu werden.[716]

Nach *Rudolf Affemann* weisen auch diese gegenstandsbezogenen Ängste ein vielschichtiges Zustandsbild auf:

> "Es ist gekennzeichnet durch Leere, Unbeteiligtsein, Resignation, alle möglichen Lähmungserscheinungen wie Verlust von Aktivität und Ini-

---

[712] Vgl. Beck 1986.
[713] Ebd.: 31.
[714] Ebd.
[715] Ebd.: 66.
[716] "Der Typus der Risikogesellschaft markiert ... eine gesellschaftliche Epoche, in der die *Solidarität aus Angst entsteht* und zu einer politischen Kraft wird" (ebd.: 66). Zugleich weist *Beck* darauf hin, daß diese neue Motivation zur Solidarität ebenfalls mit den postmodernen Merkmalen *Unsicherheit* und *Orientierungslosigkeit* behaftet ist:
"Noch ist ... völlig unklar, wie die Bindekraft der Angst wirkt. Wie weit sind Angst-Gemeinsamkeiten belastbar? Welche Motivationen und Handlungsenergien setzen sie frei? Wie verhält sich diese neue Solidargemeinde der Ängstlichen? Sprengt die soziale Kraft der Ängstlichkeit tatsächlich das individuelle Nutzenkalkül? Wie kompromißfähig sind angsterzeugende Gefährdungsgemeinsamkeiten? In welchen Handlungsformen organisieren sie sich? Treibt die Angst die Menschen in Irrationalismus, Extremismus, Fanatismus? Angst war bisher keine Grundlage rationalen Handelns. Gilt auch diese Annahme nicht mehr? Ist Angst vielleicht - anders als materielle Not - ein sehr schwankender Grund für politische Bewegungen? Kann die gemeinsame Angst vielleicht schon durch die dünne Zugluft von Gegeninformationen auseinandergeblasen werden?" (ebd.).

tiative. Weiter sind vorhanden Kraftlosigkeit, Sinnlosigkeit und Einsamkeit."[717]

Angst als Symptom unserer Zeit und Ausdruck mangelnder oder mangelhafter Ich-Stärke entsteht jedoch auch aus anderen Tendenzen, deren Fragwürdigkeit und Schädlichkeit in der Postmoderne zunehmend ins Bewußtsein tritt.

Der RU wird vor diesem Hintergrund schöpfungstheologische Inhalte didaktisieren, um ein positives Sinnziel der Schöpfung trotz aller ökologischer Gefahren und Risiken aufzuzeigen und den Schülern die Aktualität des Schöpfungsauftrags (vgl. Gen 1,28) zu vermitteln.

Lebensmaxime der Konsumgesellschaft

Die signifikante Zunahme der Angst ist Folge einer gewissen Unterforderung des postmodernen Menschen; denn Ich-Stärke und Identität entwickeln sich immer dann in besonders starken Schüben, wenn Spannungen und Konflikte angenommen und produktiv gelöst werden.

Unter bestimmten Bedingungen der Konsumgesellschaft wird maximaler Lustgewinn in kurzsichtiger Weise zum Lebensprinzip hochstilisiert und Leid, Schmerz, Niederlage, Einsamkeit, Trennung und Tod als lebensfeindlich negiert. Als Folge daraus ergibt sich eine eklatante Unfähigkeit, mit genuin psychisch und psychosozial belastenden Situationen fertig zu werden. Es entsteht ein nur partikuläres Selbst-Bewußtsein, das immer dort in sich zusammenfällt, wo ungewohnte Schwierigkeiten auftreten.[718] Was zunächst leicht und menschenfreundlich scheint, erweist sich in der Konsequenz als unmenschliche Überforderung, als hart und brutal.

Ferner ergibt sich aus den Ansprüchen der Konsumgesellschaft, die am Haben-Modus[719] orientiert sind, ein Überangebot an Gütern, Freizeitmöglichkeiten und Daseins-Orientierungen sowie unausgesprochenen Erwartungen, z. B. wie man sich zu kleiden, wie oft man Urlaub zu machen habe, welche Hobbies man pflegen müßte, welche Automarke angemessen sei u. v. m. Daraus entsteht häufig eine Angst des Nichtgenügens, des Versäumens oder Versagens sowie des Zu-

---

717 Affemann 1973: 25.

718 "Unter dem Diktat eines kurzschlüssigen Lustprinzips neigen wir heute dazu, Bedürfnisse möglichst rasch zu befriedigen. Triebaufschub scheint dem Luststreben zu widersprechen. Die Konsumwerber flüstern uns ein, wir sollten keine Gelegenheit verstreichen lassen, um uns etwas zu gönnen; Unlustzustände sollte man mit lustvollem Konsum vertreiben. Vor allem bewirkt eine 'moderne' Pädagogik des einseitigen Lassens eine permanente Unterforderung der Fähigkeit des jungen Menschen, Antrieb- und Triebspannungen ohne sofortige Realisierung auszuhalten und mit Unlustgefühlen zu leben. Durch all diese Umstände wurde das Ich zu wenig belastet, herausgefordert und somit zu wenig gekräftigt. Die Folge ist Angst als Ausdruck innerer Unsicherheit und Anfälligkeit" (ebd.: 27).

719 Vgl. Fromm [15]1986!

rückbleibens hinter Anforderungen, die für die gesellschaftliche Anerkennung des vermeintlich autonomen Individuums (unausgesprochen) eingefordert werden. Im Horizont der Überkomplexität der Welt entsteht die Angst, etwas falsch zu machen, etwas vergessen zu haben, einen Vorteil nicht ausgenutzt zu haben etc.

Gerade Kinder und Jugendliche spüren diesen Konsumdruck besonders und leiden dann auch bei Nichtgenügen entsprechend. Dies zeigt sich etwa im hohen finanziellen Aufwand, den viele Schüler wegen Markenartikel haben, in der Verschuldung zahlreicher Jugendlicher und in den Auswirkungen auf die sozialen Beziehungen (Individualismus; Konkurrenzdruck; Neid ...). Dies sind konkrete Anknüpfungspunkte für einen RU, der den verbreiteten Haben-Modus relativiert und dafür den Sein-Modus favorisiert.

Aus den Gefährdungen beim Aufbau einer Identität und von Ich-Stärke ergibt sich die Problematik einer ethischen Orientierungslosigkeit.

Werte-Inflation und ethische Orientierungslosigkeit

In Anbetracht der "organisierten Unverantwortlichkeit"[720] unserer Risikogesellschaft tritt das "Prinzip Verantwortung"[721] stärker in den Vordergrund. Die Postmoderne weiß um das ethische Vakuum unserer Zeit, das sich in Wertewandel[722] und Orientierungslosigkeit sowie ethischer Handlungsunfähigkeit aufgrund fehlender bzw. konkurrierender Normen manifestiert Daher ist es für den Menschen schwierig, "angesichts konflikthafter Erwartungen gegebene Handlungsspielräume so zu nutzen, daß unter Abwägung aller relevanten Gesichtspunkte Entscheidungen getroffen werden, deren vielfältige Folgen sich im Nachhinein rechtfertigen lassen"[723].

Gerade in pluralistischen, überkomplexen und hochdifferenzierten Gesellschaften muß sich menschliches Handeln auf Verantwortlichkeit gründen. Es scheint jedoch, daß die gesellschaftliche Entwicklung der Neuzeit die Übernahme von Verantwortung erschwert. Besonders problematisch erweist sich dabei, daß ein Begründungsmodell für Werte, Normen und Haltungen weitgehend fehlt, da das herkömmliche religiöse immer mehr verblaßt und einer innerweltlichen Transzendenzerfahrung weicht. Diese besteht im Bewußtsein der Abhängigkeit von gesellschaftlich lokalisierbaren Kräften (Wirtschaft, Staat, Industrie u. v. m.), die zwar unseren unmittelbaren Erfahrungshorizont transzendieren, jedoch wissenschaftlich erklärbar sind.

---

[720] Vgl. Beck 1986: 103-105.
[721] Vgl. Jonas 1979.
[722] Vgl. Zsifkovits 1990.
[723] Kaufmann 1989a: 259.

Der Pluralismus an Deutungsmustern, Werten und Wertehierarchien der gesellschaftlich ausdifferenzierten Komplexität ruft durch seine kulturelle Nivellierung Sinnkrisen hervor. Sie werden faßbar in der Schwierigkeit des Menschen, die Vielfalt der werthaften Möglichkeiten zu erfahren, zu überblicken und für das konkrete Handeln im Alltag dienstbar zu machen. Eindeutige kulturelle Selektions- und Präferenzkriterien sind nicht (mehr) gegeben. Die verschiedenen ethischen Angebote sind grundsätzlich gleichberechtigt und gleichgültig. Der einzelne muß daraus jene Werte und Normen für sich auswählen, nach denen er autonom handeln kann. Diese grundlegende Aufgabe jedes Menschen ist für seine Identitätsentwicklung ebenso bedeutend wie für seine Gemeinschaftsfähigkeit.

Die Postmoderne reflektiert - über die Gesellschaftskritik der 70er und 80er Jahre hinaus - die Schwierigkeiten des Individuums beim Aufbau einer autonomen Moral als Folge des übersteigerten Besitzdenkens der neuzeitlichen Industriegesellschaften. Es liegt ein Haben-Verhältnis[724] des Menschen zur Welt vor, das gekennzeichnet ist durch

- eine ständige Erweiterung und Bereicherung durch immer neue Bedürfnisse und Genußstreben,

- ein verkürztes ethisches Handlungsinstrumentarium, in dem die Besitz- und Eigentumsfrage eine dominante Rolle spielt,

- die Abhängigkeit des gesellschaftlichen Ansehens und Anerkennung von Einkommen und Vermögen,

- ein Konkurrenzdenken, das die Dinge instrumentalisiert und ihres Eigenwertes beraubt,

- eine Verbrauchermentalität, mittels derer der Mensch in einen Kreislauf von Produktion und Werbung eingespannt bleibt.

Aus postmoderner Sicht läßt sich der neuzeitlich-moderne Mensch unter dem Gesichtspunkt seiner ethischen Grundeinstellung mit den Worten *Hermann Lübbes* folgendermaßen charakterisieren:

> "Hoher Lebensstandard, distanziertes Verhältnis zur Berufstätigkeit, abnehmende Mobilität, schwindende Arbeitsfreude, reiselustig, rasch gelangweilt und daher kontaktbeflissen, einsamkeitsflüchtig und zugleich bindungsscheu, politisiert, aber institutionenfremd, orientierungsbedürftig und kirchenfern. Daß es sich um einen unangenehmen Typ handele, wird man ja gar nicht einmal fordern wollen. Gleichwohl ist seine Lebensverfassung beklagenswert. Glück ist ja nach alter Lehre nichts anderes als Sinnerfahrung in der Erfüllung anerkennungspflichtiger Ansprüche, die durch die Wirklichkeit, durch Sachen und mit Menschen an uns gerichtet sind ... insbesondere dann, wenn solche Erfüllung unsere Kräfte fordert, physisch, intellektuell und moralisch. Die

724 Vgl. Fromm [15]1986.

> Glückschancen von hedonistisch Bindungsscheuen, die ihrer selbst überdrüssig, reiselustig, ständig auf Kontaktsuche sind, muß man demgegenüber als recht gering einschätzen."[725]

Ethik ist ein wichtiges Lernfeld in der Schule. Gegenüber dem Ethik- oder Lebenskundeunterricht kann der RU eine bessere Orientierungshilfe bieten, indem der Verbindlichkeitsanspruch der Nachfolge Christi für den Schüler eine deutlich erkennbare Option darstellt.

Wissenschafts- und Technikgläubigkeit

Es läßt sich eine Aporie feststellen zwischen der scheinbar desillusionierten, gegenüber allem Metaphysisch-Spekulativem skeptischen Nüchternheit, Sachlichkeit und Rationalität einerseits und der fast schon kindlich naiven Wissenschafts- und Technikgläubigkeit vieler Zeitgenossen, die selbst Katastrophen, Lebensgefahren und technische Fehler nicht erschüttern kann.

Diesem Vertrauen in die Naturwissenschaften und deren technologische Anwendungen liegt der bisher unangefochtene Gedanke einer stetig qualitativen Progression und Evolution auf eine bessere Zukunft zugrunde. Viele technologische, medizinische und wirtschaftliche Entwicklungen erscheinen als Zeichen ungehemmten Fortschritts und Wachstums.

Dieser neue Glaube des modernen Menschen hat die Zugänge zur Wirklichkeit auf das Erkenntnisorgan der Rationalität und den Wissenschaftsbegriff auf den Bereich rationaler Erfahrungen reduziert. Wertneutralität wird postuliert; anthropologische Kategorien wie *Verantwortung*, *Freiheit*, *Emotionalität* u. v. m. werden als irrelevant für den wissenschaftlichen Zugang zur Wirklichkeit abgetan und dem Bereich des Privaten und der Kultur zugewiesen. So blendet diese rationalistische Verabsolutierung all jene Lebensbereiche aus, die keine rationale Struktur haben und mittels der Vernunft nur unzureichend erfaßt werden können. Als Folgen ergeben sich Hilflosigkeit, Sprachlosigkeit und Unfähigkeit des Menschen gegenüber dem Irrationalen. *Rudolf Affemann* erkennt darin eine existentielle Bedrohung des Menschen:

> "Er zerstört damit das Leben und macht sich selbst arm. Trotz allem technischen Bemühen gelingt es ihm in vieler Hinsicht nicht, das Leben in seinen Plan zu zwingen. Er bleibt wesentlichen Unwägbarkeiten, Unbestimmbarkeiten, Unberechenbarkeiten, Unbegreiflichkeiten ausgesetzt. Der Mensch, der in der Offenheit nichtrationalen Bereichen gegenüber groß wurde, lernt es mehr oder weniger gut, sich ihnen anzuvertrauen, und wenn ihm dies schon nicht möglich war, mit ihnen auf andere Weise umzugehen. Der rationalistisch verformte Mensch wächst nicht in einem durch Unsicherheit nahegelegtem Vertrauen heran, sondern im Versuch der Sicherung durch rationale Beherrschung. Da der Versuch schon im Ansatz falsch ist, müssen bei ihm an die Stelle der

---

[725] Zit. n. Kaufmann 1989a: 262.

> Dimension des Vertrauens, die wohl wenig anderes Menschsein zentral bestimmt, Angst und Agression treten."[726]

Im Horizont einer postmodernen Bewußtseinslage werden vereinzelte Versuche unternommen, sowohl ein ganzheitliches Weltbild[727] als auch eine anthropologisch-authentische und umfassende Wahrnehmungsfähigkeit des Subjekts wieder in den Vordergrund zu rücken.

Für den RU ergibt sich die Chance, den Menschen in seiner ganzheitlichen Personalität zu sehen und einer kognitivistischen Fixierung entgegenzusteuern. Der Glaubensvollzug ist in seinen zahlreichen Perspektiven darzustellen; eine reine Wissensvermittlung kommt für einen diakonischen RU nicht in Frage.

Leidensunfähigkeit und Todesverdrängung

Im Kontext der Modernisierung läßt sich eine soziale Verdrängung der Todesproblematik beobachten, die als Korrelat der neuzeitlichen Säkularisierungs- und Individualisierungsprozesse interpretiert werden kann.

Als Ergebnis ihrer breit angelegten Studie zur Problematik des Todes in geistesgeschichtlicher, gesellschafts- und religionstheoretischer Hinsicht sehen *Armin Nasschi* und *Georg Weber* einen "insgesamt deutlichen Trend zur Individualisierung der Todeserfahrung ... noch nie war der Tod so vereinsamend, vernichtend und radikal"[728].

Es ist charakteristisch, daß das Sterben als menschliche Grunderfahrung, ohne die das Leben nur verkürzt wahrgenommen wird, als etwas Unliebsames, Anstößiges angesehen wird und daher zu verschweigen ist. Ähnlich verhält es sich mit dem Trauer-Ritual, das möglichst schnell und funktionalistisch vollzogen wird, um sich nur ja nicht mit der Situation des Abschieds auseinandersetzen zu müssen.

Das zugrundeliegende Menschen- und Wirklichkeitsbild ist geprägt von vordergründigem Glücksstreben und Lustgewinn, in dessen Gefolge tragfähige und ganzheitliche Persönlichkeitsbildung ausbleibt. Daher verwundert es nicht, wenn "besonders heute Grenzerfahrungen wie Kranksein, Behindertsein und Sterbenmüssen gesellschaftlicher Tabuisierung unterliegen"[729]. Emotionale Verarmung und Unfähigkeit, schwierige, psychisch belastende Situationen des Lebens zu meistern, sind der Preis kurzfristigen Genusses. Erschreckend geringe Frustrationstoleranz, Belastungslabilität und Unfähigkeit zum Verzicht, zum Aushalten von Leid und Schmerz führen zu psychischen Erkrankungen oder Verdrängungsmechanismen, wie etwa der steigende Drogenkonsum zeigt. Als Folgen treten auf

---

726 Affemann 1973: 57f.
727 Vgl. Capra [13]1986; 1987.
728 Nasschi/Weber 1989: 145; 153.
729 Kollmann 1991: 182.

- Unfähigkeit zur Aufrechterhaltung einer Kommunikation oder zwischenmenschlichen Beziehung bei Enttäuschung o. ä.,

- Sucht an Lustbefriedigung als Verdrängungsmechanismus für Einsamkeit, Traurigkeit oder als Ausgleich für Versagen,

- Pseudo-Genußfähigkeit, die Augenblicksbefriedigung mit Dauerfrustration erkauft,

- Infantilität, die personale Reife-Entwicklung behindert.

Biblisch orientierter, christlicher RU kann am Modell *Jesus von Nazaret* eine Alternative aufzeigen, wie auch Leid und Tod sinnvoll interpretiert werden können. Die Hoffnungsperspektive *Auferstehung* ist *die* entscheidende Option, aufgrund der sich Grenzerfahrungen im Leben integrieren lassen.

Erschwerte Sinnfindung

Alle bisher genannten Aporien der Postmoderne tragen dazu bei, daß die für den Menschen zentrale Frage nach dem Sinn seines Lebens in den Hintergrund gedrängt wird. Die seelisch-geistige Situation weiter Teile der Menschheit ist durch "eine Sinnkrise von katastrophaler Auswirkung"[730] gekennzeichnet. Dabei fällt auf, daß gerade die westliche Wohlstandsgesellschaft, in der ein hoher Lebensstandard und die vielfältigsten Möglichkeiten der Lebensgestaltung gegeben sind, vom Bewußtsein der Sinnlosigkeit geprägt ist.

Rudolf Affemann beschreibt die Situation mit folgenden Worten:

> "Bei einer großen Zahl von Menschen der Gegenwart ist eine untergründig depressive Verfassung vorhanden. Das heißt also, bei ihnen besteht eine große seelische Leere, die verbunden ist mit tiefgreifenden Kommunikationsstörungen den Mitmenschen gegenüber. Ausdruck dieser Entleertheit ist ein Mangel an Kraft, Initiative, Lebensgefühl. Bricht jenes Vakuum durch, so treten die manifesten Depressionen auf, die gekennzeichnet sind durch die niedergedrückte Stimmung, Verlangsamung, ja Lähmung bis ins Körperliche hinein, Angstzustände. Je mehr sich die Hohlräume öffnen, umso stärker wird der Sog des Nichts, der viele Depressive in die Selbstvernichtung hineinreißt."[731]

Die Folgen dieses "existentiellen Vakuums", das nach *Viktor E. Frankl*[732] "das am meisten verbreitete Lebensgefühl darstellt"[733], zeigen sich etwa im Konformismus oder in der Neigung zu Totalitarismus und Fundamentalismus; im schlimmeren Fall kommt es zur "massenneurotischen Trias" *(V. E. Frankl*): Jugendkriminalität, Drogensucht und Selbstmord.

---

730 Igerl u. a. (o. J.): 58.

731 Affemann 1979: 41.

732 Vgl. Frankl 1979: 180. Der österreichische Psychiater und Psychotherapeut *Viktor E. Frankl* ist Begründer der Existenzanalyse und Logotherapie.

733 Ebd.: 181.

Als wesentliche Gründe dieses Sinnverlustes sind zu nennen[734]:

- die Unüberschaubarkeit von Produktionen und Dienstleistungen, die einen unmittelbaren Nutzen der eigenen Arbeit oft nicht erkennen läßt;

- das dominante Verhaltensmuster ständiger Aktivität und Betriebsamkeit, das auch auf den psychischen Bereich Anwendung findet;

- die Tendenz "kultivierter Einbahnstraßenkommunikation", in der Widersprüche und Anfragen nicht vorgesehen sind;

- ein gesellschaftlich vorprogrammiertes Verhalten, das bis in den Intimbereich Einfluß nimmt und das Kreativität und Subjektivität in die Schranken weist;

- eine Verbrauchermentalität, die sich von der Freude an Besitz und Konsum sehr schnell zu einem Minderwertigkeitsgefühl wandeln kann, sobald die (materiellen) Voraussetzungen fehlen.

Diakonischer RU wird den Schülern eine klare Antwort auf die Sinnfrage anbieten; die erschwerte Sinnfindung der pluralistischen Gesellschaft dürfte daher der wichtigste Ansatz für die Notwendigkeit von RU in der Schule sein.

8.4 Zusammenfassung

Ohne einem Kulturpessimismus verfallen zu wollen, läßt sich doch sagen, daß die neuzeitliche moderne Industriegesellschaft Entwicklungen hervorgebracht hat, die durchaus ambivalent sind. Neben bemerkenswerten Fortschritten sind Gefährdungen unübersehbar, deren sich die Postmoderne bewußt wird.

Alle Menschen, besonders aber Kinder und Jugendliche müssen in dieser neuen gesellschaftlichen Gesamtkonstellation ihre Identität entwickeln und ihren Standpunkt in einer Umwelt finden, die vielfältige und z. T. widersprüchliche Anforderungen an den einzelnen stellt. Schulische Erziehung und Bildung, ein RU, der Lebenshilfe aus dem Glauben geben will, leisten hierzu einen unverzichtbaren Beitrag. Das abschließende Kapitel will thesenhaft andeuten, welchen Optionen ein diakonischer RU in der Postmoderne verpflichtet ist.

9. Optionen eines diakonischen Religionsunterrichts

Der Umbruch zur Postmoderne hat bedeutende Auswirkungen auf Religiosität, Religion und Glaube. Es läßt sich der Trend einer religiösen Individualisierung als Korrelat radikalisierter Differenzierung der Gesellschaft in funktionsspezifische Teilsysteme beobachten. Die Subjektivierung im religiösen Bereich legt ein Menschenbild offen, das sich durch besondere Betonung des Personcharakters, der Individualität, des Selbstwerts und der Autonomie auszeichnet. Die prinzipielle Entscheidungsoffenheit des autonomen Individuums anstelle eines vorge-

---

[734] Vgl. Grom/Schmidt 1975: 25.

gebenen Normenkomplexes hat der institutionalisierten Religiosität der Kirchen eine schwere Krise beschert: Der Plausibilitätsverlust traditioneller kirchlicher Deutungsmuster und Normen geht mit einer befreienden Ablösung aus freiheitsbeschränkenden, irrelevanten Symbolsystemen einher. Als Folge daraus ergibt sich eine unübersichtliche und ambivalente religiöse Zeitdiagnose, die einen radikalen Pluralismus im Bereich religiöser Formen feststellt, der programmatisch mit dem Schlagwort *Neue Religiosität* bezeichnet wird.

Die Religionswissenschaften scheinen dieses neue religiöse Paradigma erst langsam in den Griff zu bekommen:

- die Religionssoziologie[735] ist noch damit beschäftigt, sich von dem alten, entweder funktionalistisch[736] oder substantiell[737] geprägten Religionsbegriff zu lösen und den Blick von einer Fixierung auf die kirchliche Religiosität auf alternative Formen zu richten;

- die Religionsphilosophie[738] versucht, das Phänomen der menschlichen Religiosität in ihrer postmodernen Variante auf einer Art "Folie" von Mythos, Humanismus, Rationalität und Ethik sowie möglicher Gefährdungen durch Ideologie und Fundamentalismus zu betrachten;

- die Philosophie lokalisiert die "neue" Religiosität in der geistesgeschichtlichen Tradition der Aufklärung und wendet sich (wieder) der Säkularisierungsdiskussion zu[739].

Allein die Theologie scheint diese "neue" religiöse Situation bisher nur unzureichend wahrgenommen, geschweige denn in ihren Konsequenzen für die Wissenschaft über den christlichen Glauben bedacht zu haben.[740]

Deshalb verfolgt diese Untersuchung das Ziel, angesichts der neuen religiösen Situation Wege zu einer diakonischen Ausrichtung des RUs in der postmodernen Gesellschaft zu beschreiben. Folgende thesenhafte Optionen seien als "Arbeitsaufträge" für Theorie und Praxis des RUs zu verstehen, die von der Religions-

---

735 Vgl. Luhmann 1977, Kaufmann 1989, Luckmann 1991.

736 Besonders *Niklas Luhmann* legt seiner Religionssoziologie einen funktionalistischen Religionsbegriff zugrunde!

737 Der substantielle Religionsbegriff wird seltener vertreten. Nach *Kaufmann* (1989: 74) scheint ein eher allgemeiner Religionbegriff in Anbetracht des religiösen Pluralismus nahezuliegen. Er selbst vertritt diese Position jedoch nicht, sondern sieht darin eher einen Anlaß, *Religion* als problemanzeigenden Begriff zu fassen (vgl. ebd.).

738 Vgl. die Arbeiten des österreichischen Religionsphilosophen *Anton Grabner-Haider* (1983, 1989a, 1989b und 1991).

739 Vgl. Lübbe ^{2}1990.

740 Der Wiener emeritierte Theologieprofessor *Hubertus Mynarek* hat das Phänomen der *Neuen Religiosität* in einer Umfrage untersucht, die er unter dem Titel *Religiös ohne Gott*? (1989) veröffentlicht hat.

pädagogik her noch deutlicher theologisch-anthropologisch zu begründen und zu entfalten sind.

(1) Christlicher RU versucht, den Schüler auf der Suche nach dem Sinn des Lebens unterstützend zu begleiten. Die "zentralste Frage der menschlichen Existenz"[741] soll zunächst bewußt gemacht und aus dem befreienden Potential des christlichen Glaubens beantwortet werden. Biographisch orientiert und erfahrungsbezogen geht es um die Hilfe beim Aufbau kindlicher und jugendlicher *Identität*[742].

(2) Angesichts subjektfeindlicher Tendenzen der Leistungs- und Konsumgesellschaft soll im RU dem Schüler jenes Selbstbewußtsein vermittelt werden, das ihn zu Sozialkritik und zum Aufdecken menschenfeindlicher Einseitigkeiten und Verabsolutierungen befähigt und so zu *Mündigkeit* hilft.[743]

(3) Zur menschlichen Personalität gehört das Moment der *Geschichtlichkeit*. Im Verständnis des Christentums und seiner vielfältigen Wirkungsgeschichte erhalten die Kinder und Jugendlichen die Gelegenheit zu lernen, daß wir unsere Gegenwart nur durch Kenntnis der Vergangenheit verstehen und die Zukunft meistern können.[744]

(4) Diakonischer RU leistet einen Beitrag zu *Toleranz*, *Bereitschaft zu produktivem Umgang mit dem Pluralismus und zur Kommunikationsfähigkeit*. Alle Ziele lassen sich exemplarisch anhand der Phänomene *Religion* und *Religiosität* ein-

---

[741] Igerl (o.J.): 58.

[742] In der deutschen Religionspädagogik ist besonders die Konzeption des Freud-Schülers *Erik H. Erikson* rezipiert worden. Seine Theorie der Lebenszyklen im Horizont der Identitätsentwicklung des Menschen eignet sich hervorragend als humanwissenschaftliches Fundament einer religionspädagogischen Theorie der Symbolbildung.

[743] Mit dieser These wird die ideologiekritische Argumentation aufgenommen, die seit dem Würzburger Synodenbeschluß immer wieder betont wurde. Auch der *Deutsche Katecheten-Verein* hat sich in seinem Plädoyer zu dieser Aufgabe bekannt:
"Wir plädieren für einen Religionsunterricht, der zur Kritik befähigt, z. B. an schrankenlosem Konsum und an einseitiger Bevorzugung der Leistung. ... Gegen die suggestive Zudringlichkeit der Medien und des Marktes setzt der Religionsunterricht die Anregungskraft christlichen Lebensstils. ... seine Intentionen sind entschieden sozialkritisch. Besonders das Elend sozial benachteiligter Schüler und Schülerinnen und ihr Ausgeliefertsein an gesellschaftliche Zwänge fordern dazu heraus, mit ganzer Kraft der Verführung und Unterdrückung junger Menschen durch Markt und Konsum entgegenzuwirken und alternative Lebensperspektiven aufzuzeigen" (Deutscher Katecheten-Verein 1992: 625).

[744] Diese kulturgeschichtliche Perspektive wertet den religionskundlichen Aspekt auf, ohne diesen zu verabsolutieren. *Ulrich Hemel* hat sich eingehend mit der Situation des RUs in Europa beschäftigt und kommt dabei zu dem Ergebnis, "daß trotz des atemberaubenden Wandels der modernen europäischen Gesellschaft im Bewußtsein einer breiten Öffentlichkeit zunehmend die Bereitschaft zu bestehen scheint, Religion als Teil der eigenen Geschichte und Identität anzuerkennen und den Religionsunterricht als geeignetes Mittel zu sehen, um dies der nachwachsenden Generation zu erschließen" (1989c: 891).

üben. Hierzu gehört ebenfalls eine kritisch-kreative Auseinandersetzung mit anderen Weltanschauungen und Wertsystemen.[745]

(5) Durch Modell-Lernen und ganzheitliche Vermittlung soll der gravierenden Standpunktlosigkeit sowie drohendem Wert- und Normenverlust entgegengewirkt werden. Es gilt, den Schüler für ein *Wertbewußtsein* zu sensibilisieren und für *ethische Grundentscheidungen, Lebenshaltungen* und *Werturteile* zu befähigen.

(6) Religiöse Erziehung und Bildung in der Schule ist nur dann verantwortbar, wenn sie den Menschen in seiner *ganzheitlichen Persönlichkeitsentwicklung* unterstützt. Gegen Verkürzungen rationalistischer oder emotionalistischer Art ist eine umfassende, integrative Berücksichtigung aller Dimensionen anthropologischer Existenz gefordert, die mit einem ausgewogenen Verhältnis kognitiver, affektiver, psychomotorischer Lernziele konvergiert.[746]

(7) Ein diakonischer RU dient dem einzelnen wie der Gesellschaft, wenn er zu *Sensibilität, Aufmerksamkeit* und *Wahrnehmungsfähigkeit* erzieht. Voraussetzung jeder Erkenntnis - die ebenfalls mehr ist als ein vernünftiger Akt - ist die umfassende Sinneswahrnehmung. Hier kommt der Symbolerziehung eine entscheidende Bedeutung zu!

(8) Ausblendung von *Erfahrungen der Schwäche, des Negativen* und von Grenzen ist unmenschlich. Das Vor-Bild des gekreuzigten Jesus Christus in Leben, Wirken und Sterben, aber auch Auferstehen als Grundthematik christlichen RUs kann hilfreich sein, insofern gerade das Schwache, Hilflose, Gescheiterte in unserem Leben integriert werden muß, um damit letztlich produktiv umgehen zu können.

(9) *Beziehung und Kommunikation* prägen einen RU, der Lebenshilfe leisten will. Durch Einüben elementarer Regeln gelingender zwischenmenschlicher Beziehungen und Verhaltensweisen erhalten die Schüler Gelegenheit, disziplinierte Partnerschaftskompetenz zu erlangen. Die Fähigkeit, Spannungen, Enttäuschungen und Konfliktpotentiale als Herausforderung auf dem Weg der Reife-Entwicklung zu verstehen, ist in Anbetracht zunehmender Beziehungs- und Bindungsun-

---

[745] Hier kann der RU ein Forum bieten, die Thematik der ausländischen Kulturen zu behandeln, die mit der Öffnung der europäischen Grenzen und der internationalen Wanderungsbewegung zunehmend in den Mittelpunkt des Interesses rückt. Gerade auf der Grundlage der biblischen Tradition läßt sich beispielsweise die Asyldiskussion differenziert und unter diakonischem Aspekt menschenfreundlich führen.

[746] Unbestritten ist, daß auch im RU im Kontext schulischer Lernbedingungen der kognitive Bereich im Vordergrund steht. Trotz dieser realistischen Einschätzung muß der RL da und dort versuchen - je nach Thematik und Schülersituation - auch Emotionen zu wecken und die Psychomotorik zu verfeinern. Dieser Gesichtspunkt wird besonders den Medieneinsatz prägen, der sich nicht auf Arbeitsblätter und Overhead-Folien beschränken darf.

fähigkeit ein unverzichtbares Globalziel jeder menschenfreundlichen Pädagogik.[747]

(10) Religiöse Erschließung der Wirklichkeit bedeutet, die *Offenheit der menschlichen Existenz wie der gesamten Wirklichkeit* zu zeigen. Schüler sollen sich nicht mit oberflächlichen und vordergründigen Pseudo-Erklärungen abspeisen lassen, sondern dazu ermutigt werden, ihre Sehnsucht, ihre Phantasie und ihre letztlich unbeantwortbaren Fragen weiter zu stellen.[748]

Diese zehn Thesen, denen eher Erwartungs- und Programmcharakter zukommt, sollen die Richtung andeuten, in der ein christlicher RU in der Treue zur biblischen Botschaft ebenso wie angesichts der Herausforderung der Postmoderne verantwortet werden kann.

[747] Die *Sexualerziehung* ist in diesem Lernfeld als *ein* Bereich angesiedelt, der immer wichtiger zu werden scheint. Sexualität ist - entgegen einem immer noch vorherrschenden gesellschaftlichen Trend - nicht in der Konsumenthaltung in ihrem Vollsinn wahrgenommen, sondern als Sprache der Liebe, die im Zusammenhang einer Kultur der Zärtlichkeit ihren angemessenen Platz einnimmt.

[748] Ein diakonischer RU tritt für die Transzendenzoffenheit des Menschen ein und entspricht so dem Grundanliegen der anthropologischen Theologie.

Schlussbetrachtung

> "So eine Arbeit wird eigentlich nie fertig, man muß sie für fertig erklären, wenn man nach Zeit und Umständen das möglichste getan hat."
>
> (J. W. Goethe, Italienische Reise, 16. 3. 1787)

Hauptziel dieser Untersuchung war es, Wege zu einer diakonischen Profilierung des RUs zu beschreiten. Ausgangspunkt bildete dabei die empirische Situationsanalyse von Glaubensvermittlung und RU und deren hermeneutisch-kritische Interpretation. In einer fundamentaldidaktischen Reflexion konnte gezeigt werden, daß vor dem Hintergrund der anthropologisch gewendeten Theologie jede Form der Glaubensvermittlung als Dienst am Menschen verstanden werden muß. Die diakonische Orientierung ist dabei aber gerade biblisch und systematisch-theologisch nicht nur legitim, sondern auch gefordert. Es ist im Synodenbeschluß bereits grundgelegt und wird von der Forschung zunehmend diskutiert[749] und gefordert. Schließlich zeigt eine soziologische Betrachtung der Gegenwart, daß der schulische Religionsunterricht als Lebenshilfe angesichts massiver Risiken, Aporien und Gefährdungen der Postmoderne ein Gebot der Stunde ist.

Eine Konzeption konnte freilich zum gegenwärtigen Forschungsstand nicht vorgelegt werden. Als offene Fragen und weitere Aufgaben der Religionspädagogik seien daher an dieser Stelle folgende Überlegungen genannt:

- Wie realistisch ist eine religionspädagogische und kirchliche Akzeptanz eines diakonisch orientierten RUs? Dominiert nicht eher eine (unbegründete) Angst vor "Verflachung" und "Verrat am Eigentlichen"?

- Welche Konsequenzen ergeben sich für die Auswahl der Lehrinhalte?

- Wie läßt sich deutlich machen, daß eine Förderung der Religiosität ein Akt der Lebenshilfe ist, ohne die Menschen dabei zu vereinnahmen?

- Welche Konsequenzen ergeben sich für das schwierige Thema *Kirche* im RU?

- Was bedeutet dieses Konzept für die religiöse Sprache und die theologische Fachsprache, die auch in der säkularisierten Schule Eingang findet?

- Welche Konsequenzen ergeben sich für den RL im Hinblick auf Selbstverständnis, Verhältnis zu den Schülern, Leistungsmessung, etc.?

Eine Neuorientierung der Christen an der Botschaft der Liebe ist unabdingbar notwendig. Sie muß sich in alle Bereiche kirchlicher Verantwortung auswirken.

---

749 Vgl. hierzu die kritischen Bemerkungen *Blasberg-Kuhnkes* (1993: 109-111), die für einen "koinonischen RU" plädiert.

Damit würden wir jener Mahnung ein Stück weit gerecht, die der von den Nazis hingerichtete katholische Theologe *Alfred Delp* eindringlich formuliert hat; er betont

> "die Rückkehr der Kirchen in die 'Diakonie': in den Dienst der Menschheit. Und zwar in einen Dienst, den die Not der Menschheit bestimmt ... Rückkehr in die 'Diakonie' ... Damit meine ich das Sich-Gesellen zum Menschen in allen seinen Situationen mit der Absicht, sie ihm meistern zu helfen ... Damit meine ich das Nachgehen und Nachwandern auch in den äußersten Verlorenheiten und Verstiegenheiten des Menschen, um bei ihm zu sein genau und gerade dann, wenn ihn Verlorenheit und Verstiegenheit umgeben"[750].

---

[750] Delp 1984: 318-320.

Abkürzungsverzeichnis

Die biblischen Zitate sind der Einheitsübersetzung entnommen. Die Schreibweise der biblischen Namen und die Abkürzungen der biblischen Bücher richten sich nach den Loccumer Richtlinien.

Die Abkürzungen lehramtlicher Texte werden im Quellenverzeichnis an der entsprechenden Stelle entschlüsselt.

Die Abkürzungen für Zeitschriften, Lexika und Sammelbände erfolgen nach Schwertner ^{2}1992.

Ferner bedeuten

KB	=	"Katholische Bildung". Organ des Vereins Katholischer Deutscher Lehrerinnen, Paderborn 75(1974)10ff. (Vorher: "Katholische Frauenbildung")
LebKat	=	"Lebendige Katechese". Beiheft zu "Lebendige Seelsorge", Würzburg 1(1979)ff.
PädRs	=	"Pädagogische Rundschau". Monatsschrift für Erziehung und Unterricht, Frankfurt 42(1988)ff.
WGE	=	"Wissenschaft - Glaube - Erziehung" Zeitschrift für die katholischen Schulen in freier Trägerschaft in den Bistümern Fulda, Limburg, Mainz, Wiesbaden o. Jg. (1986)25ff. (vorher: "Information").

Quellen- und Abkürzungsverzeichnis lehramtlicher Texte

Beirat "Erziehung und Schule" (1981): Stellungnahme zum Religionsunterricht, in: LebZeug 36(1981), 88-91.

Bischöfliches Ordinariat Rottenburg-Stuttgart (Hg.) (^{5}1987): Beschlüsse der Diözesansynode Rottenburg Stuttgart. Weitergabe des Glaubens an die kommende Generation, Rottenburg-Ostfildern.

Denzinger, H. (^{37}1991): Kompendium der Glaubensbekenntnisse und kirchlichen Lehrentscheidungen. Verbessert, erweitert, ins Deutsche übertragen und unter Mitarbeit von Helmut Hoping herausgegeben von Peter Hünermann, Freiburg-Basel-Rom-Wien.

Deutsche Bischofskonferenz (Hg.) (1985): Katholischer Erwachsenenkatechismus. Das Glaubensbekenntnis der Kirche, Kevelaer-München-Stuttgart u. a.

Gemeinsame Synode der Bistümer in der Bundesrepublik Deutschland. Offizielle Gesamtausgabe.

Band I (^{7}1989): Beschlüsse der Vollversammlung, Freiburg-Basel-Wien.

Syn BS RU = Beschluß "Der Religionsunterricht in der Schule" (123-152).

Syn BS UH = Beschluß "Unsere Hoffnung" (84-111).

Band II (^{3}1977): Ergänzungsband: Arbeitspapiere der Sachkommissionen, Freiburg-Basel-Wien.

Syn PP KW = Papier "Das katechetische Wirken der Kirche" (37-39).

Katechismus der Katholischen Kirche, München-Wien-Leipzig u. a. 1993 (KKK).

Die dem Katechismus vorangestellte Apostolische Konstitution wird nach Textnummerierung zitiert:

FD = Apostolische Konstitution "Fidei Depositum" (29-35).

Materialstelle des Katholischen Schulkommissariats in Bayern (Hg.) (1992): Erklärung zum Religionsunterricht in der Berufsschule, München.

Rahner, K. / Vorgrimler, H. (^{16}1982): Kleines Konzilskompendium. Sämtliche Texte des Zweiten Vatikanums. Allgemeine Einleitung - 16 spezielle Einführungen - ausführliches Sachregister, Freiburg (= Herder Taschenbuch; 270).
Folgende Dokumente werden mit der entsprechenden Abkürzung zitiert (in Klammern dic entsprechenden Seiten der Ausgabe):

- AA = Dekret über das Laienapostolat "Apostolicam actuositatem" (1965) (389-421).

- AG = Dekret über die Missionstätigkeit der Kirche "Ad Gentes" (1965) (607-653).

- DH = Erklärung über die Religionsfreiheit "Dignitatis humanae" (1965) (661-675).

- GE = Erklärung über die christliche Erziehung "Gravissimum educationis" (1965) (335-348).

- GS = Pastoralkonstitution über die Kirche in der Welt von heute "Gaudium et spes" (1965) (449-552).

- LG = Dogmatische Konstitution "Lumen gentium" (1964) (123-197).

- NAe = Erklärung über das Verhältnis der Kirche zu den nichtchristlichen Religionen "Nostra aetate" (1965) (355-359).

- UR = Dekret über den Ökumenismus "Unitatis redintegratio" (1964) (229-250).

Sekretariat der Deutschen Bischofskonferenz (Hg.) (1979): Die Evangelisierung Lateinamerikas in Gegenwart und Zukunft, Bonn (= Stimmen der Weltkirche; 8).

Dass. (Hg.) (1983): Zum Berufsbild und Selbstverständnis des Religionslehrers, Bonn (= Arbeitshilfen; 63).

Dass. (Hg.) (1985): Schlußdokument der Außerordentlichen Bischofssynode 1985 und Botschaft an die Christen in der Welt 1985, Bonn (= Verlautbarungen des Apostolischen Stuhls; 68).

Dass. (Hg.). (1989): Nachkonziliare Texte zu Katechese und Religionsunterricht, Bonn (= Arbeitshilfen; 66).
Folgende Dokumente werden mit der entsprechenden Abkürzung zitiert (in Klammern die Seiten dieser Ausgabe):

- CT = Apostolisches Schreiben von Papst Johannes Paul II. über die Katechese in unserer Zeit (1979) (197-261).

- EN = Apostolisches Schreiben von Papst Paul VI. über die Evangelisierung in der Welt von heute "Evangelii nuntiandi" (1975) (122-191).

Dass. (Hg.) (1992): Zum Religionsunterricht an Sonderschulen, Bonn (= Die Deutschen Bischöfe. Erklärungen der Kommissionen; 11).

Zentralkomitee der Deutschen Katholiken (^{4}1990): Schulischer Religionsunterricht in einer säkularen Gesellschaft, Bonn.

Hilfsmittel

Balz, H. / Schneider, W. (Hg.) ([2]1992): Exegetisches Wörterbuch zum Neuen Testament. 2., verb. Aufl., Stuttgart-Berlin-Köln.

Der Grosse Brockhaus ([18]1979) 12 Bde. 18., völlig neubearb. Aufl., Wiesbaden.

Bauer, W. ([6]1988): Griechisch-deutsches Wörterbuch zu den Schriften des Neuen Testaments und der frühchristlichen Literatur. 6., völlig neu bearb. Aufl., Berlin-New York.

Menge, H. ([26]1987): Langenscheidts Großwörterbuch Altgriechisch-Deutsch, Berlin-München-Wien-Zürich.

Ökumenisches Verzeichnis der biblischen Eigennamen nach den Loccumer Richtlinien ([2]1981), herausgegeben von den katholischen Bischöfen Deutschlands, dem Rat der Evangelischen Kirche in Deutschland und der Deutschen Bibelgesellschaft - Evangelisches Bibelwerk, Stuttgart.

Schwertner, S.M ([2]1992): Internationales Abkürzungsverzeichnis für Theologie und Grenzgebiete. Zeitschriften, Serien, Lexika, Quellenwerke mit bibliographischen Angaben. 2., überarb. u. erw. Aufl., Berlin-New York.

Literaturverzeichnis

Adam, G. / Pithan, A. (Hg.) (1993): Integration als Aufgabe religionspädagogischen und pastoraltheologischen Handelns. Dokumentationsband des Dritten Würzburger Religionspädagogischen Symposiums, Münster.

Affemann, R. (1973): Krank an der Gesellschaft, Stuttgart.

Ders. (1979): Erziehung zur Gesundheit, München.

Alberigo, G. u. a. (Hg.) (1982): Kirche im Wandel - eine kritische Zwischenbilanz nach dem II. Vatikanum, Düsseldorf.

Ansorge, D. (1994): J. Ratzingers Rede zur Krise der Katechese. Ein Schlüssel zum Verständnis des "Katechismus der Katholischen Kirche", in: KatBl 119(1994), 4-13.

Bach, U. (1980): Boden unter den Füßen hat keiner, Göttingen.

Ders. (1983): Kraft in leeren Händen, Freiburg.

Bartholomäus, W. (1978): Der Religionslehrer zwischen Theorie und Praxis, in: KatBl 103(1978), 164-175.

Ders. (1983): Einführung in die Religionspädagogik, München.

Ders. (1984): Erleben wir eine neue materialkerygmatische Wende?, in: ThQ 164(1984), 243-256.

Barz, H. (1992): Religion ohne Institution? Eine Bilanz der sozialwissenschaftlichen Jugendforschung, Opladen (= Jugend und Religion; 1).

Baudler, G. (1984): Korrelationsdidaktik: Leben durch Glauben erschließen. Theorie und Praxis der Korrelation, Paderborn-München-Wien-Zürich (= Uni Taschenbücher; 1306).

Baumgartner, I. (1990): Pastoralpsychologie, Düsseldorf.

Ders. (1992): Heilende Seelsorge in Lebenskrisen, Düsseldorf.

Baumgartner, K. (1994): Martyria - Zeugnis des Glaubens - im Wort und Leben, in: Konferenz der bayerischen Pastoraltheologen 1994: 91-113.

Beck, U. (1986): Risikogesellschaft. Auf dem Weg in eine andere Moderne, Frankfurt/M. (= edition suhrkamp; N. F.; 365).

Ders. / Beck-Gernsheim, E. (1990): Das ganz normale Chaos der Liebe, Frankfurt/M. (= suhrkamp taschenbuch; 1725).

Ders. (1991): Politik in der Risikogesellschaft, Essays und Analysen, Frankfurt/M. (= Suhrkamp taschenbuch; 1831).

Beinert, W. (1986): Den Glauben weitergeben. Wege aus der Krise, Regensburg.

Bergson, H. (1933): Die beiden Quellen der Moral und der Religion, Jena.

Bertsch, L. / Schlösser, F. (Hg.) (1981): Evangelisation in der Dritten Welt. Anstöße für Europa, Freiburg-Basel-Wien (= Theologie der Dritten Welt; 2).

Betz, O. / Kaspar, F. (Hg.) (1973): Die Gruppe als Weg. Einführung in Gruppendynamik und Religionspädagogik, München.

Biehl, P. ([2]1991): Symbole geben zu lernen. Einführung in die Symboldidaktik anhand der Symbole Hand, Haus und Weg, Neukirchen-Vluyn (= Wege des Lernens; 6).

Ders. (1992): Symbole geben zu lernen II. Zum Beispiel Brot, Wasser, Kreuz. Beiträge zur Symbol- und Sakramentendidaktik, Neukirchen-Vluyn (= Wege des Lernens; 9).

Biemer, G. / Biesinger, A. (Hg.) (1983): Christwerden braucht Vorbilder, Mainz.

Biesinger, A. / Nonhoff, W. (Hg.) (1982): Religionsunterricht und Schülerpastoral, München.

Ders. (1983): Religionsunterricht als Beziehungslernen. Thesen zur Aufhebung falscher Alternativen, in: KatBl 108(1983), 820-827.

Biser, E. (1986): Die glaubensgeschichtliche Wende. Eine theologische Positionsbestimmung, Graz-Wien-Köln.

Ders. (1987): Glaubenswende, Freiburg-Basel-Wien (= Herder Taschenbuch; 1392).

Ders. (1991): Glaubensprognose, Graz-Wien-Köln.

Bitter, G. (1982): "Kommt und seht". Überlegungen zu einem einladenden Religionsunterricht, in: Biesinger/Nonhoff 1982: 13-31.

Ders. (1985): Hinführung zur Diakonie als Aufgabe der Katechese, in: LebKat 7(1985), 15-20.

Ders. (1986): Art. glauben/vertrauen, in: HRPG 1: 347-356.

Ders. (1987): Glauben-Lernen als Leben-Lernen, in: KatBl 112(1987), 917-930.

Ders. (1989): Religionsunterricht zugunsten der Schüler. Umrisse eines diakonischen Religionsunterrichtes, in: PädRs 43(1989), 639-658.

Blasberg-Kuhnke, M. (1990): Vom Auszug der Frauen. Eine religionspädagogische Vergewisserung angesichts der Tradierungskrise, in: WuA(M) 31(1990), 65-70.

Dies. (1992): Zwischen Christenlehre und Religionsunterricht. Zur religionspädagogischen Situation in den neuen Bundesländern, in: KatBl 117(1992), 322-337.

Dies. (1993): Lebensweltliche Kommunikation aus Glauben - Zur koinonischen Struktur des Religionsunterrichts der Zukunft, in: Sekretariat der Deutschen Bischofskonferenz 1993: 105-129.

Böckle, F. u. a. (Hg.) (1981): Christlicher Glaube in moderner Gesellschaft, Bd. 9; Bd. 23, Freiburg.

Boff, L. / Boff, C. (1986): Wie treibt man Theologie der Befreiung?, Düsseldorf.

Bonhoeffer, D. (1970): Widerstand und Ergebung. Briefe und Aufzeichnungen aus der Haft. Herausgegeben von Eberhard Bethge, München.

Braun, W. von (1974): Von Wissenschaft und Glaube, in: Reuter 1974: 233-236.

Brechtken, J. (1988): Ist der schulische Religionsunterricht noch zu retten?, in: KatBl 113(1988), 776-784.

Brockmann, G. u. a. (1975): Kirche im Übergang von der traditionellen zur Lerngesellschaft, in: Matthes 1975: 223-254.

Brunner, O. u. a. (Hg.) (1972ff): Geschichtliche Grundbegriffe. Historisches Lexikon zur politisch-sozialen Sprache in Deutschland, 5 Bde., Stuttgart.

Bucher, A. (1990): Symbol - Symbolbildung - Symbolerziehung, St. Ottilien.

Bürkle, H. (Hg.) (1988): New Age, Düsseldorf.

Bund der Deutschen Katholischen Jugend / Erzbischöfliche Jugendseelsorge (Hg.) (1986): Dokumentation "Jung sein in der Kirche", München.

Capra, F. ([13]1986): Wendezeit. Bausteine für ein neues Weltbild, 13., überarb. u. erw. Aufl., Bern-München-Wien.

Ders. (1987): Das neue Denken. Aufbruch zum neuen Bewußtsein. Die Entstehung eines ganzheitlichen Weltbildes im Spannungsfeld zwischen Naturwissenschaft und Mystik, Bern-München-Wien.

Ders. / Steindl-Rast, D. (1991): Wendezeit im Christentum. Perspektiven für eine aufgeklärte Theologie, Bern-München-Wien.

Concilium 21(1985)4: Themenheft "Die Autorität der Gläubigen".

Copray, N. (1987): Jung und trotzdem erwachsen I, Düsseldorf.

Cremer, I. / Funke, D. (Hg.) (1988): Diakonisches Handeln. Herausforderungen - Konfliktfelder - Optionen, Freiburg.

Daiber, K. F. / Luckmann, T. (Hg.) (1983): Religion in den Gegenwartsströmungen der deutschen Soziologie, München.

Ders. (1988): Religiöse Orientierungen und Kirchenmitgliedschaft in der Bundesrepublik Deutschland, in: Kaufmann/Schäfers 1988: 61-73.

Degenhardt, J. J. (1987): Tradierungskrise des Glaubens, in: Feifel/Kasper 1987: 11-29.

Ders. (1989): Entwicklungsperspektiven des Religionsunterrichts für die 90er Jahre, in: Sekretariat der Deutschen Bischofskonferenz 1989: 7-21.

Deissler, A. ([8]1981a): Die Grundbotschaft des Alten Testaments, Freiburg-Basel -Wien.

Ders. (1981b): Die Zuwendung zum Bruder als Konstitutivum biblischen Glaubens, in: KatBl 106(1981), 106-111.

Delp, A. (1984): Gesammelte Schriften.Bd, 4, Frankfurt.

Deppe, R. M. (1992): Der Religionsunterricht in den neuen Ländern, in: Schulreport. Tatsachen und Meinungen zur Bildungspolitik in Bayern 4/1992, 8-11.

Deutscher Caritasverband (Hg.) (o. J.): Caritas '85 (Jahrbuch), Freiburg.

Deutscher Katecheten-Verein (1992): Religionsunterricht in der Schule, in: KatBl 117(1992), 611-627.

Dickopp, K.-H. (1983): Lehrbuch der systematischen Pädagogik, Düsseldorf.

Döring, H. / Kaufmann, F. X. (1981): Kontingenzerfahrung und Sinnfrage, in: Böckle u. a. 1981: 5-67.

Döring, H. (1986): Grundriß der Ekklesiologie. Zentrale Aspekte des katholischen Selbstverständnisses und ihre ökumenische Relevanz, Darmstadt (= Grundrisse; 6).

Drosse, H.-G. / Hildenbrand, B. (Hg.) (1988): Vom Ende des Individuums zur Individualität ohne Ende, Opladen.

Eggers, T. (1990): Religionspädagogik studieren, München (= Studienbücher Theologie für Lehrer).

Englert, R. (1985): Glaubensgeschichte und Bildungsprozeß. Versuch einer religionspädagogischen Kairologie, München.

Ders. (1991): Zukunftsperspektiven des Religionsunterrichts, in: KatBl 116(1991), 773-780.

Erharter, H. u. a. (Hg.) (1977): Prophetische Diakonie. Impulse und Modelle für eine zukunftsorientierte Pastoral, Freiburg-Basel-Wien.

Exeler, A. (1974): Inhalte des Religionsunterrichts, in: HRPG 2: 90-118.

Ders. (1981a): Der Religionslehrer als Zeuge, in: KatBl 106(1981), 3-14.

Ders. (1981b): Wege einer vergleichenden Pastoral, in: Bertsch 1981: 92-121.

Ders. (1982a): Religiöse Erziehung als Hilfe zur Menschwerdung, München.

Ders. (1982b): Religionsunterricht - Anwalt des Menschen, in: Ders.1982a: 165-190.

Ders. (1984): Jungen Menschen leben helfen. Die alten und die neuen Werte, Freiburg.

Federlin, W. L. / Weber, E. (Hg.) (1987): Unterwegs für die Volkskirche. Festschrift für Dieter Stoodt zum 60. Geburtstag, Frankfurt.

Feifel, E. (1978): Symbolerziehung durch Ritualisierung, in: LS 29(1978), 309-315.

Ders. (1986): Art. Religionsunterricht, in: HRPG 1, 198-209.

Ders., (1987a): Von der curricularen zur kommunikativen Didaktik, in: Paul/Stock 1987: 21-32.

Ders. (1987b): Tradierung und Vermittlung des Glaubens als katechetisches Problem, in: Ders./Kasper 1987: 53-100.

Ders. / Kasper, W. (1987): Tradierungskrise des Glaubens, München.

Ders. ([6]1992): Symbole und symbolische Kommunikation als religionsdidaktische Aufgabe, in: Weidmann [6]1992a: 188-203.

Feige, A. (1988a): Christliche Tradition auf der Schulbank. Über Arbeitsbedingungen und Funktionsvorstellungen evangelischer Religionslehrer im Kontext ihrer Eingebundenheit in volkskirchliche Strukturen, in: Ders./Nipkow1988b: 5-62.

Ders. / Nipkow K. A. (1988b): Religionslehrer sein heute, München.

Fleckenstein, W. (1989): Religionsunterricht für einen "heiligen Rest" oder "für alle". Die diakonische Funktion des Religionsunterrichts als Zukunftsperspektive, in: RPäB 24/1989, 26-44.

Ders. / Herion, H. (1991): Lernprozesse im Glauben. Paul Neuenzeit zum 60. Geburtstag, Gießen (= Gießener Schriften zur Theologie und Religionspädagogik; 6),

Franke, P. (1992): Christliche Spiritualität in postmoderner Gesellschaft. Vorträge beim Religionspädagogischen Ferienkurs 1992 für Geistliche, Lehrerinnen, Lehrer, Katechetinnen und Katecheten aller Schularten vom 3. bis 6. August 1992 im Cassianeum Donauwörth, Donauwörth.

Frankl, V. E. (1979): Der junge Mensch auf der Suche nach Sinn, in: Welbergen 1979: 180-191.

Fries, H. (1981): Theologie als Anthropologie, in: Rahner/Fries 1981: 30-69.

Ders. ([2]1985): Fundamentaltheologie, Graz-Wien-Köln.

Fromm, E. (1979): Die Seele des Menschen, ihre Fähigkeit zum Guten und zum Bösen, Stuttgart.

Ders. ([15]1986): Haben oder Sein. Die seelischen Grundlagen einer neuen Gesellschaft, München (= Deutscher Taschenbuchverlag; 1490).

Fuchs, O. (1984): Theologie und Handeln. Beiträge zur Fundierung der Praktischen Theologie als Handlungstheorie, Düsseldorf.

Ders. (1985): "Umstürzlerische" Bemerkungen zur Option der Diakonie hierzulande, in: Deutscher Caritasverband (o. J.): 18-40.

Ders. (1987a): Ist der Begriff "Evangelisierung" eine "Stopfgans"?, in: KatBl 112(1987), 498-514.

Ders. (1987b): Evangelisierung: Prinzip der Hoffnung für Christ und Kirche, in: Diak 18(1987), 19-27.

Ders. (1989): Der Religionsunterricht als Diakonie der Kirche!?, in: KatBl 114(1989), 848-855.

Ders. (1990): Heilen und befreien. Der Dienst am Nächsten als Ernstfall von Kirche und Pastoral, Düsseldorf.

Ders. (1994): Diakonia: Option für die Armen, in: Konferenz der bayerischen Pastoraltheologen 1994: 114-144.

Fürst, W. / Baumgartner, I. (1990): Leben retten. Was Seelsorge zukunftsfähig macht, München.

Gabriel, K. (1981): Messung pastoralen Erfolges - religionssoziologisch, in: Horstmann 1981: 84-94.

Ders. / Kaufmann, F. X. (1988): Der Katholizismus in den deutschsprachigen Ländern, in: Kaufmann/Schäfers 1988: 31-57.

Ders. (1989): Religionsunterricht und Religionslehrer im Spannungsfeld von Kirche und Gesellschaft, in: KatBl 114(1989), 865-879.

Ders. (1992a): Christentum zwischen Tradition und Postmoderne, Freiburg-Basel-Wien.

Ders. (1992b): Postmoderne. Was ist das und welche Auswirkungen auf den Glauben hat sie?, in: Franke 1992: 11-18.

Grabner-Haider, A. (1981): Ideologie und Religion. Interaktion und Sinnsysteme in der modernen Gesellschaft, Wien.

Ders. (1983): Ethos und Religion. Entstehung neuer Lebenswerte in der modernen Gesellschaft, Mainz.

Ders. / Weinke, K. (1989a): Angst vor der Vernunft? Fundamentalismus in Gesellschaft, Politik und Religion, Graz.

Ders. (1989b): Strukturen des Mythos: Theorie einer Lebenswelt, Frankfurt/M (= Europäische Hochschulschriften 20; 273).

Gremmels, C. (1974): Das Problem theologischer Gegenwartsanalyse, in: Klostermann/Zerfaß 1974: 244-254.

Grom, B. / Schmidt, J. ([6]1982): Auf der Suche nach dem Sinn des Lebens, Freiburg i. Br. (= Herderbücherei; 519).

Ders. (1990): Glaubensvermittlung in der Tradierungskrise, in: StZ 115(1990), 827-838.

Ders. ([4]1992): Religionspädagogische Psychologie des Kleinkind-, Schul- und Jugendalters, Düsseldorf-Göttingen.

Gumbrecht, H. U. (1978): Art.: Modern, Modernität, Moderne, in: Brunner u. a. 1978 (Bd. 4): 93-131.

Habermas, J. (1985a): Die Neue Unübersichtlichkeit, in: Merkur 39(1985), 1-14.

Ders. (1985b): Die Neue Unübersichtlichkeit, Frankfurt/M.

Ders. (1990): Die Moderne - ein unvollendetes Projekt: philosophisch-politische Aufsätze 1977-1990, Leipzig (= Reclam Bibliothek; 1382).

Halbfas, H. ([5]1992): Das dritte Auge. Religionsdidaktische Anstöße, Düsseldorf.

Hanusch, R. / Lämmermann, G. (Hg.) (1987): Jugend in der Kirche zur Sprache bringen. Anstöße zur Theorie und Praxis der kirchlichen Jugendarbeit. Festgabe für C. Bäumler zum 60. Geburtstag, München.

Hammelsbeck, O. ([2]1958): Evangelische Lehre von der Erziehung. 2., neubearb. u. erw. Aufl., München.

Harenberg, W. (Hg.) ([2]1969): Was glauben die Deutschen? Die Emnid-Umfrage: Ergebnisse - Kommentare, München.

Havers, N. (1972): Religionsunterricht - Analyse eines unbeliebten Fachs, München.

Heimbrock, H.-G. (1986): Pädagogische Diakonie. Beiträge zu einem vergessenen Grenzfall, Neukirchen-Vluyn.

Ders. (1987): Überlegungen zum Verhältnis von Religionspädagogik und Diakonie, in: Federlin/Weber 1987: 231-247.

Hemel, U. (1984a): Zur katechetischen Rede Kardinal Ratzingers in Frankreich, in: KatBl 109(1984), 35-42.

Ders. (1984b): Theorie der Religionspädagogik. Begriff - Gegenstand - Abgrenzungen, München.

Ders. (1986a): Religionspädagogik im Kontext von Theologie und Kirche, Düsseldorf.

Ders. (1986b): Zum Verhältnis von Katechese, Evangelisation und schulischem Religionsunterricht, in: ThPQ 134(1986), 237-243.

Ders. (1987): Lebenskarrieren in der modernen Gesellschaft und religiöse Tradierungskrise, in: RPäB 19/1987, 93-102.

Ders. (1988): Ziele religiöser Erziehung, Frankfurt/M - Bern - New York - Paris (= Regensburger Studien zur Theologie; 38).

Ders. (1989a): Religiöse Aussagen über den Tod und die Logik religiöser Sprache, in: ARPs 19/1989, 34-43.

Ders. (1989b): Der Religionsunterricht als Beitrag zur Humanisierung der Schule, in: schulinformationen paderborn 19(1989), 1-6.

Ders. (1989c): Was können wir voneinander lernen? Religionsunterricht in Italien, Frankreich und Spanien, in: KatBl 114(1989), 886-891.

Ders. (1990a): Religiöses Lernen und Dimensionen von Religiosität: Religionspsychologische Aspekte der Zielsetzung von Religionsunterricht, in: ARPs 20/1985, 19-35.

Ders. (1990b): Ist eine religionspädagogische Theorie des Symbols möglich? Zum Verhältnis von Symboldidaktik und religionspädagogischer Theoriebildung, in: RPäB 25/1990, 145-175.

Ders. (1991a): Religionsunterricht als religionspädagogische Diakonie. Aufgaben und Entwicklungsperspektiven zu Beginn der 90er Jahre, in: Fleckenstein/Herion 1991: 109-124.

Ders. (1991b): Religionsunterricht -wohin? Aufgaben und Entwicklungsperspektiven, in: KatBl 116(1991), 765-771.

Hilger, G. / Reilly, G. (Hg.) (1993): Religionsunterricht im Abseits? Das Spannungsfeld Jugend - Schule - Religion, München.

Höhn, H.-J. (1992a): Das Erbe der Aufklärung. Beitäge zur Theorie der Moderne, in: Ders. 1992b: 17-34.

Ders. (1992b): Theologie, die an der Zeit ist. Entwicklungen - Positionen - Konsequenzen, Paderborn-München-Wien-Zürich.

Hofmeier, J.(1994): Fachdidaktik Katholische Religion, München.

Hollweg, A. (1974): Diakonie und Caritas, in: Klostermann/Zerfaß 1974: 500-511.

Horkheimer, M. (1967): Zur Kritik der instrumentellen Vernunft, Frankfurt.

Horstmann, J. (Hg.) (1981): Erfolgreiche - nicht-erfolgreiche Gemeinde, Paderborn.

Huyssen, K. H. / Scherpe, K. R. (Hg.) (1986): Postmoderne. Zeichen eines kulturellen Wandels, Reinbek b. Hamburg (= Rowohlts Enzyklopädie; 427).

Igerl, F. u. a. (o. J.): Wenn Freude Schule macht, Bayerisch-Gmain.

Institut für Demoskopie Allensbach (1988a): Religionsunterricht heute. Eine Befragung von Religionslehrern über Aufgaben und Möglichkeiten, Gestaltung und Resonanz des Religionsunterrichts (Tabellenband), Allensbach. (unver-öffentlicht)

Dass. (1988b): Schüler erleben den katholischen Religionsunterricht. Ergebnisse einer Repräsentativ-Umfrage, Allensbach. (unveröffentlicht)

Dass. (1988c): Religionsunterricht heute. Eine Befragung von Religionslehrern über Aufgaben und Möglichkeiten, Gestaltung und Resonanz des Religionsunterrichts (Auswertungsband), Allensbach. (unveröffentlicht)

Dass. (1988d): Religionsunterricht - zwei Perspektiven. Schüler und Lehrer über den katholischen Religionsunterricht, Allensbach. (unveröffentlicht)

Jonas, H. (1979): Das Prinzip Verantwortung. Versuch einer Ethik für die technologische Zivilisation, Frankfurt/M.

Jorissen, H. (1986): Art. Gott und Mensch, in: HRPG 2, 643-653.

Jungnitsch, R. (1991): Korrelations-Schritte. Reflexionen aus der Berufsschule, in: KatBl 116(1991), 169-174.

Kasper, H. (1991): Die kirchliche Schule in einer säkularisierten Umwelt. Neu-Evangelisierung als Paradigmenwechsel, in: WGE o. Jg. (1991), 7-16.

Kasper, W. ([2]1983): Der Gott Jesu Christi, Mainz (= Das Glaubensbekenntnis der Kirche; 1).

Ders. (1985): Der neue Erwachsenenkatechismus, in: KatBl 110(1985), 363-370.

Ders. (1987): Tradierung und Vermittlung als systematisch-theologisches Problem, in: Feifel/Kasper 1987: 30-52.

Kaufmann, F.X. (1979): Kirche begreifen. Analysen und Thesen zur gesellschaftlichen Verfassung des Christentums, Freiburg.

Kaufmann, F. X. (1987): Kirche für die Gesellschaft von morgen, in: Ders./Metz 1987: 11-39.

Ders. / Metz, J. B. (1987): Zukunftsfähigkeit. Suchbewegungen im Christentum, Freiburg-Basel-Wien.

Ders. / Schäfers, B. (Hg.) (1988): Religion, Kirchen und Gesellschaft in Deutschland, Opladen (= Gegenwartskunde, Sonderheft 5/1988).

Ders. (1989a): Religion und Modernität. Sozialwissenschaftliche Perspektiven, Tübingen.

Ders. (1989b): Die heutige Tradierungskrise und der Religionsunterricht, in: Sekretariat der Deutschen Bischofskonferenz 1989: 60-73.

Kehl, M. (1988): New Age oder Neuer Bund, Mainz.

Klinger, E. / Wittstadt, K. (Hg.) (1984): Glaube im Prozeß. Christsein nach dem II. Vaticanum. Für Karl Rahner, Freiburg.

Klinger, E. (1984): Der Glaube des Konzils. Ein dogmatischer Fortschritt, in: Klinger /Wittstadt 1984: 615-626.

Klostermann, F. / Zerfaß, R. Hg.) (1974): Praktische Theologie heute, München.

Kobi, E. E. (1980): Heilpädagogik als Dialog, in: Leber 1980: 61-94.

Köcher, R. (1981): Abwendung von der Kirche. Eine demoskopische Untersuchung über Jugend und Religion, in: HerKorr 35(1981), 443-446.

Dies. (1987a): Tradierungsprobleme in der modernen Gesellschaft, in: Feifel/Kasper 1987: 168-182.

Dies. (1987b): Religiös in einer säkularisierten Welt, in: Noelle-Neumann/Köcher 1987: 164-281.

Dies. (1988): Wandel des religiösen Bewußtseins in der Bundesrepublik Deutschland, in: Kaufmann/Schäfers 1988: 145-158.

Dies. (1989): Religionsunterricht - zwei Perspektiven, in: Sekretariat der Deutschen Bischofskonferenz 1989: 22-59.

Kohler, M. E. (1991): Kirche als Diakonie. Ein Kompendium, Zürich.

Kohli, M. (1988): Normalbiographie und Individualität. Zur institutionellen Dynamik des gegenwärtigen Lebenslaufregimes, in: Drosse/Hildenbrand 1988: 33-54.

Kollmann, R. (1988): Religionsunterricht unter erschwerenden Bedingungen, Essen (= Religionspädagogische Perspektiven; 8).

Ders. (1991): "Behinderte" Schüler - Schulen für "Behinderte", in: engagement. Zeitschrift für Erziehung und Schule 3/1991, 175-203.

Ders.: Religionsunterricht an Sonderschulen (Lehrbrief 22, 1990, Hrsg.: Theologie im Fernkurs, Domschule Würzburg); Sonderpädagogische Zugänge zum Religionsunterricht (Lehrbrief 22a, 1993, ebd.).

Konferenz der bayerischen Pastoraltheologen (Hg.) (1994): Das Handeln der Kirche in der Welt von heute. Ein pastoraltheologischer Grundriß, München.

Koselleck, R. (1975): Art.: Fortschritt, in: Brunner u. a. 1975 (Bd. 2): 351-423.

Koslowski, P. u. a. (Hg.) (1986): Moderne oder Postmoderne. Zur Signatur des gegenwärtigen Zeitalters, Weinheim.

Krauss, M. / Lundbeck, J. (1974): Die vielen Namen Gottes. (Heinz-Mohr-Festschrift), Stuttgart.

Küng, H. / Tracy, D. (1984): Theologie - wohin? Auf dem Weg zu einem neuen Paradigma, Zürich-Köln (= Ökumenische Theologie; 11).

Dies. (1986): Das neue Paradigma von Theologie. Strukturen und Dimensionen, Zürich-Köln. (= Ökumenische Theologie; 13).

Ders. (1987): Theologie im Aufbruch. Eine ökumenische Grundlegung, München-Zürich 1987.

Ders. (^{3}1993): Credo. Das Apostolische Glaubensbekenntnis - Zeitgenossen erklärt, München-Zürich.

Kuhn, T. S. (^{4}1979): Die Struktur wissenschaftlicher Revolutionen, Frankfurt (= stw; 25).

Kurz, H. (1984): Methoden des Religionsunterrichts. Arbeitsformen und Beispiele, München.

Lang, A. (1954): Fundamentaltheologie, Bd. 1: Die Sendung Christi, München.

Lang, H. (1991): Bemerkungen zum Gespräch über die "Krise" bei der Weitergabe des Glaubens, in: RPäB 28/1991, 103-121.

Lange, G. (1980a): Religionsunterricht und Katechese, in: Eggers 1980: 94.

Ders. (1980b): Zwischenbilanz zum Korrelationsprinzip, in: KatBl 105(1980), 151-155.

Ders. (1989): "Ist der schulische Religionsunterricht noch zu retten?", in: KatBl 114(1989)55f.

Ders. (1992): Religionsunterricht in der Schule. Der Synodenbeschluß und unsere gegenwärtige Situation, in: rhs 35(1992), 134-147.

Ders. (1993): Bensberger Symposion zum Religionsunterricht, in: KatBl 118(1993), 446-451.

Langer, K. (1989): Warum noch Religionsunterricht? Religiosität und Perspektiven von Religionspädagogik heute, Gütersloh.

Langer, W. (1980): Religionsunterricht als Dienst am Menschen. Antrittsvorlesung an der Theologischen Fakultät Wien, in: CPB 93(1980), 203-211.

Ders. (1982): Der Religionslehrer zwischen Erwartungen, Forderungen und Kritik. Die Bedeutung programmatischer Erklärungen für die Wirklichkeit des Religionsunterrichts, in: KatBl 107(1982), 4-19.

Ders. (1984): Im Mittelpunkt steht der Mensch. Zur Bedeutung und Wirkung des Synodenbeschlusses "Der Religionsunterricht in der Schule" (1974), in: KatBl 109(1984), 335-347.

Ders. (1991): Art. Religionsunterricht, in: NHThG 4, 403-411.

Leber, A. (Hg.) (1980): Heilpädagogik, Darmstadt (= Wege der Forschung; 506).

Lehmann, K. (1990): "Und ER stellte ein Kind in ihre Mitte ..." (Mk 1,36). Der Auftrag des Religionsunterrichts zwischen Evangelisierung und Lebensbegleitung junger Menschen, in: Ruh o.Jg.(1990), 13-18.

Lengeling, E. J. (1981): Liturgie - Dialog zwischen Gott und Mensch. Hg. u. bearb. v. Klemens Richter, Freiburg-Basel-Wien.

Lesch, W. / Schwind, G. (Hg.) (1993): Das Ende der alten Gewißheiten. Theologische Auseinandersetzung mit der Postmoderne, Mainz.

Leuzen, D. (Hg.) (1989): Pädagogische Grundbegriffe, Bd. 1, Reinbek.

Lott, J. (1977a): Erwachsenenarbeit der Kirche: Konfliktlernen in sozialer Praxis, in: Ders. 1977: 7-21.

Ders. (Hg.) (1977a): Kirchliche Erwachsenenarbeit, Stuttgart-Berlin-Köln-Mainz (= Urban Taschenbücher; 633).

Ders. (Hg.) (1992): Religion, warum und wozu in der Schule?, Weinheim (= Forum zur Pädagogik und Didaktik der Religion; 4).

Luckmann, T. (1991): Die unsichtbare Religion, Frankfurt/M (= suhrkamp taschenbuch wissenschaft; 947).

Lübbe, H. ([2]1990): Religion nach der Aufklärung, Graz.

Lüscher, K. u. a. (1988): Die 'postmoderne' Familie. Familiale Strategien und Familienpolitik in einer Übergangszeit, Konstanz.

Luhmann, N. (1977): Funktion der Religion, Frankfurt/M (= suhrkamp taschenbuch wissenschaft; 407).

Lukatis, I. (1983): Empirische Forschung zum Thema Religion in Westdeutschland, Österreich und der deutschsprachigen Schweiz, in: Daiber/Luckmann 1983: 199-220.

Lyotard, J. (1987): Postmoderne für Kinder. Briefe aus den Jahren 1982-1985, Wien.

Materialstelle des Katholischen Schulkommissariats in Bayern (1992): Erklärung zum Religionsunterricht an der Berufsschule, München.

Matthes, J. (Hg.) (1975): Erneuerung der Kirche - Stabilität als Chance? Konsequenzen aus einer Umfrage, Gelnhausen - Berlin.

Mette, N. (1982): Kirchlich distanzierte Christlichkeit. Eine Herausforderung für die praktische Kirchentheorie, München.

Ders. (1987a): "Vorrangige Option für die Jugendlichen". Ekklesiologische und pastorale Konkretionen einer Kirche der Jugend - eine lateinamerikanische Herausforderung, in: Hanusch/Lämmermann 1987: 228-235.

Ders. (1987b): Kirchliche Strukturen und Vermittlung des Glaubens, in: Feifel/Kasper 1987: 139-167.

Ders. (1987c): "Tradierungskrise" als Herausforderung für religionspädagogische Theorie und Praxis. G. Stachel zum 65. Geburtstag, in: RPäB 20/1987, 100-126.

Metz, J. B. (41984): Jenseits bürgerlicher Religion. Reden über die Zukunft des Christentums, München (Gesellschaft und Theologie, Forum Politische Theologie; 1).

Ders. (1987a): Im Aufbruch zu einer kulturell polyzentrischen Weltkirche, in: Kaufmann/Metz 1987: 93-115.

Ders. (1987b): Suchbewegungen nach einem neuen Gemeindebild, in: Kaufmann/Metz 1987: 148-165.

Ders. (1987c): Wohin ist Gott, wohin denn der Mensch?, in: Kaufmann/Metz 1987: 124-147.

Ders. (51992): Glaube in Geschichte und Gesellschaft. Studien zu einer praktischen Fundamentaltheologie, Mainz (= Welt der Theologie).

Mieth, D.(1987): Tradierungsprobleme christlicher Ethik. Zur Motivationsanalyse von Glaube und Kirche, in: Feifel/Kasper 1987: 101-138.

Miller, G. (1986): Art. Konzeptionen des Religionsunterrichts, in: HRPG 2: 432-440.

Dies. (1987): Situation des Religionsunterrichts, in: Feifel/Kasper1987: 196-202.

Missalla, H. (1974): Politische Diakonie, in: Klostermann/Zerfaß 1974: 512-524.

Molinski, W. (1992): Diskussion um den schulischen Religionsunterricht, in: KatBl 117(1992), 167-179.

Ders. (1994): Religionsunterricht am Scheideweg?, in: StZ 119(1994), 617-628.

Müller, A. M. K. (1974): Vom Sinn des Leidens, in: Krauss/Lundbeck 1974: 311-325.

Mynarek, H. (1989): Religiös ohne Gott? Aufbruch zu einer neuen Religiosität in Selbstzeugnissen, Erfahrungsberichten, Kommentaren und Deutungen, München (= Goldmann-Taschenbuch; 11485).

Nasschi, A. / Weber, G. (1989): Tod, Modernität und Gesellschaft. Entwurf einer Theorie der Todesverdrängung, Opladen.

Nastainczyk, W. (1989): Schulartprofile nach Umfrageergebnissen als Einblicke in Zustand und Zukunftsfähigkeit katholischen Religionsunterrichts in der Bundesrepublik Deutschland, in: Sekretariat der Deutschen Bischofskonferenz 1989: 74-116.

Ders. (1991): "... damit die Welt nicht verkommt". Motive und Möglichkeiten für einen diakonischen Religionsunterricht, in: dkv-unterwegs 1/1991, 1-2.

Ders. (1993a): Für einen "zukunftsfähigen" RU, in: KatBl 118(1993), 40-43.

Ders. (1993b): Der Synodenbeschluß zum Religionsunterricht - Geschichte und Zukunft, in: Sekretariat der Deutschen Bischofskonferenz 1993: 13-28.

Neuenzeit, P. (1983): Ziel Gottes ist der Mensch. Zur Begründung zielgerichteten Handelns im Religionsunterricht, in: KatBl 108(1983), 809-819.

Niehl, F. W. (1982): Warum geht es nicht mehr wie früher? Zum Strukturwandel in der Kirche, München.

Nientiedt, K. (1992): "Der Religionsunterricht muß sich den gesellschaftlichen Gegebenheiten stellen". Ein Gespräch mit dem evangelischen Theologen Rainer Lachmann, in: HerKorr 46(1992), 460-466.

Nipkow, K. E. (^{4}1990): Grundfragen der Religionspädagogik, Bd. 2: Das pädagogische Handeln der Kirche, Gütersloh (= Gütersloher Taschenbücher; 745).

Ders. (^{3}1992): Grundfragen der Religionspädagogik, Bd. 3: Gemeinsam leben und glauben lernen, Gütersloh (= Gütersloher Taschenbücher; 756).

Noelle-Neumann, E. (1980): Die Schweigespirale. Öffentliche Meinung - unsere soziale Haut, München.

Dies. / Köcher, R. (1987): Die verletzte Nation. Über den Versuch der Deutschen, ihren Charakter zu ändern, Stuttgart.

Nuttin, J. (1959): Psychoanalyse und Persönlichkeit, Freiburg.

Offe, C. (1991): Selbstbeschränkung als Methode und als Resultat, in: Beck 1991: 225-231.

Offergeld, D. (1979a): Art. Religiöse Erfahrung, in: Schulreferate der Erzdiözese München und Freising u. a. 1979: 153-156.

Ders. (1979b): Art. Religiöse Erziehung, in: Schulreferate der Erzdiözese München und Freising u. a. 1979: 157-159.

Oser, F. / Gmünder, P. ([3]1992): Der Mensch - Stufen seiner religiösen Entwicklung: ein strukturgenetischer Ansatz, Gütersloh.

Ott, L. ([6]1963): Grundriß der katholischen Dogmatik. 6., verb. Aufl., Freiburg-Basel-Wien.

Ott, R. (1985): Hinführung zur Diakonie im Religionsunterricht, in: LebKat 7(1985), 41-44.

Ders. (1993): Religionsunterricht zwischen schulischer Bildung und Diakonie, in: RPäB 32/1993, 96-107.

Otto, G. (1991): Editorial: Zum Religionsunterricht in den alten und neuen Bundesländern, in: ThPr 26 (1991), 3.

Paul, E. / Stock, A. (Hg.) (1987): Glauben ermöglichen, Mainz.

Philippi, P. ([2]1989): Diaconica. Über die soziale Dimension kirchlicher Verantwortung, Neukirchen-Vluyn.

Pottmeyer, H. J. (1982): Kontinuität und Innovation in der Ekklesiologie des II. Vatikanums, in: Alberigo u. a. 1982: 89-110.

Ders. (Hg.) (1989): Kirche im Kontext der modernen Gesellschaft. Zur Strukturfrage der römisch-katholischen Kirche, München-Zürich.

Publik-Forum 5/10.März 1989, 38-40: J. J. Degenhardt antwortet Norbert Scholl: Gottes Wille unverkürzt.

Rahner, K. ([2]1952): Geist in Welt, München.

Ders. (1954): Probleme der Christologie heute, in: Ders. (1954): Schriften zur Theologie, Bd. 1: 169-222.

Ders. (1954-1984): Schriften zur Theologie,(Verschiedene Auflagen) 16 Bde., Einsiedeln-Zürich-Köln.

Ders. ([2]1957): Art. Anima naturaliter christiana, in: LThK 1, 564f.

Ders. ([3]1962): Zur Theologie der Menschwerdung, in: Ders. 1960: Schriften zur Theologie, Bd. 4, 137-155.

Ders. ([2]1963): Hörer des Wortes, München.

Ders. (1964): Die Grundfunktionen der Kirche. Theologische und pastoraltheologische Vorüberlegung, in: HPTh 1: 216-219.

Ders. (1967a): Art. Übernatürliches Existential, in: SM 1, 1298-1300.

Ders. (1967b): Theologie und Anthropologie, in: Ders. (1967): Schriften zur Theologie, Bd. 8: 43-65.

Ders. / Fries, H. (Hg.) (1981): Theologie in Freiheit und Verantwortung, München.

Ders. ([12]1983): Grundkurs des Glaubens. Einführung in den Begriff des Christentums, Freiburg-Basel-Wien.

Ratzinger, J. (1983): Die Krise der Katechese und ihre Überwindung. Rede in Frankreich. Mit den Reden von Erzbischof Dermot J. Ryan (Dublin), Gottfried Kardinal Danneels (Mecheln/Brüssel) und Franciszek Kardinal Macharski (Krakau). Übersetzt von Hans Urs von Balthasar, Einsiedeln 1983 (= Kriterien; 64).

Ders. (1985): Zur Lage des Glaubens. Ein Gespräch mit Vittorio Messori, München-Zürich-Wien (= Kirche in der Welt).

Ders. (1988): Abbruch und Aufbruch. Die Antwort des Glaubens auf die Krise der Werte, München (= Eichstätter Hochschulreden; 61).

Reuter, W. (Hg.) (1974): ... und bis ans Ende der Welt. Beiträge zur Evangelisation. Eine Festschrift zum 60. Geburtstag von Gerhard Bergmann, Neuhausen-Stuttgart.

Ricoeur, P. / Jüngel, E. (1974): Metapher. Zur Hermeneutik religiöser Sprache, München (= Sonderheft der Zeitschrift "Evangelische Theologie").

Ders. (1974): Philosophische und theologische Hermeneutik, in: Ders./Jüngel 1974: 25-40.

ru. Zeitschrift für die Praxis des Religionsunterrichts 16(1986): Themaheft "Diakonie".

Schäfer, G. K. / Strohm, T. (Hg.) (1990): Diakonie - biblische Grundlagen und Orientierungen. Ein Arbeitsbuch zur theologischen Verständigung über den diakonischen Auftrag, Heidelberg (= Veröffentlichungen des Diakoniewissenschaftlichen Instituts an der Universität Heidelberg; 2).

Schilling, H. (1970): Grundlagen der Religionspädagogik. Zum Verhältnis von Theologie und Erziehungswissenschaft, Düsseldorf.

Schilling, H. (1988): Reformation und Konfessionalisierung in Deutschland und die neuere deutsche Geschichte, in: Kaufmann/Schäfers 1988: 11-29.

Schlette, H. R. (1963): Art. Religion, in: LThK 8: 1164-1168.

Schlüter, R. (1988): Der Religionsunterricht - ein Ort des Glaubenlernens, in: RPäB 22/1988, 16-31.

Ders. (1990): "Schulischer Religionsunterricht in einer säkularen Gesellschaft". Anmerkungen zum Dokument des Zentralkomitees der deutschen Katholiken, in: Kat Bl 115(1990), 164-169.

Schmitt, K. H. (1989): Religionsunterricht und Evangelisierung, in: KatBl 114(1989), 856-864.

Schneider, J. (1990): Religion - unnötiger Ballast? Zur gegenwärtigen Bedeutung des Religiösen im Schulalltag, in: schulinformationen paderborn 20(1990), 4-10.

Scholl, N. (1989): "Glauben Sie, daß das hier irgendjemand interessiert?" Religionsunterricht - für wen?, in: imprimatur 22(1989), 219-225.

Ders. (1993): RU 2000. Welche Zukunft hat der Religionsunterricht?, Zürich.

Schröer, H. (1974): Forschungsmethoden in der praktischen Theologie, in: Klostermann/Zerfaß 1974: 225-243.

Schütz, C. (1992): Christliche Spiritualität in postmoderner Gesellschaft, in: Franke 1992: 3-11.

Schulreferate der Erzdiözese München und Freising u. a. (Hg.) (1979): Der Religionsunterricht in der Schule. Arbeitshilfe zum Synodenbeschluß, München.

Schweizer, E. (1990): Die diakonische Struktur der neutestamentlichen Gemeinde, in: Schäfer/Strohm 1990: 159-185.

Schwenk, B. (1989): Art. Bildung, in: Leuzen 1989: 208-221.

Seckler, M. (1982): Tradition und Fortschritt, in: Böckle u. a. 1981 (Bd. 23): 7-53.

Seeber, D. (1986): Schwellenerfahrungen mit der Postmoderne, in: HerKorr 40(1986), 518-521.

Seibel, W. (1993): Kirchenaustritte, in: StZ 118(1993), 721-722.

Seibert, N. u. a. (1990): Schulpädagogik. Eine Einführung in die Themenbereiche Erziehung und Unterricht in der Schule, München.

Sekretariat der Deutschen Bischofskonferenz (Hg.) (1989): Religionsunterricht. Aktuelle Situation und Entwicklungsperspektiven. Kolloquium 23.-25. Januar 1989, Bonn (= Arbeitshilfen; 73).

Dass. (Hg.) (1991): Religionsunterricht an den öffentlichen Schulen in Europa. Dokumentation des Symposiums vom 13. bis 15. April 1991 in Rom, Bonn (= Arbeitshilfen; 91).

Dass. (Hg.) (1993): Religionsunterricht 20 Jahre nach dem Synodenbeschluß. Dokumentation des Symposions vom 23. bis 25. März 1993 in Bergisch Gladbach/Bensberg, Bonn (= Arbeitshilfen; 111).

Singer, A. (1990): Glaube - Religion - Erfahrung im Religionsunterricht. Anregungen aus der Initiatischen Therapie Graf Dürckheims, in: ARPs 20(1990), 67-99.

Spiegel, E. (1986): Religionsunterricht als diakonische Aufgabe, in: ru 16(1986), 100-103.

Spiegel, Y. (1974): Sozialwissenschaftliche Forschungsmethoden in der Praktischen Theologie, in: Klostermann/Zerfaß 1974: 225-243.

Der Spiegel Nr. 25/15. Juni 1992: Titel "Abschied von Gott".

Stachel, G. / Mieth, D. (1978): Ethisch handeln lernen, Zürich.

Staudinger, H. (1991): Hindernisse und Möglichkeiten redlichen Glaubens in unserer Zeit, in: KB 92(1991), 21-33.

Stoetzel, J. (1983): Les valeurs du temps present: Une enquete, Paris.

Stoodt, H. D. (1973): Die Praxis der Interaktion, in: Betz/Kaspar 1973: 11-27.

Strohm, T. (1985): Theologie der Diakonie - Diakonie der Theologie. Forschungsaufgaben in der Diakoniewissenschaft, in: ThPr 20(1985), 281-292.

Sudbrack, J. (1987): Neue Religiosität - Herausforderung für die Christen, Mainz.

Süßmuth, R. (1981): Wandlungen im Bindungsverhalten, in: HerKorr 35(1981), 195ff, 246ff.

Suhl, A. (Hg.) (1980): Der Wunderbegriff im Neuen Testament, Darmstadt.

Tillich, P. (1955): Systematische Theologie, Bd. 1, Stuttgart.

Ders. (1961): Wesen und Wandel des Glaubens. Frankfurt/M-Berlin (= Weltperspektiven; 8 / Ullstein-Buch; 318).

Ders. (1975): Korrelationen. Die Antwort der Religionen auf Fragen der Zeit, Stuttgart.

Trautmann, F. (1990): Religionsunterricht im Wandel. Eine Arbeitshilfe zu seiner konzeptionellen Entwicklung, Essen. (= Religionspädagogische Perspektiven; 13).

Turre, R. (1991): Diakonik. Grundlegung und Gestaltung der Diakonie, Neukirchen-Vluyn.

Völkl. R. (1969): Dienende Kirche - Kirche der Liebe, Freiburg.

Ders. (1987): Nächstenliebe - die Summe der christlichen Religion? Beiträge zu Theologie und Praxis der Caritas, Freiburg-Basel-Wien.

Vorgrimler, H. (^{2}1960): Art. Fundamentaltheologie, in: LThK 4, 452-460.

Vorstand des Deutschen Katecheten-Vereins (1989): Einige drängende Fragen der religionspädagogischen Praxis und Reflexion, in: KatBl 114(1989), 554-559.

Wagner, F. (1986): Was ist Religion? Studien zu Begriff und Thema in Geschichte und Gegenwart, Gütersloh.

Wahl, K. (1989): Die Modernisierungsfalle. Gesellschaft, Selbstbewußtsein und Gewalt, Frankfurt/M.

Waldenfels, H. (1984): Kontextuelle Fundamentaltheologie, Paderborn.

Wanke, J. (1982): "Die Kirche hat die Wirklichkeit Gottes zu bezeugen". Überlegungen eines Bischofs zur seelsorgerlichen Lage, in: HerKorr 36(1982), 437.

Weder, H. (1986): Zur Hermeneutik des Lehrens. Neutestamentliche Überlegungen zum Verhältnis von Hermeneutik und Didaktik, in: EvErz 38(1986), 117-128.

Weidmann, F. (Hg.) (^{6}1992a): Didaktik des Religionsunterrichts, 6., mehrfach veränd. Aufl., Donauwörth.

Ders. (^{6}1992b): Lehrer-Schüler-Interaktion, in: Ders. ^{6}1992: 310-325.

Ders. (^{6}1992c): Religionsunterricht in Vergangenheit und Gegenwart, in: Ders. (^{6}1992): 32-60.

Weizsäcker, C. F. von (^{2}1966): Die Tragweite der Wissenschaft, Bd. 1, Stuttgart.

Welbergen, J. C. (Hg.) (1979): Die Jugend und ihre Zukunftschancen. Ein Symposium mit Jugendlichen und Vertretern aus Wissenschaft, Wirtschaft, Politik und Verwaltung. Vom 26. - 28. 6. 1978 auf Schloß Gracht bei Köln, Hamburg.

Welsch, W. (Hg.) (1988): Wege aus der Moderne. Schlüsseltexte zur Postmoderne - Diskussion, Weinheim.

Werbick, J. (1990): Zurück zu den Inhalten? Die Forderung nach einer materialkerygmatischen Wende in der Religionspädagogik, ihre Berechtigung und ihre Zwiespältigkeit, in: RPäB 25/1990, 43-67.

Ders. (1993): Heutige Herausforderungen an ein Konzept des Religionsunterrichts, in: Sekretariat der Deutschen Bischofskonferenz 1993: 35-76.

Zauner, W. (1977): Diakonie als pastorale Tätigkeit, in: Erharter u. a. 1977: 147-159.

Zerfaß, R. (1974): Praktische Theologie als Handlungswissenschaft, in: Klostermann/Zerfaß 1974: 164-177.

Ders. (Hg.) (1982a): Mit der Gemeinde predigen, Gütersloh.

Ders. (1982b): Predigt im Prozeß Gemeinde, in: Ders. 1982a: 30-49.

Ders. (^{5}1992): Menschliche Seelsorge. Für eine Spiritualität von Priestern und Laien im Gemeindedienst, Freiburg-Basel-Wien.

Ders. (1994a): Die kirchlichen Grundvollzüge - im Horizont der Gottesherrschaft, in: Konferenz der bayerischen Pastoraltheologen 1994: 32-50.

Ders. (1994b): Volk Gottes unterwegs - die Vision des II. Vatikanums, in: Konferenz der bayerischen Pastoraltheologen 1994: 21-31.

Zimmermann, D. (1985): Diakonie als gelebter Glaube. Plädoyer für eine diakonale Pastoral, in: LebKat 7(1985), 7-15.

Zöpfl, H. (1990): Der Erziehungsauftrag der Schule, in: Seibert u. a. 1990: 19-68.

Zsifkovits, V. (1990): Wertewandel heute, in: StZ 115(1990), 17-29.

Zulehner, P. M. (1984): Inhaltliche und methodische Horizonte für eine gegenwärtige Fundamentalpastoral, in: Fuchs 1984: 13-37.

Ders. (1989a): Art. Praktische Theologie, in: NHThG 4, 258-263.

Ders. (1989b): Pastoraltheologie, Bd. 1: Fundamentalpastoral. Kirche zwischen Auftrag und Erwartung, Düsseldorf.

Zwergel, H. A. (1990): Die Allensbacher Untersuchungen angesichts religionspädagogischer Theoriebildung und empirischer Forschung, in: RPäB 25/1990, 68-91.

Religionspädagogische Perspektiven

Herausgegeben von Prof. Dr. Roland Kollmann

Band 16 *Birgit Menke*
Freiarbeit – Eine Chance für den Religionsunterricht
Essen 1992, 138 Seiten, DM 34,00/ÖS 265,00/SFr 34,00 ISBN 3-89206-463-6

Band 17 *Christoph Keß*
Technik als Unterrichtsthema
Beiträge zu einer christlichen Technikreflexion im Religionsunterricht
Essen 1992, 142 Seiten, DM 34,00/ÖS 265,00/SFr 34,00 ISBN 3-89206-486-5

Band 18 *Bettina Faber*
Weibliche Religiosität in der Schule
Essen 1993, 104 Seiten, DM 29,00/ÖS 226,00/SFr 29,00 ISBN 3-89206-498-9

Band 19 *Veronika Arens*
Grenzsituationen
Mit Kindern über Sterben und Tod sprechen
Essen 1994, 228 Seiten, DM 48,00/ÖS 374,00/SFr 48,00 ISBN 3-89206-535-7

Band 20 *Wolfgang Schnell*
Jona – Prophet der Ökumene
Essen 1993, 148 Seiten, DM 38,00/ÖS 296,00/SFr 38,00 ISBN 3-89206-552-7

Band 21 *Lydia Willems*
Vom Sichtbaren zum Unsichtbaren
Fächerintegrative Einführung in die Symbolsprache
Essen 1994, 184 Seiten, DM 43,00/ÖS 335,00, SFr 43,00 ISBN 3-89206-591-8

Band 22 *Ingeborg Hegeler*
Symbole und Behinderte
Symboldidaktik mit Lernbehinderten im Kreuzverhör
Essen 1995, 120 Seiten, DM 36,00/ÖS 281,00, SFr 36,00 ISBN 3-89206-647-7

Band 23 *Klaus-Michael Kinzel*
Befreiungstheologie in Deutschland?
Essen 1995, 176 Seiten, DM 42,00/ÖS 328,00, SFr 42,00 ISBN 3-89206-652-3

Band 24 *Thomas Gottfried*
Religionsunterricht als Lebenshilfe
Diakonische Orientierung des Religionsunterrichts in der postmodernen Gesellschaft
Essen 1995, 212 Seiten, DM 48,00/ÖS 374,00, SFr 48,00 ISBN 3-89206-682-5

Bitte fordern Sie das vollständige Reihenverzeichnis
oder unseren aktuellen Gesamtkatalog an.